RACHID ZIANE

# Sport, santé et préparation physique

## *Contributions techniques et éclairages scientifiques pour des pratiques optimisées*

**À partir des dernières connaissances scientifiques
et de l'expertise sur le terrain,
des réponses concrètes aux questions que vous vous posez**

Maquette AlphaStudio
Photo couverture : Icône Sports

Imprimé en Europe par Epel (Hendaye)
ISBN : 918-285180-776-2

# Préface

À l'aube de ce siècle, la préparation physique est plus qu'une dimension incontournable de la pratique sportive, elle est un préalable et une évidence. Incontournable car, sans ressources physiques, le talent et l'habileté gestuelle ont les mêmes limites qu'un software dans un hardware étriqué. Face au niveau de performances sans cesse croissant et à l'exigence de le reproduire toute la saison durant, la préparation physique est un préalable à l'amélioration des registres spécifiques et techniques d'une discipline. Une évidence, aussi, face au risque de blessures dans la recherche d'excellence qui conduit le sportif de sa formation à l'expertise.

Néanmoins, la préparation physique est mature lorsqu'elle passe d'un modèle de développement absolu des qualités physiques, en amont de la performance, à une logique de préparation visant la diminution des blessures, et accompagnant la pratique du sportif à chacune des périodes de son calendrier. Faire en sorte que « prophylaxie et préparation physique » soit un pléonasme est à la fois une philosophie (« tu ne nuiras point », selon l'éthique et le serment d'Hippocrate), un champ de méthodes (de la pertinence des contenus à l'individualisation) et un moyen d'évaluation et de validation du dispositif de préparation.

Sur notre territoire, les formations diplômantes (D.U., DESS puis Master) ont éclos pour répondre aux besoins des structures sportives : reconnu comme un spécialiste dans sa partie, le préparateur physique est recherché pour ses compétences. Mais bien des questions demeurent sur ce métier écartelé entre des objectifs multiples, des statuts et spécificités plurielles et surtout des méthodes composites en proie aux labels comme aux chapelles. Dans ce contexte, la revue Santé Sport et Préparation Physique (SSPP) s'est inscrite dès son origine dans cette approche moderne et salutaire de la prophylaxie. En effet, réduire les risques de blessure est un objectif qui relève du développement durable, offrant aux sportifs les moyens de réitérer leurs performances, d'en stabiliser le niveau de production, ce qui densifie l'expertise et rallonge les carrières par une expérience de la compétition sans rupture. Complétant la revue SSPP, appréciée pour sa dimension praticienne et méthodologique, le présent ouvrage est un recueil d'articles publiés dans les lettres électroniques de SSPP. Cette richesse, retenue captive sur la toile d'Internet, ne pouvait plus longtemps ignorer le papier. Au carrefour des compétences médicales, technologiques et méthodologiques, ce livre nous apporte les informations, connaissances et témoignages d'expériences les plus actuels.

La préparation physique traverse toutes les périodes d'une saison, comme elle traverse les différents états de forme du sportif, avec une démarche au souci permanent : partir du profil des ressources et des objectifs du sportif pour répondre aux exigences et contraintes de sa discipline, de la reprise de l'entraînement à la période de développement et de l'affûtage pré-compétitif à la transition entre deux événements, ou demi-saisons. Pour nous aider à servir ce projet, l'ouvrage nous ouvre des possibles, à condition de rester sensible à la pluralité des approches et des méthodes, réceptif à tous les facteurs de la performance et de s'ouvrir à tous les champs susceptibles de nous éclairer sur la voie de la prévention, objectif de plus en plus prégnant, équilibrant la seule recherche de développement des ressources physiques.

Frédéric Aubert
Professeur agrégé d'EPS,
Enseignant formateur à l'INSEP,
Préparateur physique auprès de la Fédération Française de Basket-ball.

# SOMMAIRE

## Chapitre 3



## Chapitre 4



## Chapitre 5

## Chapitre 6

## Chapitre 7



## Chapitre 8



## Chapitre 9

## Chapitre 10



## Chapitre 11

## Chapitre 12



## Chapitre 13

## Chapitre 14

## Chapitre 15



## Chapitre 16

# introduction

Face à des connaissances et des pratiques qui s'enrichissent sans cesse, la curiosité, l'ouverture, l'échange sont des démarches intellectuelles qui permettent aux entraîneurs de faire évoluer leurs contenus et certainement d'être plus efficaces. La recherche fait émerger de nouveaux savoirs remettant parfois en cause les vérités d'hier. La confrontation et les discussions avec les collègues spécialistes d'autres disciplines laissent aussi des traces qui souvent renouvellent notre façon de concevoir les choses.

Pourtant, la réalité est tout autre. L'entraîneur est de plus en plus quelqu'un de pressé, qui doit assumer une multitude de tâches à la périphérie de sa mission d'entraînement. Lorsqu'en plus, il exerce une autre activité professionnelle, il lui reste bien peu de temps pour lire les nombreuses publications générales ou spécifiques sur l'entraînement et les sciences du sport.

C'est à partir de ce constat que se sont échafaudés **les articles proposés par le dispositif Sport, Santé et Préparation Physique. Véritable outil de formation continue de proximité, ce projet est le fruit d'un partenariat entre le service des sports du Conseil Général du Val de Marne et la division STAPS de l'Université de Créteil.**

Grâce à des articles courts, simples et fonctionnels, nous avons voulu apporter une alternative à ce manque de temps. En choisissant la préparation physique et les connaissances périphériques permettant de l'optimiser, nous avons voulu nous adresser au plus grand nombre, au-delà des spécialités sportives et de leurs spécificités. Entre la synthèse d'ouvrages, d'articles ou d'études et l'information sur des thématiques collant à l'actualité, notre objectif était de répondre aux principales interrogations des entraîneurs.
S'inscrire dans une logique de formation qui ne se termine jamais vraiment, savoir ce qui se passe autour de soi n'est-il finalement pas la meilleure arme contre le repli et l'isolement ?

Thierry MAQUET (1)

***(1) Remerciement spécial à Pascal PREVOST pour m'avoir montré la voie et si souvent éclairé.***

Chapitre 1

# REPRISE DE L'ENTRAÎNEMENT, ÉCHAUFFEMENT ET RETOUR AU CALME

**La reprise de l'activité physique conduit les pratiquants à se poser deux questions essentielles :**

1 • Quelle activité pratiquer pour améliorer la condition physique ?
2 • Quelles précautions suivre pour reprendre l'entraînement ?

La première question renvoie au domaine de la préparation physique. Mais, contrairement aux idées reçues, ce domaine n'est pas limité à la course à pied et la musculation.
La seconde question soulève le problème du respect de l'intégrité physique : l'un des grands objectifs de la préparation physique.
Après quelques séances d'une pratique individuelle *(course à pied, vélo, rollers, parcours santé...),* deux autres questions viennent spontanément à l'esprit des pratiquants :

- Comment construire les prochaines séances ?
- Quels sont les principes pour progresser ?

L'échauffement est ensuite l'objet de nombreuses questions :

- Quels sont ses rôles ?
- Quelles structures et formes lui donner ?
- Quelle durée lui consacrer ?

Les réponses dépendent de l'activité pratiquée et des caractéristiques propres à chacun.

Lorsque la conduite de l'échauffement est maîtrisée, entraîneurs et pratiquants cherchent à bénéficier ***des réflexions pour évoluer*** développées par d'autres. Par exemple, ils s'interrogent sur ***l'intérêt et les limites d'un retour au calme*** structuré.

*RZ*

# QUELQUES PRÉCAUTIONS POUR REPRENDRE L'ENTRAÎNEMENT

**Au retour des vacances, lors de la reprise de l'entraînement, l'entraîneur est confronté à une problématique complexe. Proposer des situations et des charges de travail permettant à chacun de développer et d'exploiter ses potentialités, ajuster l'entraînement au jour le jour pour éviter la blessure, gérer la diversité du groupe avec la part d'inconnues qu'il comporte.**
C'est en effet à cette période de la saison sportive qu'il est nécessaire d'accueillir et de découvrir les nouveaux qui viennent renouveler ou grossir l'effectif tout en assurant la remise en forme de ceux que l'on connaît déjà avec là aussi quelques incertitudes : quels sont ceux qui sont restés réellement actifs pendant les vacances et ceux qui n'ont absolument rien fait.

Dans ces conditions, il semble plus raisonnable de procéder à un reconditionnement physique de groupe avant de le soumettre à des tests d'évaluation. Cela serait trop risqué pour certains et de toute façon les tests au tout début du cycle ont de fortes chances de sous-estimer la valeur réelle des sujets.

### Quelles sont les règles de bon sens du reconditionnement physique ?

La progressivité sera le fil rouge de la démarche, pour toutes les composantes de l'activité sportive : sollicitation des différentes filières énergétiques, réapprentissage gestuel, activation des automatismes déjà construits.

Une vigilance particulière par rapport aux sensations musculaires en considérant que les courbatures inhérentes à la reprise de l'entraînement sont le premier stade d'une lésion musculaire. Il sera difficile de les éviter mais il sera possible de les minimiser. Dans la progressivité des intensités et charges de travail, mais également dans les formes de travail proposées : on sait notamment que les contractions musculaires excentriques *(quand les points d'insertion musculaires s'éloignent comme lors d'une descente d'escaliers pour les quadriceps par exemple)* sont les principales responsables de ces petites lésions. Les exercices devront donc, dans la mesure du possible, limiter ce type de sollicitations en évitant de freiner brutalement après une accélération et en choisissant des exercices de musculation concentrique *(les points d'insertion musculaires se rapprochent comme lors d'une montée de marches d'escaliers pour les quadriceps)*.

Pour les exercices de vitesse, il est préférable de commencer par des accélérations progressives plutôt que des départs explosifs.

La séquence d'étirements de fin de séance sera une simple mise en position d'allongement musculaire sans douleur.

Rappeler les règles d'hydratation, d'alimentation et de sommeil pour soigner la récupération.

*TM*

# QUELQUES RÉFLEXIONS SUR L'ÉCHAUFFEMENT POUR ÉVOLUER

**L'intérêt de l'échauffement du corps et des muscles, à l'entraînement ou en compétition, n'est plus à démontrer. Pour autant, les procédés mis en œuvre pour atteindre cet objectif restent à interroger à trois niveaux.**

1 • Au niveau de la forme : ce que l'on fait.
2 • Au niveau de la motivation : l'échauffement est parfois vécu comme une contrainte.
3 • Au niveau de la crise de temps : les entraîneurs se plaignent souvent du manque de temps.

## LA FORME

Une première partie de course et de déplacements divers qui amène le sportif à transpirer puis à se découvrir pour poursuivre son échauffement de façon plus statique est à notre avis une contradiction qui peut être lourde de conséquences. Il est évident qu'en faisant cela on risque fort de se refroidir et surtout de prendre froid. Certains auront dans cette partie consommé trop énergie et donc déjà entamé leur potentiel alors que l'objectif est ici de l'optimiser.

Les exercices de mobilisation articulaire *(rotation des articulations)* et les étirements statiques prolongés révèlent également un certain nombre d'erreurs qui ne permettent pas d'atteindre les objectifs de l'échauffement. Il est certes nécessaire de préparer les articulations et d'aboutir à un durcissement des cartilages articulaires, mais cela ne sera possible que par des mises en charges successives.

## LA PLACE ET LE RÔLE DES ÉTIREMENTS

La place et le rôle des étirements sont aujourd'hui controversés. En tout état de cause, les étirements réalisés à l'échauffement ne visent pas l'amélioration de la souplesse mais un conditionnement des chaînes musculaires dans les amplitudes nécessaires et suffisantes, spécifiques à l'activité préparée. En outre la durée des étirements ne devrait pas dépasser 10 secondes et ils devraient se situer en deçà du seuil douloureux.

## LA MOTIVATION

Pour les plus jeunes, mais sans doute pour les autres aussi, l'échauffement apparaît souvent rébarbatif et ce d'autant plus qu'il s'éloigne de l'activité. Ce rituel a même du mal à soutenir l'argument de la prévention des blessures face à l'activité spontanée des enfants qui se permettent de réaliser des exercices intenses sans aucune préparation.
Outre le rôle d'éducation et de gestion de son capital physique pour le long terme, l'échauffement doit à notre sens amener l'individu à rentrer rapidement dans une confrontation aux problèmes moteurs et (ou) tactiques de l'activité. Cela n'est pas contradictoire avec les notions de progressivité et d'alternance entre des phases actives et d'autres plus passives qui permettront d'apporter une réponse aux problèmes soulevés au début de cet article *(transpiration, refroidissement)*.

## LA CRISE DE TEMPS

L'échauffement n'est pas un temps à part de l'entraînement, mais il doit constituer un temps de la séance où déjà le répertoire moteur sera sollicité dans une perspective d'enrichissement, de consolidation, de mémorisation ou d'automatisation. C'est pourquoi les circuits d'éveil et de motricité nous paraissent constituer des alternatives à explorer afin de répondre aux multiples exigences de l'échauffement et des situations d'entraînement. Il s'agira peut-être alors de concevoir une organisation différente où l'entraîneur aura pu mettre en place des ateliers avant que ne commence la séance.

*TM*

# RÔLES, STRUCTURE ET FORMES D'ÉCHAUFFEMENT

**Activité superstitieuse pour certains ou démodée pour d'autres, l'échauffement et son utilité sont régulièrement remis en question.**

- ***Quels sont les rôles de l'échauffement ?***
- ***Quelles caractéristiques, formes et structure lui donner ?***
- ***Quels sont les effets réels des exercices d'échauffement ?***

## RÔLES

L'échauffement est une préparation à l'effort. Les effets recherchés sont d'ordre physiologique, mécanique et psychologique :

- adapter l'activité de certaines fonctions physiologiques *(respiratoire, cardio-vasculaire, sensitive, proprioceptive, effectrice, hormonale, thermorégulatrice)* ;
- réduire les raideurs et la viscosité musculaires et les frottements articulaires (sécrétion de liquide synovial) ;
- stimuler la motivation, la concentration, la perception et la coordination.

Il est courant d'attribuer à l'échauffement un rôle préventif : il réduirait les risques de blessures.

## CARACTÉRISTIQUES ET STRUCTURE

L'échauffement type est un modèle prescriptif[2] fondé sur des principes. Il suggère de recourir à des exercices :

- d'abord généraux *(cardio-vasculaire, articulaires)* puis de plus en plus spécifiques pour préparer au mieux le sportif à l'effort ;
- d'intensité et/ou de complexité technique progressivement croissante ;
- d'une durée d'autant plus longue que les efforts qui suivront seront intenses.

Pour être appliqué sur le terrain, l'échauffement type doit être adapté :

- à chaque sportif en fonction de ses particularités *(physiologiques, traumatologiques, psychologiques, stratégiques[3])* ;
- à sa discipline de pratique, donc aux exercices qui suivront ;
- aux conditions climatiques (température et intempéries).

L'échauffement ne doit jamais être épuisant pour permettre au sportif de réaliser la suite de la séance. Au contraire, il doit être stimulant.

## FORMES

L'échauffement peut être :

- passif *(massage, sauna, douche chaude, diathermie[4]...)* ;
- général *(course à pied, étirements et mouvements corporels globaux)* ;
- spécifique (répétitions de techniques gestuelles à faible intensité, étirements spécifiques).

Parce qu'ils sont une préparation à l'effort, les exercices généraux et spécifiques doivent être choisis en fonction de l'activité qui suivra au cours de la séance.

## EFFETS RÉELS

Quelques expériences de laboratoire ont conclu à une amélioration des performances suite à un échauffement. Mais ces expériences ont occulté l'hypothèse d'un effet psychologique. Cet effet réel ne doit pas être négligé et doit au contraire inciter à s'échauffer.

Le rôle de prévention des blessures attribué à l'échauffement n'a été confirmé par aucune étude. En revanche, il a été montré qu'en permettant une adaptation progressive de l'activité du cœur, il contribue à prévenir une *ischémie du myocarde*[5] et de ses effets secondaires ; en particulier avant des efforts brefs et intenses *(sprint, lancer)*.

## CONCLUSION

**L'échauffement permet au sportif d'exploiter pleinement son potentiel sans crainte de se blesser. Ceci est possible à condition de ne pas confondre l'échauffement type, qui est un modèle ou fil conducteur, avec l'échauffement adapté à chaque sportif et à son entraînement.**

*RZ*

---

***(2) Modèle : employé ici au sens de schéma. Aussi il ne doit pas être confondu avec les échauffements réalisés lors d'entraînements sportifs.***

***(3) Rôles dans l'équipe, postes de jeu...***

***(4) Diathermie : échauffement des muscles ou de tissus profonds à l'aide de courants de hautes fréquences.***

***(5) Ischémie du myocarde : il s'agit d'un manque d'apport d'oxygène au muscle cardiaque. L'angine de poitrine en est l'un des symptômes. Le risque à terme est l'installation d'une cardiopathie coronarienne. Le sport, mal pratiqué, fait des cardiaques.***

# TEMPÉRATURE CENTRALE, TEMPÉRATURE EXTÉRIEURE ET ÉCHAUFFEMENT

**Comme le terme le suggère, le but principal de l'échauffement est d'élever la température. S'agissant de l'organisme humain et de la préparation à l'effort, il convient de distinguer l'élévation de la température centrale du corps et l'élévation de la température musculaire.**

## LA TEMPÉRATURE CENTRALE

Elle correspond à la température des organes vitaux situés au centre du corps. Même si l'heure, la position (allongé, assis, debout), le sexe sont des paramètres qui peuvent induire de légères variations, la température centrale de l'être humain est régulée par l'hypothalamus pour être maintenue en temps normal dans des valeurs stables autour de 37° quelle que soit la température extérieure.

## RÉGULATION

Si la température centrale s'éloigne trop de cette valeur en raison de la température extérieure ou suite à une activité physique, des mécanismes d'adaptation se mettent en place.

**EN CAS D'ÉLÉVATION DE LA TEMPÉRATURE CENTRALE :**

1 • Les glandes sudoripares vont être stimulées afin d'enclencher une perte de chaleur par évaporation. Ce mécanisme sera d'autant plus efficace que l'air ambiant sera sec et frais,

2 • La vasodilatation des vaisseaux et de la peau vient ensuite pour redistribuer le débit sanguin et favoriser les échanges thermiques avec l'extérieur.

**EN CAS DE BAISSE DE LA TEMPÉRATURE CENTRALE :**

1 • La vasoconstriction va resserrer les vaisseaux périphériques pour redistribuer le volume de sang circulant vers les organes vitaux ;

2 • si cela n'est pas suffisant, l'organisme va déclencher une production de chaleur (thermogenèse) qui peut se traduire par des frissons ou des tremblements.

## ÉLÉVATION DE LA TEMPÉRATURE CENTRALE ET EXERCICES PHYSIQUES

Au cours d'une activité physique, la température centrale va logiquement s'élever. Lorsqu'elle atteindra des valeurs proches de 38.5°, la majeure partie des réactions physiologiques qui contribuent à la capacité de performance motrice sera optimisée. La vasodilatation est également une réaction qui permettra de mieux répondre aux exigences d'un effort physique.

## COMMENT ÉLEVER LA TEMPÉRATURE CENTRALE ?

Par des exercices mobilisant plus de la moitié de la masse musculaire pendant 8 à 20 minutes. La plupart du temps on trottine mais on peut imaginer d'autres situations motrices sollicitant principalement le train inférieur.
*Lorsqu'il fait froid,* il faudra être actif plus longtemps en étant bien couvert. La sudation ou les picotements qui la précèdent peuvent être les signes qui indiquent que la vasodilatation recherchée va bientôt se mettre en place à condition de maintenir l'activité pendant encore trois à quatre minutes et surtout en restant couvert. Par grand froid, il sera important de bien protéger les mains et les pieds moins bien irrigués en raison de la vasoconstriction périphérique.
*Lorsqu'il fait chaud,* le temps d'activité peut être diminué par deux, mais il faudra surtout veiller à compenser régulièrement les pertes hydriques afin de maintenir un niveau d'efficacité optimal. En cas d'exposition au soleil, il convient de protéger la peau par le port de vêtements légers afin d'éviter une élévation trop importante de la température centrale par radiation.

## CONCLUSION

**L'élévation de la température centrale est l'une des premières cibles de l'échauffement. L'enjeu est ici d'atteindre cet objectif tout en épargnant au maximum son potentiel énergétique. Pour cela les exercices sont traditionnellement commencés à très faible intensité. Pour autant, cette première partie n'aura pas permis aux muscles d'atteindre des températures propices aux performances. Pire encore, on sait qu'un léger footing n'a pas d'impact sur la température des muscles postérieurs de la cuisse.**

*TM*

# ÉCHAUFFEMENT : ÉLÉVATION DE LA TEMPÉRATURE MUSCULAIRE

**Nous avons vu précédemment les intérêts et les mécanismes sous-jacents à l'élévation de la température centrale dans le cadre de l'échauffement. Si celle-ci peut atteindre des valeurs optimales *(environ 38,5°C)* relativement rapidement lorsque l'on mobilise des masses musculaires importantes, l'élévation de la température des muscles nécessite une attention particulière et un protocole rigoureux.**

- ***Pourquoi différencier température centrale et température musculaire ?***
- ***Quels sont les bénéfices attendus ?***
- ***Comment procéder ?***

## TEMPÉRATURE CENTRALE ET TEMPÉRATURE DU MUSCLE

Lors d'un exercice mobilisant un groupe musculaire particulier, la température du muscle va augmenter en raison de la vasodilatation induite par l'activité et grâce à la chaleur émanant des réactions chimiques responsables des contractions. Les exercices ayant servi à élever la température centrale du corps sont pourtant loin d'avoir agi sur tous les muscles qui peuvent être sollicités lors de l'activité physique. Ainsi, une course lente ne sollicite presque pas les muscles ischio-jambiers qui interviennent dans la phase d'amortissement de la foulée. De façon plus évidente, on comprend que d'autres groupes musculaires n'aient pas été impliqués dans ce type d'exercice *(adducteurs, muscles du gainage et muscles du haut du corps)*.

D'autre part, les muscles les plus éloignés du centre du corps auront besoin d'être actifs plus longtemps pour accéder à une élévation de température propice à la performance. Il faut quinze à trente minutes d'exercices pour que les muscles au travail atteignent 38°C en fonction de la forme des exercices proposée, des conditions météorologiques, des vêtements portés.

## BÉNÉFICES ATTENDUS

Lorsqu'il est « chaud », le muscle est globalement mieux irrigué, il est plus apte à supporter les contraintes, il réagit plus rapidement et avec plus de précision, il offre moins de résistance à l'allongement et se relâche plus facilement.

Bref, il est plus performant mais il permet en même temps à la motricité de s'exercer à moindre coût.

Sans aller dans les explications scientifiques, on peut dire que l'élévation de température a des effets bénéfiques sur l'ouverture du lit capillaire, la commande motrice, sur la sensibilité des capteurs proprioceptifs responsables de la perception de la douleur et de la régulation du contrôle postural. L'élévation de température a localement des effets positifs sur les caractéristiques tissulaires, nerveuses et mécaniques des fibres musculaires.

## COMMENT PROCÉDER ?

Progressivité, spécificité et continuité sont les trois mots clés de la partie fonctionnelle de l'échauffement musculaire. Après une première phase consacrée à l'élévation de la température centrale, il s'agira donc de réaliser des exercices qui, graduellement, vont recruter un nombre de plus en plus important d'unités motrices et dans des amplitudes de plus en plus proches des exigences biomécaniques de l'activité préparée. Lorsqu'il fait froid, le port de vêtements adaptés favorisera la montée en température musculaire.

À l'inverse, l'impression de chaleur perçue par beau temps ne dispense pas le sportif d'un échauffement soigné. Les meilleurs effets sur le muscle et la motricité seront obtenus par des sollicitations isométriques de courte durée et des exercices impliquant les synergies entre les groupes agonistes et antagonistes. Les phases statiques dédiées aux étirements longs et passifs auront sur le muscle et sa température des effets contraires à ceux recherchés lors d'un échauffement. C'est pourquoi on leur préfère des étirements dynamiques/balistiques. Au final, l'échauffement peut durer entre trente minutes et une heure en fonction de l'âge, de la spécialité pratiquée et de l'expertise.

*TM*

# INTÉRÊTS ET LIMITES DU RETOUR AU CALME

**Parmi les grandes traditions de la pratique sportive, le retour au calme tient une place de choix.**

- ***Que recouvre exactement cette activité ?***
- ***Quels en sont les intérêts et les limites ?***
- ***Est-il possible de les optimiser ?***

## DÉFINITION

Le retour au calme consiste à maintenir une légère activité physique après un effort. On espère ainsi accélérer l'élimination des déchets métaboliques (lactates notamment) et revenir progressivement à un état de repos physique et psychique. L'analyse de l'intérêt de ce retour au calme doit être mis en perspective avec les grandes spécificités des différentes APS.

## LES ÉPREUVES D'ENDURANCE DE TYPE AÉROBIE

C'est par exemple, le marathon, le triathlon, qui se caractérisent par une dépense énergétique totale importante et des microtraumatismes nombreux au niveau du complexe musculo-tendineux (responsables des courbatures du lendemain). Ici, le maintien d'une légère activité de type footing, ne fera qu'engendrer un supplément de fatigue physiologique et psychologique qui de surcroît impose un surcharge de contraintes au niveau musculaire, tendineux et articulaire, tout à fait contre-productive.
En revanche, les bains d'eau fraîche auront un effet vasoconstricteur et anti-inflammatoire permettant entre autres, de limiter l'œdème musculaire. Le port de chaussettes de contention facilitera le retour veineux et les programmes de récupération par électrostimulation semblent aujourd'hui donner de bons résultats.

## LES ACTIVITÉS EXPLOSIVES

C'est, par exemple, la vitesse sur piste en cyclisme ou le 400 mètres en athlétisme, qui se caractérisent par une production de lactates et une activité nerveuse importante. Ceci génère du stress sur le plan physique et mental. Des études mettent en évidence que dans certains cas le retour au calme permettrait d'accélérer de 50 % l'élimination de lactates qui de toutes façons seront totalement évacués deux heures après l'effort. Mais, si l'impact sur le plan métabolique est limité, d'autres études mettent en évidence que l'intérêt serait essentiellement psychologique, permettant notamment au sportif d'évacuer le stress de la compétition, en gros, de le faire décompresser afin d'être plus disponible pour le repos à venir.

Dans ce cas, la pratique d'une activité différente et peu traumatisante, pour le complexe musculo-tendineux, semble judicieuse : vélo, marche en piscine...

## LES ACTIVITÉS AVEC ENCHAÎNEMENTS D'EFFORTS EXPLOSIFS

C'est, par exemple, les sports de raquettes, les sports collectifs, voire les épreuves combinées. On se trouve ici avec une dépense énergétique totale importante, une quantité substantielle de déchets métaboliques et de micro-traumatismes au niveau des fibres musculaires. De plus la tension nerveuse peut atteindre à certains moments des niveaux très élevés.

Outre son impact positif sur la dynamique de groupe dans les sports collectifs, le retour au calme semble ici devoir cumuler les caractéristiques des deux types précédents de retour au calme. Il est utile pour accélérer l'évacuation des déchets et surtout le stress de la compétition, mais en même temps il ne doit pas générer de fatigue et de contraintes supplémentaires. Ceci est d'autant plus vrai que, de plus en plus, la récupération s'apparente à une véritable course contre la montre afin que l'individu soit capable de réitérer les mêmes efforts le lendemain ou le surlendemain. Dans ce cas, gagner une heure dans l'élimination des déchets présente un réel intérêt. Tout se passe comme si le retour au calme préparait aux autres composantes de la récupération : alimentation, détente psychologique, sommeil.

## CONCLUSION

**On retiendra donc que les enjeux du retour au calme sont moins métaboliques que psychologiques et qu'il ne doit pas s'apparenter à une surcharge de contraintes, qu'il s'agisse d'entraînement ou de compétition. À chacun d'accorder à cette phase de transition entre l'effort et le repos, le profil correspondant le mieux à ses besoins et ses possibilités.**

*TM*

# Pour conclure ce chapitre

**La reprise de l'entraînement doit être pensée sur différentes échelles de temps :**

- **lorsque l'on a arrêté toute pratique sportive depuis des années ;**
- **lorsque l'on s'est arrêté plusieurs semaines ou plusieurs mois pour cause de blessure ou de vacances ;**
- **lorsque l'on s'est arrêté en attendant la prochaine séance d'entraînement.**

**Les risques liés à la reprise ne sont toutefois pas les mêmes. Pourtant un principe doit être appliqué dans tous les cas : celui de progressivité.**

**Structurer l'échauffement est déjà une première démarche de planification. D'autres éléments de la séance, tels que le retour au calme, doivent aussi être pensés avec rationalité.**

**Lorsque les séances d'entraînement sont structurées, une autre réflexion doit être menée pour assurer une progression. Le problème de la planification se pose alors pour que l'entraînement ne soit pas une éternelle reprise ou une répétition sans fin de séances à l'identique.**

*RZ*

Chapitre 2

# ÉTIREMENTS ET ASSOUPLISSEMENTS

**Les étirements sont l'objet de nombreuses interrogations et de controverses.**

*« Les étirements en questions »* nous offre une synthèse des effets considérés comme acquis, de ce qui est constaté sur le terrain et des applications à l'entraînement.

Chercher à optimiser l'entraînement implique de remettre en question les évidences mêmes établies expérimentalement. C'est encore plus le cas lorsque ces évidences sont le produit de raisonnements logiques et non pas d'expériences. Ainsi, entraîneurs et pratiquants doivent toujours garder à l'esprit la différence entre ***les effets recherchés et les effets induits.***

L'efficacité des étirements est tributaire de plusieurs réflexes. Gérer ses réflexes pour mieux s'étirer implique de bien les connaître ainsi que leurs effets.

De retour sur le terrain, l'une des plus importantes questions est rarement traitée :

- comment adapter les étirements à son activité et à l'entraînement qui va suivre ?

Deux exemples du haut-niveau illustrent une réflexion pour y répondre.

*RZ*

# LES ÉTIREMENTS EN QUESTIONS

**Les avis parfois divergents des praticiens et la diffusion de résultats de recherches scientifiques se heurtent fréquemment à la culture sportive et aux procédures empiriques élaborées par l'homme de terrain. Il se trouve que la vérité est loin d'être établie au sujet de la place et de l'intérêt des étirements dans la pratique du sport.**

Des bénéfices ressentis, mais non scientifiquement démontrés, aux connaissances avérées en passant par les fausses croyances, essayons d'y voir plus clair pour dégager quelques règles de bon sens.

## CE DONT ON EST SÛR

Les étirements ont un effet analgésique. Ils diminuent la sensation de douleur. Ils permettent ainsi d'augmenter l'amplitude des mouvements en reculant le moment où apparaît le ***maximum de douleur tolérable*** qu'un sujet peut supporter lorsque le muscle est allongé.

Les étirements permettent de changer le comportement viscoélastique du muscle et donc, dans une certaine mesure, diminuent sa réactivité et l'efficacité de ses contractions.

Les techniques utilisant le contracter-relâcher ont un effet analgésique encore plus important et permettent donc d'accéder à une flexibilité plus grande. Cette plus grande flexibilité peut néanmoins conduire le muscle dans une zone de plus grande fragilité. Il semble donc nécessaire dans ce cas d'être particulièrement vigilant quant aux sollicitations à venir.

## CE QUE L'ON A CONSTATÉ SUR LE TERRAIN

La fatigue musculaire est le plus souvent accompagnée de raideurs inhabituelles.

Les courbatures conduisent le sportif à étirer spontanément ses muscles endoloris.

La pratique régulière d'étirements engendre des progrès qui sont réversibles en cas d'inactivité.

Après une séquence d'étirements assez longue favorisant un gain de flexibilité important, le sportif n'est généralement pas placé dans les meilleures conditions d'efficacité pour produire un effort explosif.

Des étirements réalisés en fin de séance d'entraînement ont souvent un effet bénéfique sur la récupération à court terme.

## VERS UNE EXPLICATION EMPIRIQUE

Le muscle possède une longueur de fonctionnement optimale. Elle correspond à l'angle articulaire où les protéines contractiles du muscle peuvent faire un maximum de ponts entre elles et, par là même, produire un maximum de force. La fatigue, comme le repos ou les courbatures, placeraient le muscle en deçà de cette longueur *(les objectifs poursuivis lors de l'échauffement ou de la récupération trouveraient une justification plausible).* Un important travail utilisant les techniques de contracter-relâcher peut amener le muscle au-delà de cette longueur optimale. Celle-ci peut être augmentée durablement grâce aux exercices de souplesse pratiqués régulièrement.

## CONSÉQUENCES PRATIQUES

À l'échauffement : pour augmenter la réactivité et amener le muscle dans sa longueur de fonctionnement optimale, un ou deux étirements utilisant le contracter-relâcher sur des amplitudes moyennes et sur des temps assez courts seraient plus adaptés. En outre, ces étirements seront suivis de mobilisations dynamiques.

Lors de la récupération : certains exercices provoquent des microtraumatismes au niveau des fibres musculaires. La fatigue raidit le muscle. Les étirements seront donc doux et maintenus assez longtemps.

Pour améliorer la souplesse : répéter des exercices de contracter-relâcher pour aller vers l'amplitude maximale. Après ce travail, les sollicitations devront être modérées. Sur des muscles courbatus, ce type d'exercices ne semble pas indiqué du fait des micro-lésions présentes dans le muscle et des processus de cicatrisation qui s'y déroulent.

En tout état de cause, la pratique des étirements doit rester adaptée aux caractéristiques de l'individu et aux exigences de l'activité pratiquée.

*TM*

**La diffusion de résultats d'études récentes sur les effets des étirements a semé ces dernières années le trouble auprès des entraîneurs et éducateurs. Il était en effet essentiellement rapporté l'impact négatif des étirements sur la capacité fonctionnelle du muscle, notamment au regard de son explosivité. Cela remettrait en cause les pratiques traditionnelles, particulièrement celles consistant à réaliser des étirements lors de l'échauffement.**

# ÉTIREMENTS ET ÉCHAUFFEMENT

Peut-être que pour relativiser le caractère un peu sensationnel de la communication des résultats de ces travaux, il serait utile de bien mettre en évidence les conditions et les protocoles d'expérimentation.

## VOICI QUELQUES ARGUMENTS DE NATURE À RECONSIDÉRER LES CHOSES

Fowles & coll. en 2000, ont mené une étude pour évaluer l'impact des étirements sur les réactions du muscle. Ils faisaient apparaître une diminution de la contraction maximale volontaire de plus de 25 % !
Dans ce protocole, seuls les extenseurs de la cheville étaient testés. Les sujets devaient réaliser treize étirements de deux minutes quinze secondes de ces seuls muscles, pour une durée totale de trente minutes.
Force est de constater que ce protocole est très éloigné des réalités du terrain et de ce qui peut se faire à l'échauffement.

En 2003, une étude américaine comparait différents protocoles d'échauffement afin d'en mesurer les impacts respectifs sur la production de force explosive et la performance lors de sauts verticaux. Parmi les protocoles d'échauffement, on trouvait :

- quatre minutes de course ;
- quatre minutes de course + deux minutes d'étirements statiques ;
- deux minutes d'étirements statiques ;
- quatre minutes de course + deux minutes d'étirements statiques + sauts d'échauffement.

Après deux minutes de récupération, les effets de chaque type d'échauffement étaient mesurés lors de deux sauts *(un saut en contrebas de trente centimètres et un squat jump).*

C'est le protocole comprenant course + étirements + sauts d'échauffement, qui a permis d'enregistrer les meilleurs résultats. Mais peut-être que l'ordre et l'effet cumulé des différents protocoles jouent aussi un rôle !

En 2005, *Guissard & Reiles de l'Université libre de Bruxelles* rapportent des résultats très intéressants où 14 sujets étaient soumis à un échauffement comprenant quinze minutes de cardio-training, puis six minutes d'étirements à faible intensité, et enfin trois minutes d'exercices dynamiques. Deux méthodes d'étirements étaient intégrées dans l'échauffement *(étirements statiques et étirements par contracter-relâcher)*. Deux tests étaient réalisés avant les étirements et après les exercices dynamiques : le squat jump (saut départ arrêté en squat, genoux fléchis à 90°, mains sur les hanches) et le counter movement jump *(saut avec élan, mains sur les hanches)*. Il ressort de cette étude que les performances n'ont, dans aucun des deux cas, été modifiées de façon significative. Les étirements réalisés à intensité modérée, sur de faibles durées et suivis d'exercices dynamiques n'ont ici pas d'impact négatif sur la production de force explosive. Dans cette étude, ils ne semblent pas non plus avoir d'impact positif.

## CONCLUSION

**L'élévation de la température du corps et des muscles générée par l'échauffement permettra en outre de diminuer la raideur musculaire. Par des mobilisations progressives et spécifiques, il s'agira de « fluidifier », de lever les restrictions de mobilité qui pourraient augmenter le coût énergétique du mouvement. C'est ce que peuvent apporter quelques étirements de courte durée qui solliciteront la gestuelle dans sa forme la plus spécifique. Ils devront forcément être suivis de ce même geste. C'est généralement ce qui se fait sur le terrain.**

**Au-delà de l'échauffement, les exercices d'étirement et de souplesse restent un objectif d'optimisation de la performance et de préservation de la santé à moyen et long terme.**

*TM*

**Ce n'est pas parce que vous vous êtes étiré longuement et consciencieusement durant votre échauffement que vous serez fin prêt pour l'effort et que vous vous mettrez à l'abri des blessures, bien au contraire.**

Cela risque d'en surprendre quelques-uns, mais c'est la réalité. On sait aujourd'hui que les étirements peuvent avoir un effet analgésique dans la mesure où ils autorisent des amplitudes de mouvement qui sont incompatibles avec la souplesse fonctionnelle d'un muscle ou d'un groupe musculaire. En d'autres termes, on pourrait interpréter la raideur comme une mesure de sauvegarde du muscle face à ses possibilités d'allongement. On connaît aussi des techniques qui permettent un relâchement substantiel du tonus musculaire et qui autorisent donc des gains d'amplitude spectaculaires, mais qui ne respectent pas la physiologie articulaire. Ainsi, des étirements inadaptés à l'échauffement peuvent engendrer une impression de jambes « cotonneuses » au moment de passer à l'action. Une technique mal utilisée peut être source de blessures ou de contre-performance. Voici donc en substance ce qu'il faut retenir :

# ÉCHAUFFEMENT, SOUPLESSE, RÉCUPÉRATION : OBJECTIFS DIFFÉRENTS, TECHNIQUES D'ÉTIREMENTS DIFFÉRENTES

## ÉTIREMENTS POUR S'ÉCHAUFFER : ÉTIREMENTS ACTIVO-DYNAMIQUES

Il s'agit de la combinaison d'un allongement musculaire *(inférieur aux possibilités maximales)* avec une contraction statique *(six à huit secondes)* suivie immédiatement de petits exercices dynamiques qui sollicitent les groupes musculaires qui viennent d'être mobilisés.

***Étirer, contracter, mobiliser*** deux fois pour chaque chaîne musculaire en position debout exclusivement.

## ÉTIREMENTS POUR S'ASSOUPLIR : ÉTIREMENTS ACTIVO-PASSIFS

Il existe plusieurs techniques pour relâcher le tonus musculaire :

- contracter-relâcher *(réflexe myotatique inverse)* ;
- contraction du muscle antagoniste *(réflexe d'inhibition réciproque)* ;
- expiration profonde ;
- chaleur ;
- décontraction *(circuit de la Boucle Gamma pour inhiber le réflexe myotatique).*

Ce type d'étirements est donc à pratiquer au chaud, installé dans des positions confortables (assis, couché) en s'efforçant de se relâcher mentalement et en contrôlant sa respiration. Il convient de garder chaque pose au moins trente secondes et de reprendre les mêmes poses plusieurs fois de suite. À la suite de ce travail, il ne doit pas y avoir d'exercice dynamique. Pour progresser en souplesse, il faut faire ce travail régulièrement, les progrès sont lents et la régression rapide *(étirer longuement en utilisant les techniques de relâchement du tonus musculaire pendant l'étirement, recommencer trois ou quatre fois en essayant de gagner un peu d'amplitude chaque fois).*

## ÉTIREMENTS POUR RÉCUPÉRER : ÉTIREMENTS PASSIFS

Les contractions musculaires ont tendance à raccourcir les muscles. Les étirements de récupération sont donc destinés à rééquilibrer les tensions, retrouver les longueurs musculaires perdues, accélérer le flux circulatoire veineux de retour.

Les étirements passifs sont lents, longs *(vingt-cinq - trente secondes)* et essentiellement réalisés à partir de la pesanteur *(passif)*. Ils se pratiquent en fin de séance après un petit travail aérobie, ils durent dix à quinze minutes, chaque étirement est effectué deux fois.

*TM*

**_Le discours des années 80, sur les effets induits par les étirements, résiste t-il aux expériences plus récentes ?_**

# ÉTIREMENTS : EFFETS RECHERCHÉS VS EFFETS INDUITS

## EFFET MÉCANIQUE

Un gain d'amplitude, temporaire, serait induit par une diminution des forces de frottement entre les plans musculo-aponévrotiques(6). Cette explication est remise en question. En effet, il a été montré que ce type de gain d'amplitude est surtout dû à un effet analgésique : une augmentation de la tolérance à l'étirement !

## EFFET VASCULAIRE

Un drainage des muscles serait induit par l'alternance de compressions et de relâchements des fibres étirées puis relâchées. Ceci permettrait de favoriser la récupération par :

- l'élimination des « déchets » et de l'acide lactique produits à l'effort ;
- un apport de nutriments et d'oxygène ;
- la diminution des douleurs du (sur)lendemain.

Avec ou sans étirement, les muscles sont perfusés. Sans étirement, l'acide lactique(7) est éliminé en une heure et ne peut donc pas être une cause de douleurs du (sur)lendemain. Ces douleurs seraient dues à des micro-lésions des aponévroses, des arrachements des têtes de myosine et à la présence de déchets. Les étirements accentuent les deux premiers points.

**_(6) Aponévroses : membranes entourant les muscles. Constituées de tissu élastique, elles se réunissent aux extrémités pour former les tendons._**

**_(7) Acide lactique : ($C_3H_6O_3$) n'est pas un déchet, mais une source d'énergie pour le cœur, le foie et certaines fibres musculaires. Sa présence en grande quantité empêche la contraction mais ne provoque pas de douleur._**

## EFFET THERMIQUE

Une augmentation de la température du muscle serait induite par un apport de sang chaud.
Or, pour éviter une déchirure musculaire, les étirements sont presque toujours réalisés après un échauffement dynamique de faible intensité (course, ergocycle ou rameur). C'est le cas, en particulier, pour une activité en extérieur et en hiver. Dans ces conditions, les fibres musculaires seraient plus « cassantes ».
Ainsi, l'augmentation de la température obtenue par les étirements n'est pas significative.

## EFFET INFORMATIF

L'augmentation de la température favoriserait la sensibilité des récepteurs sensitifs et améliorerait la proprioception donc le contrôle gestuel. Mais la proprioception peut être stimulée par d'autres formes d'exercices plus proches du sport pratiqué.

## EFFET SUR LA RAIDEUR ACTIVE

Les étirements permettraient de réduire la raideur active : il s'agit, selon Michèle Esnault, d'une sorte de ***« pré-étirement automatique de groupes musculaires préparés à une fonction particulière : le geste performant »***. Les étirements provoquent un relâchement musculaire. Ils agiraient ainsi sur la raideur active en restaurant l'amplitude limitée par la répétition de gestes techniques. Cet effet, intéressant en fin de séance, a été observé. En revanche, en début de séance :

- il est plus intéressant de chercher à conserver voire d'augmenter la raideur musculaire ;
- cet effet pourrait desservir la performance qui dépend pour partie de postures conditionnées.

## EFFET DE PRÉVENTION DES BLESSURES

En allongeant les muscles, les étirements réduiraient les tensions à l'effort ! Ainsi, les muscles et les tendons seraient moins sollicités et les risques de blessure seraient diminués. Cependant, pour s'opposer à une charge donnée, un muscle doit toujours produire une même tension. Et il a été montré que les étirements actifs réalisés en début de séance favorisent les blessures musculaires et tendineuses.

## EFFET RETARD SUR LE DÉPÔT DE CALCIUM

Cet effet concerne les personnes âgées. Les étirements retarderaient la calcification des tendons permettant ainsi de conserver une mobilité plus longtemps.

## CONCLUSION

**Le discours spéculatif des années 80 sur les effets induits par les étirements ne résiste pas aux expériences récentes. Actuellement, deux effets induits par les étirements sont reconnus :**

- **Une chute du tonus musculaire, accompagnée d'une plus grande difficulté à contracter les muscles.**
- **Une diminution de la raideur, accompagnée d'une facilité à l'allongement.**

**Aussi, les étirements ne doivent pas être placés en début de séance car ils diminuent la force et la puissance. En revanche, placés en fin de séance, ils favorisent la récupération en diminuant les fortes tensions résiduelles induites par l'entraînement.**

**Enfin, par des séances qui leur sont consacrées, les étirements permettraient une amélioration de la souplesse active et passive voire favoriseraient la force et la puissance.**

*RZ*

# GÉRER SES RÉFLEXES POUR MIEUX S'ÉTIRER

**Pour être efficaces, les étirements doivent être réalisés selon certains principes fondés sur des réflexes musculaires.**

**• *Quels sont ces réflexes à prendre en compte et les principes à appliquer pour s'étirer efficacement ?***

## LE RÉFLEXE MYOTATIQUE

Lorsqu'un muscle est étiré violemment, la stimulation des *fuseaux-neuro-musculaires*[8] induit une contraction par voie réflexe.
Ainsi : *« ... ne jamais s'étirer par à-coups, secousses ou jusqu'à la douleur »* permet d'éviter un raccourcissement du muscle par contraction réflexe. Cet effet serait le contraire de celui visé : un allongement par relâchement-étirement. Ceci remet en question l'efficacité des étirements dynamiques *(mouvements lancés)*.

## LE RÉFLEXE MYOTATIQUE INVERSE

Lorsqu'un muscle est étiré doucement, la faible stimulation de récepteurs appelés *organes tendineux de Golgi*[9] induit un relâchement réflexe.
Aussi : *« ... la force d'étirements doit être suffisamment faible pour ne pas provoquer de contraction mais quand même suffisamment élevée pour induire un relâchement »*. Il s'agit alors de se laisser plus ou moins entraîner vers le sol en contrôlant le relâchement musculaire. Ce principe fonde la méthode des étirements statiques passifs générés par la force de gravité.

## LE RÉFLEXE D'INHIBITION RÉCIPROQUE[10]

La contraction d'un muscle induit un relâchement réflexe de son antagoniste.
Réciproquement : *« ... pour faciliter l'étirement d'un muscle, on peut contracter son antagoniste »*. C'est sur ce principe que s'appuie la méthode d'étirements statiques actifs.

---

***(8) Fuseaux-neuro-musculaires ou FNM : récepteurs sensibles à l'étirement, ils sont le plus souvent représentés sous la forme d'une fibre musculaire entourée d'une spirale. Ils renseigneraient le système nerveux central des variations de longueur des muscles.***

***(9) Organes tendineux de Golgi : ces récepteurs sont sensibles à la tension et non pas à la longueur du muscle.***

***(10) La défaillance de cette activité réflexe pourrait être à l'origine de nombreux claquages demuscles ischio-jambiers, alors que le rapport de force ischios/quadriceps ou la raideur étaient initialement suspectés.***

## LE RÉFLEXE D'INHIBITION POST-ISOMÉTRIQUE

La contraction statique et d'intensité modérée d'un muscle, durant quelques secondes, induit un relâchement accentué.
Ainsi : *« Un muscle se laisse mieux étirer s'il a été préalablement contracté ».*
Ce principe est celui de la méthode *PNF* (11), consistant à réaliser des séries de contraction-relâchement-étirement.

## LA BOUCLE GAMMA

Les réflexes cités plus haut sont tous exclusivement médullaires ; c'est-à-dire qu'ils passent par la moelle épinière sans implication du cerveau.
La boucle gamma est un circuit de neurones qui passe par le cerveau. Ce circuit permet de réguler la sensibilité du réflexe myotatique et par conséquent la tension et la raideur des muscles au repos. L'utilisation de ce circuit est fortement favorisée par des expirations profondes.

## MÉTHODES

Les différentes méthodes d'étirements peuvent être classées en fonction des réflexes mis en jeu :

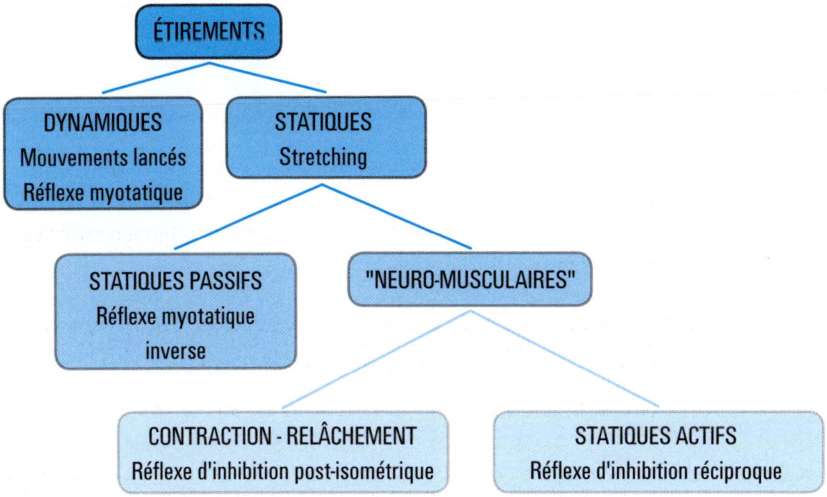


***(11) PNF : Proprioceptive Neuromuscular Facilitation.***

## CONCLUSION

**En pratique, la finesse du « dosage » de la force d'étirement nécessite de concentrer toute son attention sur cette seule activité. Les durées de maintien des postures varient, selon les auteurs et les méthodes : de six à quarante-cinq secondes. Certains obtiennent un étirement maximum avec une seule série.**

*RZ*

# DE L'ÉTIREMENT À L'ÉCHAUFFEMENT : deux exemples du haut niveau

**L'évolution des connaissances se heurte parfois aux rituels du terrain qui se transmettent telles des vérités immuables. Il en est ainsi du discours sur les étirements, thème pour lequel nous avons déjà consacré plusieurs articles, aussi bien dans ces lettres que dans la revue SSPP.**

Entre le rejet pur et simple et l'application aveugle de nouvelles données, il peut être intéressant d'observer ce que font les sportifs de haut niveau en la matière. On peut penser en effet que les entraîneurs de l'élite sont à la pointe d'une innovation qui se nourrit sur des concepts scientifiquement fondés. Nous vous proposons donc ici une analyse de ce qui a été réalisé dans le cadre d'un échauffement par deux athlètes lors des derniers championnats d'Europe d'athlétisme. Cette observation a été réalisée par Hélène Bosse qui, en tant qu'entraîneur, bénéficiait d'une accréditation lui permettant d'avoir accès au stade d'échauffement. Voici les principaux points de son compte rendu :

*« Je me suis arrêtée plus longuement sur l'échauffement de Carolina Klüft en première journée de l'heptathlon et sur celui de Susanna Kallur en demi-finale du 100 m haies. Les informations recueillies sont ici synthétisées dans ce tableau comparatif »* *voir p. 46.*

## OBSERVATIONS

Il apparaît très nettement que l'échauffement de Klüft est plus coûteux en terme de dépense énergétique que celui de Kallur, plus efficiente dans sa préparation.

Cela pourrait s'expliquer par le fait que ces deux athlètes n'ont pas couru aux mêmes heures : Klüft à 10 h 10 et Kallur à 18 h.
On sait que le corps est moins apte à réaliser une performance en début de journée que le soir parce qu'il est moins bien *« réveillé »*.

On constate que ces deux échauffements, hormis le temps de réveil musculaire, n'ont pas grand-chose en commun. Le temps consacré aux étirements est quasiment nul chez Klüft.

On observe également que Kallur a un temps de préparation plus spécifique à l'épreuve et une montée plus progressive en puissance.

| KLÜFT (heptathlonienne) | | KALLUR (hurdleuse) |
|---|---|---|
| = 8 min 30 s | Activation cardiaque et musculaire : → FOOTING | = 8 min dont 1 tour marché |
| = 10 s<br>*(étirement dynamique des ischios)* | Etirements | = 5 min<br>d'étirements « passifs courts »<br>et « actifs » entrecoupés<br>de phases « trottinées » |
| = 7 min<br>physiothérapie sur les ischio-jambiers<br>et quadriceps des deux jambes | Soins (Kiné) | Absence<br>*(à noter cependant 20 min de massage ischio-adducteurs-quadriceps avant la finale, constituant l'essentiel de son échauffement)* |
| = 8 min 30<br>= 8 passages<br>*(gammes de fixation de genou avec peu d'ouverture de la jambe)* | Gammes de course | = 1 gamme<br>entrecoupée de footing |
| Absence | Gammes de haies | = 7 passages<br>*(4 éducatifs jambe de retour*<br>*+ 3 éducatifs jambe d'attaque)* |
| = 9 accélérations<br>(6 en training + 3 en pointe) placées<br>durant tout l'échauffement | Accélérations | = 3 accélérations<br>*(2 en training + 1 en pointe)*<br>avant les départs sur haies |
| 2 passages en 6 appuis sur 5 haies<br>départ debout + 2 haies<br>départ debout + 3 haies<br>départ debout + 5 haies<br>départ start + 5 haies<br>départ start + 2 haies | Départ sur haies | 2 *(départ debout + 5 haies)*<br>départ start + 2 haies |
| 1h10 | | 52 min |

On notera donc la faible part accordée aux étirements par ces deux championnes dans le cadre de leur échauffement. On relève également que ces étirements, plutôt ciblés sur les ischio-jambiers, sont réalisés juste après le petit footing qui démarre l'échauffement. Or, on sait que ce type d'activité n'a pas d'effet sur l'élévation de la température des muscles postérieurs de la cuisse. Dans ces conditions, on peut imaginer que les étirements viseront davantage les structures passives des chaînes musculaires *(enveloppes musculaires, tendons, ligaments, capsules)* que les chaînes musculaires elles-mêmes. L'objectif est ici de lever les résistances à l'élévation de la cuisse pour diminuer le coût énergétique du mouvement, mais certainement aussi pour en augmenter la vitesse. Lorsque c'est le muscle qui est ciblé, on notera que l'étirement est de type balistique *(mouvement avec temps de ressort)* ou *(et)* suivi de mobilisations dynamiques. Ce sont là les structures neuromusculaires qui sont visées afin de renforcer la réactivité du muscle. Au bout du compte, on observe que même pour l'athlète qui consacre le plus de temps aux étirements *(cinq minutes)*, ce temps reste assez nettement inférieur aux recommandations traditionnelles. En revanche, les modalités d'étirements retenues par ces athlètes, bien que différentes, collent parfaitement aux données théoriques récentes qui ont soulevé tant de controverses.

S'il n'est pas judicieux de toujours vouloir transférer les pratiques du haut niveau dans les clubs, nous avons là des pratiques dont quelques-uns pourraient bien s'inspirer !

*TM*

# Pour conclure ce chapitre

**La programmation d'exercices d'étirement en début ou en cours de séance est aussi une démarche de planification.**
**Pour assurer une progression sur le long terme, il est indispensable de planifier l'entraînement, non plus à l'échelle d'exercices ou de séances qui se succèdent sans logique, mais à l'échelle d'une saison sportive voire d'une olympiade.**

*RZ*

Chapitre 3

# PLANIFICATION DE L'ENTRAÎNEMENT

**La planification se situe entre *la théorie et la pratique*. Elle repose sur des principes incontournables qui doivent être appliqués dès *la reprise de l'entraînement.* À titre d'exemple, le principe de progressivité permet de préparer l'organisme aux contraintes à subir et aux efforts à produire. Il s'agit à la fois d'en optimiser le fonctionnement et de le préserver des blessures.**

Il arrive que les séances d'entraînement se ressemblent au point de devenir lassantes. Certains entraîneurs se demandent alors :

- *comment reprendre, transformer et adapter ce qui se fait ailleurs pour rendre les séances stimulantes ?*

Pour comparer le travail réalisé lors de séances de natures différentes et pour *planifier l'entraînement*, certains ont recours à un outil très pratique : le *cardiofréquencemètre.*
Mais cet outil donne des informations sur le pratiquant et sans référence aux objectifs de compétition à atteindre. Pour caractériser le travail réalisé à l'entraînement, il faut alors disposer d'autres informations. C'est le cas, par exemple, lorsque l'on cherche à dépasser la *barrière de vitesse.*

Planifier l'entraînement, c'est programmer des exercices qui permettent d'améliorer la performance grâce à des détours techniques. Ceci implique d'analyser les contraintes auxquelles est soumis le sportif, notamment en termes de *changement de rythmes*, de recherche *d'équilibre.*

La planification est aussi une préoccupation de sportifs qui n'évoluent pas à haut-niveau. Ces derniers sont de plus en plus nombreux à s'interroger *à propos de la planification du travail de musculation.*

*RZ*

**Seve, Saury & Leblanc ont publié en 2004 un article sur ce sujet et intitulé :** *Planification et improvisation en entraînement.* **Après avoir rappelé les grands principes théoriques en matière de planification, ces auteurs se sont intéressés aux pratiques de quelques entraîneurs de haut niveau.**

# LA PLANIFICATION : ENTRE LA THÉORIE ET LA PRATIQUE

## RAPPELS THÉORIQUES

La notion de planification renvoie à la nécessité d'agencer de manière cohérente les charges d'entraînement afin de permettre un développement harmonieux des différentes composantes de la performance. Cette nécessité s'appuie sur le fait que :

- le développement de la condition physique présente un caractère cyclique et l'on ne peut maintenir un niveau de condition physique optimal que sur un laps de temps restreint ;
- la réalisation d'une performance dans une discipline sportive sollicite de manière préférentielle certaines qualités physiques, techniques, tactiques et psychologiques qui ont chacune des dynamiques de développement propres. Elles ne requièrent pas les mêmes volumes et formes de travail pour être améliorées.

L'agencement des charges de travail s'organise donc en cycles où l'on distingue :

- le microcycle : souvent une semaine constituée d'une série d'entraînements formant un ensemble homogène ;
- le mésocycle : composé de 3 à 6 microcycles de plus en plus intenses suivis d'un microcycle allégé pour favoriser la récupération et éviter le surentraînement ;
- le macrocycle : annuel ou semi-annuel, composé de plusieurs mésocycles. En général trois périodes sont distinguées : préparatoire, compétition et transition.

La programmation de l'entraînement s'appuie sur les principes suivants :

- la hiérarchisation des compétitions ;
- la croissance des charges de travail ;
- la charge maximale: charge pour laquelle les progrès de l'athlète sont les plus importants ;

- l'alternance de temps de travail et de temps de repos ;
- la périodisation qui vise à faire coïncider le moment de la compétition avec le moment où l'athlète est au meilleur de sa forme ;
- la cohérence dans l'agencement des charges.

L'ensemble de ces principes relatifs à la planification devrait enfin être contextualisé en fonction des caractéristiques des sportifs *(âge, niveau de pratique)*, des disciplines sportives et du calendrier. Pour autant, la complexité et les multiples contraintes de la pratique ont parfois du mal à s'accorder à ces principes.

## COMMENT FONCTIONNENT LES ENTRAÎNEURS ?

L'étude réalisée par ces auteurs révèle que face à ces difficultés, les entraîneurs qui ont la charge du haut niveau adoptent une planification souple qui s'adapte aux comportements des athlètes. Ils déterminent donc des trames directrices, des tendances, qu'ils régulent en fonction de leurs observations et de ce qu'ils perçoivent chez leurs athlètes. Les séances sont aussi construites de manière à faciliter l'adaptation aux événements rencontrés.
Les charges de travail sont l'objet d'un dosage permanent. Au-delà de ce qui peut être anticipé dans la préparation de la séance, l'entraîneur cherche pendant l'entraînement le « seuil de tolérance » des individus afin d'optimiser les effets du travail réalisé.
Enfin les entraîneurs sont continuellement confrontés à des problèmes pratiques pour lesquels les solutions standardisées et générales sont rarement efficaces. Ils recherchent souvent des réponses locales et inédites pour lesquelles les connaissances scientifiques et les principes généraux sont d'une pertinence relative. Les entraîneurs mènent ainsi une activité d'enquête et de recherche, voire de tâtonnements successifs, afin d'identifier une solution opérationnelle qui vient enrichir leur expérience et leurs connaissances pratiques.
L'entraînement exige donc des compétences de planification mais aussi d'improvisation.

*TM*

# REPRENDRE L'ENTRAÎNEMENT APRÈS UNE PÉRIODE D'INACTIVITÉ

**Blessures, déplacements professionnels, vacances... peuvent contraindre le sportif à interrompre l'entraînement. La principale conséquence est une désadaptation de l'organisme. Aussi, la reprise de l'entraînement ne peut pas se faire au même niveau d'intensité de durée et de complexité de la tâche, qu'avant l'arrêt de l'entraînement.**

Pour entreprendre une nouvelle progression en évitant les blessures, la reprise peut être pensée à partir de cinq principes connus mais souvent éludés.

## LE PRINCIPE D'INDIVIDUALISATION

*« Les particularités du sportif doivent être prises en compte ».*

Ce principe permet de personnaliser l'entraînement. Les particularités du sportif à prendre en compte sont d'ordre :

- psychologique *(motivations, objectifs personnels...)* ;
- physiologique *(résultats de tests, fatigue, sommeil, alimentation ...)* ;
- anatomique *(morphologie, antécédents traumatologiques...)* ;
- social *(temps disponible, vie familiale et professionnelle...).*

Il s'agit aussi de tenir compte des réactions propres à l'athlète et connues de l'entraîneur.

## LE PRINCIPE D'ORIENTATION

*« L'entraînement doit être orienté vers un ou des objectifs ».*

Ce principe permet de donner du sens à la prescription de la charge d'entraînement, c'est-à-dire de légitimer les moyens mis en œuvre en les rapportant aux objectifs et sous-objectifs à atteindre. En effet, certains choisissent des exercices, des durées, des intensités par habitude ou encore par « coutume ».

## LE PRINCIPE DE SURCHARGE

*« La charge d'entraînement doit être augmentée régulièrement en durée et/ou en intensité ».*

Ce principe vise à augmenter le potentiel du sportif. Il est fondé sur le concept de surcompensation. L'augmentation du potentiel pourra être obtenue soit :

- après une séance intense et prolongée ;
- après une suite de séances alternées de périodes de récupération ;
- après une suite de séances rapprochées suivie d'une période de récupération.

## LE PRINCIPE DE PROGRESSIVITÉ

*« L'augmentation de la charge d'entraînement doit être progressive ».*
Ce principe permet de laisser à l'organisme le temps de s'adapter et d'éviter de se blesser.
La progressivité doit être présente sur toutes les échelles de temps d'entraînement : séances *(échauffement, répétitions, séries)*, cycles, microcycles, macrocycles...

## LE PRINCIPE D'ALTERNANCE TRAVAIL-REPOS

*« Les phases d'efforts doivent être entrecoupées par des phases de récupération ».*
Ce principe permet d'assurer une bonne assimilation de la charge de travail et d'éviter le surentraînement et ses conséquences : baisse de la motivation, blessures... Pour cela, il doit être appliqué sur toutes les échelles de temps d'entraînement.

## CONCLUSION

**Les cinq principes évoqués ne doivent pas être appliqués indépendamment les uns des autres, mais doivent être articulés. Ils permettent alors :**

- **de définir des objectifs et des sous-objectifs personnalisés ;**
- **de planifier l'entraînement sur différentes échelles de temps ;**
- **de choisir des exercices ;**
- **de définir des durées, des intensités et des niveaux de complexité des tâches à réaliser ;**
- **d'aménager des périodes de récupération.**

**Au-delà de l'application de ces principes incontournables, organiser la reprise de l'entraînement nécessite de repenser en profondeur l'hygiène de vie du sportif.**

*RZ*

**Cette caractéristique sous-tend l'un des principes de l'entraînement : le principe de progressivité. Son application offre à l'organisme le temps de s'adapter et réduit ainsi les risques de blessure.**

# LA PROGRESSIVITÉ[12] : UNE CARACTÉRISTIQUE À DONNER À L'ENTRAÎNEMENT

- Comment rendre progressive l'augmentation des charges d'entraînement ?
- Comment améliorer la récupération avec progressivité ?
- Comment complexifier progressivement les tâches ?

## PROGRESSIVITÉ DE L'AUGMENTATION DES CHARGES

Les différentes adaptations physiologiques de l'organisme régulièrement soumis à l'effort s'installent sur différentes échelles de temps :

- à court terme : élévation de la température centrale et locale, vasomotricité, baisse de la viscosité du tissu musculaire, élévation de la vitesse de conduction nerveuse, augmentation de la fréquence cardiaque, élévation de la fréquence et de l'amplitude respiratoire... ;
- à long terme : *capillarisation*[13], *« cavitation[14] »*, baisse significative de la fréquence cardiaque de repos, spécialisation du tissu musculaire, augmentation de l'activité enzymatique, amélioration de la force, de l'endurance voire de la vitesse, diminution de la masse grasse...

En conséquence, l'augmentation des charges doit être synchronisée avec ces adaptations sous peine de s'acheminer vers une blessure voire un accident. Le plan d'entraînement doit alors être considéré comme un indicateur qui ne doit pas primer sur les phénomènes tels que la fatigue, le surentraînement, la stagnation voire la régression. Leur prise en compte consiste à laisser la possibilité d'introduire du repos voire de diminuer temporairement les charges d'entraînement.

***(12) Progressivité : caractère de ce qui augmente ou diminue graduellement, c'est-à-dire par degré.***

***(13) Capillarisation : formation de nouvelles ramifications des vaisseaux capillaires veineux et artériels.***

***(14) Cavitation : augmentation du volume des cavités du cœur (oreillettes et ventricules).***

## PROGRESSIVITÉ DE L'AMÉLIORATION DE LA RÉCUPÉRATION

Pour améliorer les capacités de récupération, l'entraîneur peut, à partir d'une durée de récupération observée *(temps mis pour retrouver une certaine fréquence cardiaque)*, programmer une diminution des temps de repos.
Cette diminution des temps de repos doit être très progressive *(2', 1'55, 1'50...)*.

Il est aussi possible de remplacer les durées de repos progressivement réduites, par des fréquences cardiaques de reprise d'effort progressivement croissantes (110 bt/min, 115 bt/min, 120 bt/min...).

## PROGRESSIVITÉ DE LA COMPLEXITÉ DE LA TÂCHE

Les tâches doivent aussi être complexifiées avec progressivité, favorisant à la fois l'acquisition des habiletés et la motivation.
À partir de quelques exercices de base *(partie de parcours, d'enchaînement, de chorégraphie)*, l'entraîneur introduira progressivement des consignes ou aménagera l'environnement afin de conduire les pratiquants à réaliser des tâches de plus en plus complexes.
Il ne s'agit pas de complexifier la tâche simplement pour la rendre plus difficile *(yeux bandés, pieds attachés)*. Mais il faut complexifier les tâches en fonctions des impératifs de la pratique *(sur sol instable, contre des défenseurs, dans un espace réduit)*.
Quelle que soit la complexité de la tâche à réaliser, le sportif est toujours contraint de maintenir une certaine intensité pendant une certaine durée *(sports collectifs, sports de combat)*.

## CONCLUSION

**Le principe de progressivité est l'expression de la nécessité de tenir compte de la lenteur :**

- **des adaptations physiologiques de l'organisme ;**
- **de l'acquisition des apprentissages.**

**Pour cela, la progressivité doit être présente :**

- **à toutes les reprises d'effort ;**
- **sur toutes les échelles de temps d'entraînement : saison (ou cycle annuel), macrocycles, microcycles, séances (échauffement, exercice, séries, répétitions).**

**Appliquer le principe de progressivité est une démarche de prévention des blessures et autres accidents plus graves comme la mort subite.**

*RZ*

# REPRISES, ADAPTATIONS ET TRANSFORMATIONS D'ACTIVITÉS SPORTIVES

**Rendre stimulantes les séances de préparation physique dépend de la créativité de l'entraîneur.**

Pour certains : *« la préparation physique, c'est de l'athlétisme adapté ou de l'haltérophilie »...* une conception réductrice !

D'autres proposent des exercices stimulants et efficaces. Pour cela, ils s'inspirent de diverses activités sportives en cherchant à répondre aux questions suivantes :

- ***Qu'est-ce qui doit en être repris ?***
- ***Qu'est-ce qui doit être adapté voire transformé ?***
- ***Quelles sont les conditions de l'efficacité du transfert des progrès réalisés ?***

## REPRISES

Pour améliorer leur condition physique et leurs performances, certains pratiquent une activité physique complémentaire (15) : course à pied, cyclisme, saut à la corde, musculation, stretching... souvent très différente de la pratique ciblée(16).

Le transfert à la pratique ciblée des progrès réalisés par l'activité physique complémentaire dépend de la pertinence du choix de cette activité. C'est le problème du cross-training. Les athlètes de haut niveau n'améliorent pas davantage leur performance dans une activité, qu'en pratiquant cette activité. Ce n'est pas le cas des autres sportifs. Cependant, la reprise peut ne concerner que quelques caractéristiques de l'activité.

Pour assurer le transfert des progrès réalisés, ces caractéristiques doivent le plus souvent subir quelques adaptations.

***(15) Activité physique complémentaire : autre activité que celle pour laquelle le sportif s'entraîne en vue de réaliser des performances.***

***(16) Pratique ciblée : celle pour laquelle le sportif s'entraîne en vue de réaliser des performances.***

## ADAPTATIONS

Il s'agit, à partir d'une activité complémentaire, d'en modifier quelques caractéristiques pour être au plus près de la pratique ciblée :

- les durées *(courses fractionnées de 3 min pour les karatékas vs footing long)* ;
- les intensités ou les résistances à vaincre *(renforcement au poids de corps chez les gymnastes vs musculation avec charges lourdes donc lentement)* ;
- les fréquences gestuelles *(coups occasionnels ou unique des boxeurs vs répétitions en musculation)* ;
- les articulations sollicitées *(surtout celles des membres supérieurs chez les kayakistes vs membres inférieurs en cyclisme sur route)* ;
- les amplitudes articulaires *(lancer franc des basketteurs vs renforcement des triceps à la poulie coudes au corps)* ;
- les plans de l'espace des mouvements *(étirements des ischio-jambiers et des quadriceps chez les cyclistes vs étirements visant l'écart facial)* ;
- les types de contraction *(renforcement en dynamique des abdominaux des volleyeurs vs sanglage abdominal en statique)* ;
- les postures *(debout chez les footballeurs vs assis en VTT).*

D'autres caractéristiques doivent être prises en compte : les sources de déséquilibre *(surfaces glissantes, vent)*, les conditions environnementales *(température, intempéries)*...
Pratiquer une activité physique complémentaire sans l'adapter, c'est prendre le risque de dépenser de l'énergie et du temps à améliorer des qualités physiques sans rapport avec leur expression en compétition. C'est entraîner à autre chose !
Ces contraintes limitent d'emblée le choix des activités complémentaires. La transformation d'activités physiques est alors une alternative.

## TRANSFORMATIONS

Il s'agit de s'inspirer d'autres activités physiques pour créer de nouveaux exercices. Les conditions de la réussite du transfert des progrès réalisés sont les mêmes que pour l'adaptation d'activités physiques : être au plus près des caractéristiques de la pratique ciblée. Cependant, il ne s'agit plus seulement de l'adaptation de quelques caractéristiques, mais de profondes transformations de la pratique :

- on utilise un engin d'une activité physique, mais pour faire autre chose avec *(le vélo sert à faire un travail foncier, du fractionné ou de la récupération active)* ;
- on reprend les principes d'une autre activité physique, mais on les applique dans un contexte et avec des engins de l'activité ciblée *(fractionner les efforts en durée, ajouter des charges additionnelles, s'échauffer ou s'entraîner en jouant)* ;
- on s'entraîne sur le terrain d'une autre activité physique *(course sur piste ou dans l'eau, en plein air ou au contraire en intérieur, exercices de proprioception pieds nus dans un dojo ou sur une poutre basse).*

Cependant, certaines connaissances de la culture technique, propre à chaque activité physique, doivent être connues de l'entraîneur :
- les risques liés aux milieux de pratique *(terrains de sport)* ;
- les gestes techniques ;
- les fréquences gestuelles *(fréquence de pédalage en cyclisme)* ;
- les intensités et les durées « raisonnables» ;
- les réglages des engins ;
- les consignes de placement, d'exécution, de respiration et de sécurité.

Les risques sont à la fois de ne pas tirer totalement parti de cette nouvelle pratique et plus encore de se blesser.

## CONCLUSION

**« L'intelligence de l'entraîneur-expert » relève notamment :**
- **de sa démarche d'analyse de l'activité ciblée ;**
- **de sa créativité ;**
- **de sa capacité de reprendre, d'adapter voire de transformer ce qui existe ailleurs ;**
- **d'innover en faisant des détours techniques dont les effets convergent de sorte à servir la performance.**

**La construction de nouveaux exercices sera toujours inspirée des contraintes liées à la compétition. L'analyse de l'activité ciblée portera en particulier sur les charges, les angles articulaires, les fréquences gestuelles, les vitesses, les durées et les intensités des efforts.**

*RZ*

# PLANIFIER L'ENTRAÎNEMENT ASSISTÉ PAR CARDIO-FRÉQUENCEMÈTRE

**Tout *travail physique*[17] peut être caractérisé par sa durée et son intensité. Il existe, chez le sportif, une relation entre ces caractéristiques : un *effort*[18] peut être maintenu d'autant moins longtemps qu'il est plus intense. Cette relation entre durée et intensité varie dans le temps, d'une personne à l'autre et peut être optimisée par l'entraînement. De ce point de vue, l'un des rôles de la préparation physique est de permettre le maintien le plus longtemps possible d'efforts les plus intenses possible.**

## QUELS DESCRIPTEURS POUR GÉRER L'EFFORT ?

Pour gérer l'entraînement, il faut caractériser le travail réalisé sur différentes échelles de temps (séance, semaine, mois, année). Pour cela, il faut connaître :

- la nature du travail (VTT, course à pied, cyclisme) ;
- les conditions de réalisation (climat, parcours, dénivelé) ;
- l'état de forme (fatigue, grande forme) ;
- la durée totale de la séance d'entraînement (TPS Total) ;
- le type d'exercice (course continue, en côte, fractionnée, circuit training) ;
- les durées d'effort (TPS) et les nombres de blocks, de séries ;
- la distance parcourue (TRP) ;
- la distance cumulée (DST) ;
- la vitesse moyenne (AVS) ou intensité du travail.

Mais la « stratification» du travail réalisé par le cœur doit être prise en compte. Il faut alors disposer d'autres descripteurs. Ceux-ci devront être communs aux différentes activités physiques pratiquées par le sportif :

- l'intensité moyenne de l'effort réalisé, c'est-à-dire la FC moyenne pendant la séance (FC Moy) ;
- temps passé dans une plage d'intensité programmée (TPS in ZC) ;
- temps passé au-dessus de cette plage (TPS > ZC) ;
- temps passé en-dessous (TPS < ZC).

---

*(17) Le concept de travail physique fait ici référence à la formule de physique : Travail = Poids x Distance*

*(18) Le concept d'effort fait ici référence au point de vue biologique : la mobilisation des ressources énergétiques pour réaliser un travail. L'intensité d'un effort aérobie peut être évaluée indirectement par la mesure de la FC.*

## PLANIFIER L'ENTRAÎNEMENT

Les objectifs de l'entraînement fondé sur la FC sont doubles :

- passer de plus en plus de temps dans une plage d'intensité programmée ou zone cible de FC (ZC) ;
- repousser vers le haut la limite inférieure (Lim inf) et la *limite supérieure* (Lim sup) de cette ZC.

Les valeurs chiffrées de ces objectifs n'ont de sens que par rapport aux efforts individuels à fournir en compétition. Or, les entraîneurs, pour la plupart, planifient l'entraînement en cherchant à atteindre ces deux objectifs séparément et de façon alternative. Mais, pour être au plus près des exigences de la compétition, la planification doit être pensée à partir de *la relation entre la durée et l'intensité* (19) de l'effort. Il est alors nécessaire de définir le temps à passer dans une ZC dont les valeurs des limites auront été calculées au préalable. Les valeurs de ces limites sont relatives :

- aux résultats d'évaluations antérieures *(diagnostique ou formative)* ;
- aux objectifs visés *(Quelle durée d'effort pour quelle intensité ?).*

## CONCLUSION

**À partir des valeurs de ZC, la planification est alors pensée comme un rétro-planning, c'est-à-dire l'organisation en amont de séances : depuis les dates de compétition vers les dates antérieures de séances d'évaluation diagnostique. Le travail sera organisé sous forme de répétitions, séries et blocks. On cherchera alors, en plus des deux objectifs déjà cités, à réduire les temps de récupération intermédiaires, jusqu'aux valeurs à atteindre en compétition.**

*RZ*

***(19) Cette relation varie selon le sport pratiqué (ex : boxe, tennis, demi-fond) et le niveau de pratique (ex. : débutant, départemental, national).***

# LA BARRIÈRE DE VITESSE

**La vitesse est une qualité essentielle à bon nombre d'activités physiques et sportives. À ce titre, il est nécessaire de la développer, de l'améliorer par l'entraînement. Cette qualité fonctionne sur une filière énergétique spécifique (anaérobie alactique), mais fait aussi appel à des ressources neuromusculaires, psychomotrices, techniques et mentales.**

Nous avons eu l'occasion de rappeler dans un article récent la pertinence de l'élaboration d'un socle de préparation aérobie au service du travail de la vitesse malgré les apparentes contradictions entre ces deux qualités.

Pour autant, des cycles de vitesse construits sur des bases qui respectent les fondamentaux *(intensité des exercices, durée des exercices, temps de récupération, nombre de répétitions, spécificité des exercices...)* peuvent ne pas conduire aux résultats escomptés. Pire encore, il est possible à un moment de constater que le sujet entraîné ne progresse plus alors que l'on continue à le faire travailler dans ce domaine.

Ce phénomène n'est en fait pas extraordinaire : on parle de barrière de vitesse. Dans ce cas, le sujet est confronté à une sorte de saturation neuromusculaire qui perturbe sa coordination motrice et sa vitesse gestuelle. Cela arrive la plupart du temps lorsque les exercices proposés sont trop répétitifs, sollicitant le registre moteur dans un cadre trop fermé. Il convient donc de varier les situations afin de maintenir une sorte de vigilance adaptative et de stimuler des synergies musculaires différentes. Pour cela l'entraîneur peut non seulement diversifier ses exercices, mais aussi proposer des variations d'allures (vite-lent-vite), ou encore des exercices où la vitesse gestuelle est augmentée artificiellement *(élastiques, exercices en descente ou vent dans le dos pour les entraînements se déroulant à extérieur).*

La tâche du coach est donc délicate, entre la répétition nécessaire à l'automatisation d'un geste technique et la diversité des situations au service d'un même objectif, il y a un juste équilibre à trouver. Néanmoins, nous pourrions rappeler que les qualités de vitesse ne pourront réellement être développées que si l'engagement de l'individu est total. Cela sous-entend fraîcheur physique et mentale ainsi qu'un minimum de motivation. Or on sait que la diversité est une source motivationnelle non négligeable. Pour l'éducateur, la variation des situations présente donc bien des avantages.

*TM*

# S'ENTRAÎNER AUX CHANGEMENTS DE RYTHME

**Les épreuves sportives, pour la plupart, contraignent les pratiquants à des changements de rythme et d'intensité. En effet, le « mode diesel» bien décrit dans la littérature des années 80 ne convient pas aux compétiteurs ambitieux.**

- ***Qu'entend t-on par changement de rythme ?***
- ***Quelle est l'importance des changements de rythme en sport ?***
- ***Quelle est la relation entre changement de rythme et changement d'intensité ?***
- ***Comment s'entraîner aux changements de rythme ?***

## RYTHME ET CHANGEMENT DE RYTHME

Au sens général, la notion de rythme fait référence :
- aux allures d'un mouvement, d'une course ou d'un processus ;
- aux cadences régulières ;
- aux alternances régulières *(entraînement-récupération)*.

Celles-ci peuvent s'installer sur différentes échelles de temps et sur différentes durées.
En sport, la notion de changement de rythme fait référence :
- aux changements d'allure de course *(cyclisme, kayak, course à pied)* ;
- aux variations de vitesse d'enchaînement (sports de combat, sports artistiques).

L'échelle de temps est celle de l'effort *(assaut, mi-temps, round, course)*.
Aussi, le terme *rythme* est mal approprié pour parler de :
- *fréquence gestuelle (fréquence de pédalage, coups de pagaie, fréquence de foulées)* ;
- *fréquence des entraînements (nombre de séances par cycle)*.

Celles-ci s'inscrivent sur d'autres échelles de temps.

## IMPORTANCE ET RÔLES DES CHANGEMENTS DE RYTHME

En compétition, les changements de rythme sont un moyen :
- de dominer physiquement (sports de combat) ;

- de pousser au-delà des limites *(courses)* ;
- de surprendre *(sports collectifs)* ;
- de déstructurer l'activité adverse *(stratégies : enchaînement de coups, combinaison de jeu)* ;
- d'empêcher les adaptations tactiques ;
- d'imposer sa stratégie.

Ils sont d'ailleurs une des composantes majeures de la stratégie.

## CHANGEMENT DE RYTHME ET CHANGEMENT D'INTENSITÉ

Le plus souvent, les changements de rythme s'accompagnent d'une augmentation de l'intensité *(le combat ou le peloton accélère).*

Parfois, au contraire, le pratiquant peut être contraint à des ralentissements *(accident en course automobile, chute en course, tir en biathlon, approche d'une balise en C.O.).*

En d'autres occasions, le sportif doit conserver le même rythme malgré un changement d'intensité *(changement de braquet en vélo pour s'adapter au relief, au vent).*

Ainsi, il ne faut pas confondre ***changement de rythme et changement d'intensité.***

## S'ENTRAÎNER AUX CHANGEMENTS DE RYTHME

En compétition, le sportif doit pouvoir s'adapter aux changements de rythme et même les imposer. Pour cela, sa préparation physique doit comprendre des exercices spécifiques fondés sur des formes d'effort rencontrées en compétition :

- variation d'allure *(course continue ponctuée d'accélérations d'intensité modérée)* ;
- contraste de phase *(course très lente ponctuée d'accélérations très fortes)* ;
- fractionné court et long (sprints entrecoupés de récupérations passives) ;
- course avec côte *(course sur plat ponctuée de côtes).*

Ces formes d'effort peuvent être reprises, adaptées, transformées ou combinées pour d'autres types d'effort que la course à pied ou le cyclisme. Par exemple en musculation, au travail au sac de frappe (boxe) ou au pao, en shadow-boxing, à la corde à sauter, en patinage ou en footbike... Quoi qu'il en soit, ces formes de travail :

- doivent alterner au cours d'un même cycle (semaine, dizaine de jours...) afin que cela devienne une routine pour l'organisme ;
- peuvent être combinées au cours d'une séance ou d'un même exercice, si cela correspond aux exigences de la compétition.

## CONCLUSION

**Le travail foncier est indispensable pour suivre le rythme de fond de l'activité. Cependant, d'autres formes de travail doivent alterner pour :**

- **permettre aux sportifs de s'adapter aux changements de rythme des adversaires ;**
- **les dominer en imposant ses propres changements de rythme.**

**Il s'agit plus précisément de s'entraîner à changer de rythme puis à maintenir ce nouveau rythme.**

*RZ*

# L'ÉQUILIBRE : UN OBJECTIF POUR L'EPS, UNE NÉCESSITÉ POUR LES APS

**Le développement de pratiques de cirque en cours d'EPS se heurte parfois aux regards traditionalistes de certains acteurs du système éducatif (collègues, parents, entraîneurs...).**

Pourtant, le travail de l'équilibre, qui constitue la base de nombreuses activités des enfants de la balle, s'avère être d'une richesse dont chacun devrait prendre conscience.

Si la construction d'un schéma corporel, la dissociation du haut et du bas du corps, le relâchement et la recherche du moindre coût énergétique dans la réalisation d'un mouvement sont des objectifs visés par l'éducation physique, alors les situations permettant à l'individu de conserver ou de retrouver rapidement son équilibre vertical sont des moyens privilégiés pour atteindre ces objectifs. Pour aller plus loin, on pourrait aussi dire que ce genre de travail participe à un renforcement musculaire spécifique qui favorise une plus grande stabilité des articulations et par-là même permet d'éviter quelques blessures. On pourrait enfin pousser l'argumentation en disant que l'équilibre est bien souvent une composante essentielle de la performance sportive.

Des études ont en effet montré que ce qui différenciait le grand champion des autres sportifs, était sa capacité à conserver plus facilement son équilibre. Une étude réalisée en Italie plaçait notamment des sportifs sur une planche d'équilibre comme on en trouve chez le kiné (une demi-sphère fixée sous une planche). À partir de là, on enregistrait les mouvements du haut du corps lorsque les individus essayaient de se maintenir sur cette planche. On constate d'une part que les sportifs trouvent plus facilement leur équilibre mais aussi que les champions utilisent des stratégies qui leur permettent de limiter les mouvements du haut du corps, donc de conserver une certaine stabilité à ce niveau-là.

Quelques entraîneurs se sont inspirés de ces résultats et ont intégré presque systématiquement des exercices d'équilibre et de proprioception à leurs échauffements ou séances d'entraînement. Des situations de renforcement musculaire avec charges légères et de gainage en situation instable donnent des résultats intéressants ; peut-être parce qu'elles sont plus proches de la réalité de la pratique.

On peut alors s'interroger sur la pertinence du travail de musculation avec charges guidées. Certes on soulève de plus en plus lourd avec davantage de sécurité. Mais n'a-t-on pas tendance ainsi à réduire le mouvement à des contractions musculaires simples alors que la plupart du temps il fait appel à des coordinations et des synergies musculaires complexes ?

Nous avons là des perspectives de travail et de recherches intéressantes. Et si l'on pouvait remplacer la musculation lourde ? Moins de charges, plus de stabilité, moins de blessures, plus d'efficacité ; on peut rêver.

Quoi qu'il en soit, les activités qui stimulent et qui développent l'équilibre participent bien à une éducation du physique à vocations multiples. On pourra alors dire que le sport favorise l'équilibre de l'individu dans tous les sens du terme.

*TM*

# À PROPOS DE LA PLANIFICATION DU TRAVAIL DE MUSCULATION

**Il est extrêmement difficile de modéliser la planification de la musculation tant ce type de travail s'inscrit dans la nécessaire prise en compte des besoins, des caractéristiques, des exigences et des contraintes des individus et de leurs spécialités sportives. Essayons néanmoins de dégager quelques grandes lignes et surtout de retenir quelques grands principes issus de la pratique d'entraîneurs d'athlètes de haut niveau toutes disciplines confondues.**

**1 –** Tout programme de musculation doit s'appuyer sur deux préalables :
- une éducation physique de base où les gainages auront été travaillés ;
- un apprentissage rigoureux des techniques et des placements pour les différents mouvements de musculation.

**2 –** Les entraîneurs sont très vigilants quant aux blessures, ils cherchent constamment à anticiper en ajustant au mieux les charges et les formes de travail en fonction du triptyque : athlète-spécialité-blessure.

**3 –** Bien que les procédés utilisant le travail excentrique soient très intéressants (120 % - 80 %), ils sont souvent délaissés par les entraîneurs en raison des risques qu'ils comportent. Le travail excentrique est quasiment exclu avec les jeunes.

**4 –** Lorsque l'on s'adresse à des débutants, la force maximale doit être évaluée par la méthode indirecte : trouver la charge maxi que l'on est capable de soulever dix fois, la onzième étant pratiquement impossible = 75 % de RM.

**5 –** Les cycles sont d'intensité croissante ou décroissante et comportent toujours des microcycles de récupération.

**6 –** Les cycles de musculation s'enchaînent généralement de la façon suivante :
- cycle de préparation foncière ou générale *(JP Egger parle de phase extensive)* ;
- cycle de préparation intensive *(le plus difficile)* ;
- cycle de préparation spécifique *(JP Egger parle de phase explosive).*

**7 –** Pour développer puis entretenir la force dynamique, l'utilisation de procédés mixtes de type lourd-léger spécifique où l'on cherche à transférer la force à la technique spécifique, donne des résultats intéressants. Par exemple en gymnastique, 5 répétitions de tiers de squat à 80 % de 1RM puis série d'acrobaties sur praticable. Cette forme de travail peut être utilisée en période de compétition comme en période de préparation.

**8 –** Lorsqu'il y a nécessité de prolonger un état de forme, des rappels de force peuvent être effectués, pour les disciplines explosives notamment, la méthode des séries de 5 répétitions se révèle particulièrement efficace (environ 85 % de 1RM, sur 2 à 5 séries).

**9 –** Exemple de planification en escrime : cycles de trois semaines, sur neuf semaines, un cycle force de 70 % à 95 %, un cycle puissance de 40 % à 70 % pyramides, vitesse maxi, un cycle explosivité : statodynamique, contraste 80 %-30 % juste après, arrêt de la musculation un à trois jours avant la compétition. Un travail spécifique est associé au développement de la force maximum. De la plyométrie est associée aux cycles de puissance et d'explosivité. Dans les disciplines où les dimensions techniques et l'adresse sont importantes, la pratique du renforcement musculaire se heurte encore parfois à des résistances traditionalistes. Certes le développement des qualités physiques ne peut se substituer au travail technique. Cependant les innovations sont généralement payantes dans ce domaine.

**10 –** L'acquisition d'habiletés techniques ne doit pas être réalisée sur un organisme diminué par la fatigue. Lorsque les athlètes ont acquis un bon niveau d'habileté (juniors-seniors), l'accent peut être mis sur le registre de la charge énergétique qui correspond à ce qu'ils devront supporter en compétition. Pour les jeunes en phase de formation, il est important de donner plus d'[illegible] à l'habileté et à la connaissance du jeu. Dans ce cas, la dimension physique sera davantage dissociée de celle du jeu.

**11 –** En sport collectif, le travail physique trouve sa place soit en fin d'échauffement quand on veut insister sur l'intensité, soit en fin d'entraînement quand on veut travailler en volume.

**12 –** Lorsque des programmes de musculation sont effectués dans les disciplines de longue durée, on observe des progrès sensibles en compétition à condition que cette nouvelle forme de travail ne vienne pas s'ajouter à la somme du travail déjà effectué, mais qu'au contraire elle s'intègre dans le travail réalisé sans l'alourdir. Après un cycle préparatoire, c'est un cycle de développement de la force maximale (70 % à 90 %) qui précède le développement de l'endurance de force (jusqu'à 50 %) au cours duquel l'intention est de se rapprocher des exigences de la compétition (rythme, gestuelle).

**13** – Les phases importantes de travail doivent être terminées trois semaines avant un objectif majeur.

*TM*

# Pour conclure ce chapitre

**La planification de l'entraînement nécessite de prendre en compte à la fois :**

- **les exigences de la pratique *(réglementaires, techniques)* ;**
- **les lois de fonctionnement des exercices et des pratiques ;**
- **les lois de fonctionnement de l'organisme *(physiologiques, biomécaniques)* ;**
- **les particularités du sportif en tant que personne unique *(objectifs, passé sportif, morphologie, réactions à l'entraînement, antécédents traumatologiques...)*.**

**La démarche à adopter est celle de la construction d'un rétroplanning : des dates d'échéances compétitives au début de saison ; des objectifs de performance à atteindre aux résultats d'évaluation diagnostiques et prédictives.**

**Dans la plupart des sports, la planification de l'entraînement est soumise à une contrainte de gestion du poids de corps. Faire le poids est aussi important dans les sports à catégories de poids (judo, karaté, boxe) que dans d'autres sports *(patinage artistique, gymnastique, cyclisme)* où tout excédent devient un « handicap».**

*RZ*

Chapitre 4

# FAIRE LE POIDS

Maigrir n'est pas la seule façon de *faire le poids*. En effet, pour certains, le problème est de prendre du poids. Dans les deux cas, la question est :

- *Quels principes peut-on suivre pour faire le poids, sans mettre sa santé en danger ?*

Dans les sports de combat, ce problème se pose toujours en termes de relation en catégorie de poids et force absolue. Le concept de métabolisme de base permet alors de se faire un ordre de grandeur de la dépense énergétique à réaliser pour modifier son poids de corps de façon significative. L'activité physique devient alors un moyen de contrôle du poids.

L'alimentation joue un rôle prépondérant. Mais les informations disponibles pour le « grand public» sont contradictoires, par exemple :

- *Les graisses amies ou ennemies du sportif ?*

Les graisses corporelles sont considérées par beaucoup comme un poids inutile à déplacer donc à éliminer. C'est ignorer qu'elles constituent pour partie *les réserves autonomes protégées de l'organisme.*

Pour faire le poids, la solution employée par certains est de *courir avec un coupe-vent pour maigrir* ; une solution discutable.

*RZ*

**La question du poids de corps se pose aussi bien en termes de sport (catégories de poids) que de santé** *(Index de Masse Corporel ou IMC [20])*.

**• *Quels principes peut-on suivre pour perdre ou prendre du poids, sans mettre sa santé en danger ?***

## PERDRE DU POIDS

Pour atteindre cet objectif, les deux techniques les plus couramment employées consistent à réduire le nombre de calories de l'alimentation : brutalement ou progressivement.

*La réduction brutale* est interprétée comme un signe de « famine » par l'organisme. Ce dernier s'organise alors pour économiser les réserves d'énergie (graisse) pour les organes nobles (cerveau, cœur, foie…) en sacrifiant la masse musculaire dont il se sert comme « carburant» (fonte des muscles).
À terme :

- La personne pèse moins lourd mais a proportionnellement plus de graisse !
- Son organisme est entraîné à stocker les graisses et réalise un ***« rebond lipidique »*** en vue d'une éventuelle ***« famine »***.

Ainsi, plus on pratique ce type de régime, plus on s'engraisse. Pour préserver la masse musculaire, certains augmentent considérablement l'apport de protéines et pratiquent la musculation. Mais les régimes hyper-protidiques fatiguent l'organisme et provoquent des problèmes digestifs et articulaires (goutte).

*La réduction progressive* de l'apport énergétique quotidien aboutit, le plus souvent, à un ralentissement du métabolisme et une baisse de la vitalité.
Finalement, pour perdre du poids, il est préférable :

**1 –** de rééquilibrer son alimentation, notamment en réduisant, voire en supprimant les sauces, les crèmes, les fromages, la charcuterie, les sucreries et les sodas… ;

***(20) Formule : IMC = poids (en kg) / taille$^2$ (en m)***
***Exemple : 70 kg / (1,80m x 1,80m) = 21,6 Kg/m2***
***Interprétation (OMS, 1997) : Maigreur < 18,5***
***18,5 < "Normal" < 25***
***Surpoids > 25***
***Obésité "modérée" > 30***
***Obésité "sévère" > 35***
***Obésité "morbide" > 40***
***Remarque : cette formule ne convient pas pour les personnes très musclées (culturistes).***

**2** – d'augmenter sa dépense énergétique par la pratique d'activités physiques ;
**3** – de chercher à maigrir très progressivement : pas plus d'un kilogramme par mois, pour ne pas déclencher de réaction de fonte musculaire...

## PRENDRE DU POIDS

***« La maigreur... est strictement compatible avec une santé normale ; c'est même, semble-t-il, un facteur favorable dans le calcul de l'espérance de vie »*** *Torris (2004).*

Prendre du poids est surtout un problème esthétique ou de catégorie de poids pour les personnes dont le métabolisme est rapide *(hyperthyroïdiens)*. En effet, chez ces personnes, l'augmentation de l'apport énergétique est le plus souvent suivie d'une accélération du métabolisme. Il leur est alors conseillé de se comporter comme des personnes obèses en :

- ***« multipliant les repas » ;***
- ***« mangeant des aliments riches voire gras (glace, chips...) » ;***
- ***« se dépensant le moins possible ».***

Mais ces ***« conseils»*** sont nuisibles pour la santé. En revanche, il est possible d'augmenter sa masse musculaire par un entraînement en musculation *(alternance de cycles de « force » et de « volume »)*. Dans ces conditions, les « repas enrichis» en nutriments essentiels suivront toujours un besoin créé par l'entraînement. Des séances d'entraînement cardio-vasculaire *(course à pied, vélo)* ne dépassant pas 30 minutes permettront de conserver une bonne condition physique sans contrecarrer la prise de poids.

## CONCLUSION

L'idée selon laquelle, *«...pour ne pas grossir, les dépenses caloriques doivent égaler les recettes et, pour maigrir, le fléau de la balance doit s'incliner du côté des dépenses»* (de Mondenard, 1987), n'est pas exacte car tous les aliments n'apportent pas la même quantité d'énergie.

Huiles : 9 kcal/g ; féculents : 4 kcal/g ! Il y a là une confusion entre le poids des aliments et leur apport énergétique.

Quoi qu'il en soit, s'agissant de perdre ou de prendre du poids, les priorités sont toujours :

- de rééquilibrer son alimentation ;
- de ne consommer que des aliments de bonne qualité ;
- de pratiquer une activité physique.

La démarche de perte ou de prise de poids doit être entreprise en début de saison sportive et jamais dans l'urgence.

*RZ*

# CATÉGORIES DE POIDS ET FORCE ABSOLUE

**L'apparition des catégories de poids et leur évolution s'inscrivent dans l'histoire des règlements sportifs (*haltérophilie, lutte, boxe...*). Elles sont, à l'origine, une solution pour « domestiquer» la relation entre poids de corps et force absolue.**

- ***Quelles sont les origines des catégories de poids ?***
- ***Quelles sont les relations entre poids de corps et force absolue ?***
- ***Comment prendre en compte les catégories de poids à l'entraînement ?***

## ORIGINES ET ÉVOLUTIONS DES CATÉGORIES DE POIDS

Pour diminuer l'influence de la force, certains sports ont imposé une répartition des compétiteurs par catégories de poids. En effet, chez les sportifs, la force maximale potentielle ou force absolue est relative à la *masse*[21] musculaire donc au poids du corps.

Plus tard, les catégories de poids ont évolué par décalage ou subdivision :

- pour lutter contre le dopage *(haltérophilie)* ;
- pour réduire les risques de blessures graves *(sports de combat)*.

## RELATION ENTRE CATÉGORIES DE POIDS ET FORCE ABSOLUE

Plusieurs études portant sur les records de *« sports de force »* (force athlétique) ont montré une très forte corrélation entre la force absolue et le poids du corps.

La puissance maximale théorique, dépendante de la force, est aussi fortement corrélée avec le poids de corps dans différents sports *(haltérophilie, lancers)*.

## CATÉGORIES DE POIDS ET PRÉPARATION PHYSIQUE

Le développement de la force maximale vise plusieurs objectifs :

**1 –** être plus performant dans sa catégorie de poids *(haltérophilie)* ;
**2 –** réduire les risques de blessures *(déchirure musculaire)* ;
**3 –** augmenter la force d'impact *(boxe)*.

***(21) Poids et masse : le poids est la force de pesanteur exercée sur une masse. P=m.g ; avec sur terre g=9.81m/s2. Les balances permettent de mesurer des masses et non des poids... On devrait donc parler de "catégories de masses" !***

Ce dernier point soulève le problème des effets balistiques connus, applicables aux sports de combat : la force d'impact dépend fortement de la masse du projectile *(poing, pied, coude, genou)*. Ceci implique de respecter des catégories de poids à l'entraînement comme en compétition, donc de ne pas faire combattre des personnes de poids très différents.

Lorsqu'il s'agit de soulever des charges *(musculation, judo, lutte)*, la progressivité de l'augmentation des charges administrées est un impératif. L'arrêt de l'entraînement de la force *(vacance, blessure)* entraîne une régression dès le dixième jour de repos. Mais le sportif ne change pas de catégorie de poids pour autant. À la reprise, il s'expose à des blessures. L'alternative est alors de reprendre l'entraînement avec beaucoup de progressivité.

## CONCLUSION

**La force absolue et la puissance maximale théorique sont corrélées au poids du corps. Ceci a des conséquences lorsqu'il s'agit :**

- **de soulever un adversaire de poids équivalent *(judo, lutte)* ;**
- **de soulever des charges parfois nettement plus lourdes que soi *(haltérophilie)* ;**
- **d'échanger des coups *(boxe, karaté)*.**

**Pour comprendre finement l'influence des masses dans les mouvements, l'entraîneur doit s'intéresser aux concepts *(quantité de mouvement, moment de force, énergie cinétique)* et aux lois de la *cinétique*[22].**

*RZ*

***(22) La cinétique, branche de la physique, est le prolongement de la cinématique. La cinétique prend en compte les masses.***

# MÉTABOLISME DE BASE ET DÉPENSE ÉNERGÉTIQUE

**Le métabolisme de base correspond à l'énergie dépensée par l'organisme pour assurer ses fonctions vitales *(respiration, fonctionnement des différents organes...)* lorsque celui-ci est au repos. Ce métabolisme est traditionnellement mesuré dans des conditions standardisées afin de pouvoir établir des comparaisons *(le matin au réveil, à jeun depuis au moins 8 heures)*.**

Globalement, le métabolisme de base représente 60 à 75 % de la dépense calorique quotidienne sur 24 heures (DCQ) soit 1200 kcal à 1500 kcal pour un individu dont la DCQ totale serait de 2000 kilocalories.
Compte tenu de ces éléments, une modification minime du métabolisme de base aura des conséquences significatives sur la DCQ et par voie de conséquence sur le poids.
Ainsi, une variation de 4 % c'est plus ou moins 50 kilocalories par jour, soit 7000 kilocalories sur 6 mois, soit l'équivalent d'un kilo de graisse.

À partir de là, certains nutritionnistes et autres spécialistes de la lutte contre l'obésité ont logiquement ciblé le métabolisme de base.

## CE QUI AGIT SUR LE MÉTABOLISME DE BASE

**À la baisse :**

- l'âge ;
- le sexe ;
- la masse grasse ;
- les régimes hypocaloriques (moins de 1200 cal = YOYO) ;
- sauter le petit déjeuner *(message de privation calorique à un organisme qui se trouve en état de jeûne depuis plusieurs heures)* ;
- un repas copieux après 22h ;
- la déshydratation.

**À la hausse :**

- le stress ;
- la fièvre ;
- la masse musculaire *(la dépense d'entretien de la masse musculaire est huit à dix fois supérieure à celle de la masse grasse)*.

Une étude a mis en évidence une augmentation du métabolisme de base de 8 % chez des sujets âgés de plus de 65 ans pratiquant régulièrement des séances de renforcement musculaire.

## L'EFFET THERMOGÉNIQUE DES ALIMENTS

La digestion engendre une augmentation plus ou moins importante de la dépense calorique en fonction de la nature des aliments, de l'heure d'ingestion et de notre activité au moment de la digestion. Estimée environ à 10 % de la dépense calorique totale, elle est majorée par les glucides complexes et les protéines.

## L'EFFET THERMOGÉNIQUE DE L'ACTIVITÉ PHYSIQUE

Il est évidemment très variable d'un individu à l'autre. Il est généralement situé entre 15 et 30 % de la DCQ. Cependant il est important de retenir qu'au-delà de la dépense calorique provenant directement de l'activité physique, la dépense calorique post exercice qui correspond au travail de l'organisme pour rétablir son équilibre, est aussi à prendre en compte. Elle peut être faible et de courte durée pour des exercices de faible intensité, mais beaucoup plus importante et prolongée lorsque les efforts sont plus intenses.

## CONCLUSION

**Au regard de ces éléments, un effort de faible intensité sur les durées de pratique habituelles *(trente minutes à deux heures)* ne serait pas l'idéal pour dépenser beaucoup de calories, d'autant que ce type d'effort a tendance à ouvrir l'appétit. La dépense calorique pendant les phases de récupération et après les séances peut nous amener à reconsidérer les choses.**

**Si, en matière de santé et de prévention, l'entretien du système cardio-vasculaire est une nécessité, il doit logiquement se compléter par l'entretien et le maintien d'une bonne masse musculaire.**

*TM*

# ACTIVITÉ PHYSIQUE ET CONTRÔLE DU POIDS

**De plus en plus d'entraîneurs sont confrontés à des publics en situation de surpoids. Qu'elle soit prioritaire ou simplement la condition nécessaire à l'amélioration des résultats, la perte de poids est au centre des réflexions.**

- ***Quels exercices proposer, combien de fois par semaine, quelles précautions prendre ?***

Et si l'état actuel des connaissances se heurtait à quelques idées reçues !

## LA DÉPENSE ÉNERGÉTIQUE POST-EXERCICE

L'activité physique joue un rôle essentiel dans le contrôle du poids en permettant notamment d'augmenter la dépense calorique pendant le temps de l'exercice. Mais cette dépense calorique dépasse parfois largement la seule durée pendant laquelle on est en activité. En effet, après l'effort, le niveau métabolique *(consommation d'$O_2$ entre autres)* reste à un niveau élevé plus ou moins longtemps. Si l'effort est très faible et court, cela peut durer quelques minutes. Mais dans le cas d'un marathon, ça peut aller jusqu'à vingt-quatre heures.

En fait, plus l'individu puise dans ses réserves, plus la dépense énergétique post-exercice est importante et participe donc à la dépense calorique totale.

## LA PERTE DE MASSE GRASSE

Contrairement à beaucoup de régimes alimentaires qui permettent de perdre du poids rapidement en abaissant les réserves hydriques, en diminuant le taux de masse grasse, mais aussi de masse maigre *(fonte musculaire)*, l'exercice physique conduit à une diminution de la masse grasse et une augmentation de la masse maigre. Les modifications ne seront néanmoins visibles que sur le long terme. Par exemple, il a été démontré qu'une personne qui courait trois fois par semaine à 11 km/h pendant trente minutes pouvait perdre 8 kg de graisse en un an. En revanche, sur un mois, la perte ne serait pas spectaculaire *(moins de 1 kg)*.

## L'UTILISATION DES SUBSTRATS ÉNERGÉTIQUES

Dans les exercices aérobies, l'énergie est obtenue par une dégradation des lipides et des glucides. Ici, plus l'intensité de l'effort est importante, plus ce sont les glucides qui participent à la production d'énergie. Partant de ces réalités, de nombreux spécialistes de l'entraînement et de la remise en forme préconisaient et préconisent encore des exercices de faible intensité afin de favoriser la fonte de masse grasse. Malheureusement, dans ce cas, la dépense énergétique totale reste trop faible sur les temps d'efforts habituels. L'important c'est que l'individu brûle des calories. On aura donc à choisir par exemple entre un footing de 45 minutes à 50 % de $\dot{V}O_2$ max et 30 minutes à 75 % de $\dot{V}O_2$ max pour brûler environ la même quantité de calories. En d'autres termes, un exercice de faible intensité serait bien à condition de le maintenir très longtemps, ce qui matériellement et psychologiquement n'est pas toujours possible.

## ACTIVITÉS PHYSIQUES ET APPÉTIT

Contrairement à ce que certains pensent, tous les exercices ne donnent pas forcément faim. À l'inverse, un exercice physique intense agit comme un inhibiteur de l'appétit dans les premières heures qui suivent l'effort. Cela est dû notamment à l'augmentation du niveau de certaines substances dans l'organisme *(adrénaline, noradrénaline)* et l'élévation importante de la température corporelle liée à l'activité physique. Ainsi, si la sensation de faim est présente après une séance à la piscine, c'est parce que la température de l'eau limite l'élévation de la température du corps.

## PERTE DE GRAISSE CIBLÉE

Enfin ce n'est pas en faisant travailler une partie précise du corps que l'on fera fondre la masse graisseuse à cet endroit. Par exemple, une heure d'abdos-fessiers permettra de raffermir les muscles de cette zone, mais il n'y aura pas de perte sélective de graisse dans ce territoire *(attention donc aux gadgets et aux discours racoleurs !)*.

## CONCLUSION

**Au-delà des précautions incontournables (certificat d'aptitude, progressivité du travail ...), ces données sont intéressantes car elles ouvrent des perspectives plus larges quant au choix des exercices les mieux adaptés pour contrôler le poids.**

**Il est possible et même souhaitable de diversifier les activités physiques et les formes d'exercices, il n'est pas judicieux de se cantonner au traditionnel footing long et lent pour perdre du poids. Ceci devrait avoir une incidence positive sur la motivation et les engagements à long terme.**

*TM*

# LES GRAISSES : AMIES OU ENNEMIES DU SPORTIF ?

**Souvent oubliées, parfois diabolisées, les graisses ou lipides sont une composante non négligeable de la pratique sportive, qu'il s'agisse de les utiliser ou de les éliminer.**

Le but de cet article est de faire un point rapide sur ce sujet d'actualité.

## L'ENTRAÎNEMENT OU L'ACTIVITÉ PHYSIQUE POUR MAIGRIR OU RETROUVER UN POIDS DE FORME

Privilégier des activités de faible intensité autour de 50 % - 60 % de $\dot{V}O_2$ max selon les cas sur des durées supérieures à 30 minutes. Pour les individus sujets à des charges pondérales importantes, il semble plus pertinent de choisir des sports portés afin de ménager les tendons et les articulations *(VTT, cyclisme, natation)* ou des activités dans lesquelles les chocs sont limités *(marche athlétique, roller)*. En outre, il sera ici question d'amener les individus à bouger régulièrement, longtemps et sans traumatisme. Le plaisir dans et par la pratique ne pourra donc pas être écarté.

## ÉPUISER SON STOCK DE GLYCOGÈNE ET HABITUER SON ORGANISME À PUISER DANS SON STOCK DE LIPIDES POUR LES ACTIVITÉS DE LONGUE DURÉE (DEUX HEURES)

Dans ce type d'épreuve, une partie de l'énergie est obtenue à partir de l'oxydation des lipides qui doivent subir plus de transformations que les glucides avant d'être utilisés.

Les réserves de lipides contenues dans les cellules adipeuses doivent rejoindre les cellules musculaires. C'est la circulation sanguine qui se charge du transport, mais comme les lipides ne sont pas solubles dans le sang, ce transport nécessite l'intervention d'un médiateur qui restreint encore le débit d'utilisation des lipides.

L'entraînement prolongé *(+ d'une heure et demie)* favorisera et améliorera la qualité du transport et donc permettra une meilleure utilisation de son stock de lipides. C'est bien cet objectif qui est visé par les marathoniens ou les triathlètes lorsqu'ils réalisent une ou deux fois par mois des sorties de vingt-cinq ou trente kilomètres de course à pied ou encore des sorties de six heures à vélo.

### S'ENTRAÎNER POUR ÉCONOMISER SES GLUCIDES GRÂCE À UNE UTILISATION PLUS IMPORTANTE DES LIPIDES AFIN D'ÊTRE PERFORMANT PLUS LONGTEMPS

Au repos ou lors d'une activité physique de faible intensité, l'énergie est essentiellement fournie par les lipides. Au fur et à mesure que l'intensité de l'activité croît, l'organisme utilise un mélange de plus en plus riche en glucides et de plus en plus pauvre en lipides, jusqu'à une limite où les glucides permettent de produire l'essentiel de l'énergie. Cette limite correspond au seuil anaérobie qui selon les cas peut se situer de 60 à 90 % de $\dot{V}O_2$ max. Cette grande fourchette nous révèle que l'entraînement peut favoriser une utilisation des lipides à des intensités de plus en plus élevées, économisant ainsi le stock de glucides. Les séances à des intensités inférieures au seuil anaérobie, les sorties de longue durée *(voir ci-dessus)* et les entraînements de faible intensité *(seuil aérobie)* à jeun favorisent de telles adaptations.

De même, pour favoriser une utilisation prépondérante des lipides pendant un marathon, les coureurs cherchent à maintenir une glycémie relativement basse au départ *(0.7 à 0.9 g/l)* en évitant d'ingérer des glucides dans les 3 ou 4 heures qui précèdent l'épreuve.

## CONCLUSION

**L'entraînement peut servir à éliminer les excès de graisses, mais celles-ci sont aussi utiles pour certains efforts. Il est possible d'améliorer les capacités de l'organisme à les utiliser.**

*TM*

# LES RÉSERVES AUTONOMES PROTÉGÉES DE L'ORGANISME

**La capacité de performance d'un individu met en relation une multitude de facteurs :**

- capacités physiques ;
- habiletés technico-tactiques ;
- caractéristiques de la personnalité.

Celles-ci déterminent entre autres la capacité à mobiliser ses ressources au niveau le plus élevé.

Pour reprendre une expression de terrain, il s'agirait ici de la capacité de l'individu à se transcender le jour J.

WEINECK a identifié quatre zones de performance à partir des niveaux de mobilisation des réserves de l'organisme :

- *la zone 1* représente les performances automatisées qui ne nécessitent aucun effort mental ;
- *la zone 2* représente les performances qui nécessitent un peu de volonté ;
- *la zone 3* représente les performances qui mobilisent une part importante de la volonté ;
- *la zone 4* représente les réserves protégées de l'organisme. L'individu ne les mobilise que dans des situations d'urgence lorsqu'il se sent menacé.

Il n'est pas possible d'atteindre le potentiel maximum de la capacité de performance sans se trouver dans une situation d'épuisement extrême : les réserves protégées autonomes font partie des disponibilités les plus élevées permettant d'accomplir une performance. Toutefois, elles ne sont atteignables qu'en partie seulement. Elles constituent une protection de l'organisme contre le surentraînement.

Le seuil de mobilisation de ces réserves peut être déplacé en fonction du degré de motivation et du niveau d'entraînement de sorte qu'un individu très motivé et bien entraîné est capable d'augmenter la limite de son seuil d'épuisement et ainsi sa capacité de performance. La préparation mentale aurait une incidence non négligeable sur la capacité d'un individu à aller puiser dans ses réserves autonomes protégées.

| | |
|---|---|
| ZONE 4 | Réserves protégées autonomes |
| ZONE 3 | Mise en jeu des réserves habituelles |
| ZONE 2 | Performances physiologiques |
| ZONE 1 | Performances automatisées |

*TM*

# COURIR AVEC UN COUPE-VENT POUR MAIGRIR

**De nombreux sportifs pensent qu'« il faut courir avec un coupe-vent pour faire fondre la graisse ». Dans ces conditions, la thermorégulation(23) est perturbée, ce qui n'est pas sans risque pour la santé.**

- ***Comment fonctionne la thermorégulation ?***
- ***Quels sont les effets de l'utilisation d'un coupe-vent ?***
- ***Perd t-on de la graisse en transpirant ?***

## THERMORÉGULATION ET SUDATION

Chaque année, plusieurs sportifs(24) décèdent par coup de chaleur ! En effet, au-dessus de 42°C de température centrale, mais aussi en dessous de 27°C, l'organisme est en danger de mort imminente.

Pour assurer l'équilibre thermique :

- par temps chaud, la circulation sanguine et la sudation s'intensifient. Mais la fatigue et la déshydratation s'installent progressivement, augmentant les risques liés à l'hyperthermie ;
- par temps froid, l'organisme lutte contre la déperdition de chaleur en frissonnant. L'activité musculaire permet aussi cela et de façon plus efficace encore.

Ces réactions sont accompagnées d'ajustements vasculaires : le froid entraîne une constriction des vaisseaux sanguins, alors que la chaleur entraîne leur dilatation.

L'évaporation(25) de l'eau, par les voies respiratoires et par la peau, libère beaucoup de chaleur. D'autres phénomènes permettent à l'organisme de libérer de la chaleur : la radiation(26), la conduction(27) et la convection(28).

L'évaporation de l'eau à la surface de la peau est le principal moyen de l'organisme pour éviter la surchauffe.

*(23) **Thermorégulation** : mécanisme de régulation de la température de l'organisme.*

*(24) Entre 1960 et 1983, 70 joueurs de football américain seraient décédés à l'entraînement ou en match à cause d'un coup de chaleur.*

*(25) **Evaporation** : transformation d'un liquide en vapeur sans ébullition.*

*(26) **Radiation** : émission de rayonnement électromagnétique.*

*(27) **Conduction** : échange de chaleur par contact.*

*(28) **Convection** : déplacement (de l'air ou d'un autre fluide) dû à un changement de température. Le fluide réchauffé laisse place à du fluide moins chaud.*

## UTILISATION D'UN COUPE-VENT

L'utilisation d'un coupe-vent pendant l'effort retarde l'évaporation de la sueur, rendant le refroidissement quasi-impossible. Le risque de coup de chaleur et ses conséquences sont ainsi très élevés : anxiété, malaise, maux de tête, nausées, vomissement, crampes, évanouissement, mort subite.
Les risques sont encore plus grands quand le sportif s'interdit en plus de boire. Qu'il s'agisse d'un coupe-vent ou d'un autre vêtement en plastique (gilet ou ceinture de sudation), la macération dans la transpiration élève le risque de développer une mycose(29).

## CONCLUSION

**Pour maigrir, il est inutile et même dangereux de courir avec un coupe-vent. La perte de poids occasionnée est surtout due à une perte d'eau et non pas à la fonte de graisse. Or, l'eau joue différents rôles dans l'organisme dont la régulation de la température interne : rôle vital.**
**La fonte des graisses doit d'abord consister à réduire les apports de lipides de l'alimentation (huiles, beurre, charcuterie, fromages, sauces et crèmes) et à réaliser des efforts en aérobie de durées progressivement croissantes.**

*RZ*

***(29) Mycose : maladie de la peau provoquée par des champignons.***

# Pour conclure ce chapitre

**Courir couvert, quelques jours voire quelques heures avant l'échéance compétitive, est la pire des solutions pour faire le poids. Le sportif perd surtout de l'eau. Déshydraté, son rendement et ses performances chutent. Il arrive ainsi épuisé en compétition. Tous les efforts qu'il a pu faire à l'entraînement n'auront ainsi servi à rien !**

**Faire le poids est un problème à régler en début de saison par une alimentation stricte et un travail foncier. Il s'agit ensuite de faire quelques ajustements en cours d'année pour rester au poids ; une excellente raison de prolonger le travail foncier tout au long de l'année.**

*RZ*

Chapitre 5

# ALIMENTATION ET HYDRATATION

L'alimentation est le domaine qui intéresse le plus les sportifs, mais aussi le plus empreint de croyances en des effets quasi magiques. La publicité n'y est pas pour rien : *les vitamines* et *les Omegas 3 & 6* en sont deux exemples. Paradoxalement, de nombreux sportifs sont beaucoup moins informés sur *les rôles et la consommation de l'eau à l'entraînement*. Certains ont simplement pris le parti de *boire une eau minérale. Oui, mais laquelle ?*

Prendre du recul et s'informer sur l'alimentation, implique de revenir sur les *rôles des aliments et des besoins alimentaires*. Vient ensuite la question de ce que doit être *une alimentation équilibrée* comme *déterminant de la performance.*

L'idée de consommer *du sucre à l'effort* n'est pas insensée. *Oui, mais* pour éviter les effets négatifs, les notions *d'index glycémique et d'hypoglycémie réactionnelle* doivent être connues, maîtrisées et prises en compte.

La consommation de sel est aussi à raisonner : *sodium et potassium : amis ou ennemis du sportif ?* L'enjeu est non seulement sportif, mais aussi sanitaire. Il en est de même du *cholestérol*, qui est aussi indispensable pour l'organisme, mais à l'origine de maladies cardio-vasculaires.

*RZ*

# RÔLES DES ALIMENTS ET BESOINS ALIMENTAIRES

**Une alimentation équilibrée, adaptée en qualité et en quantité à l'activité physique pratiquée, contribue à préserver la santé et à la production de performances. En effet, le sportif (re)construit son organisme et reconstitue ses réserves d'énergie avec les aliments qu'il ingère. Aussi, définir les besoins et quelques principes alimentaires devient une nécessité.**

## BESOINS ALIMENTAIRES

Les besoins en protéines sont de 0,8 à 1,2 g/jour et par kilogramme de poids de corps. Par exemple, une personne de 70 kg a besoin de consommer 56 g à 84 g de protéines par jour. L'excès de protéines consommées est éliminé dans les urines ou converti en graisse. Mais ceci n'est pas sans conséquence sur la santé : fatigue, problèmes digestifs et articulaires *(goutte)*.
Les glucides constituent la principale source d'énergie des muscles à l'effort. Il doivent aussi constituer l'essentiel de l'alimentation (féculents).
Les lipides apportent des vitamines *(A, D, E)* et beaucoup d'énergie. L'excès de consommation de lipides favorise fortement les maladies cardio-vasculaires et plusieurs types de cancer.
Les sels minéraux et les oligoéléments *(sodium, potassium, magnésium, fer, manganèse...)* sont, pour la plupart, présents en petites quantités, mais jouent des rôles vitaux.
L'eau et les vitamines n'apportent aucune caloric, mais sont indispensables à la vie.
Les fibres ou cellulose favorisent le transit intestinal et ainsi réduisent les risques de constipation et de cancer du colon. Une consommation excessive de fibres contrarie l'assimilation des vitamines et des sels minéraux.

## PRINCIPES ALIMENTAIRES

La digestion, sans laquelle aucun aliment n'est assimilable, détermine aussi partiellement la production de performances. Trois principes au moins doivent être respectés :

**1 –** pour éviter les troubles circulatoires et digestifs, le dernier repas devra être terminé trois heures avant le début de l'entraînement ;

**2 –** l'énergie utilisée pour fournir des efforts provient d'aliments ingérés au moins huit heures avant ;

**3 -** à l'approche d'une compétition, on ne cherchera pas à changer ses habitudes alimentaires.

D'autres principes portent sur le choix des aliments ou sur leur répartition :
**1 -** la moitié au moins des glucides consommés doit être composée de glucides complexes *(céréales et leurs dérivés : pain, pâtes, riz)* ;
**2 -** les aliments à index glycémique élevé ne devront jamais être consommés estomac vide *(risque d'hypoglycémie réactionnelle voire de diabète)* ;
**3 -** les lipides saturés ne doivent pas constituer plus de la moitié des lipides consommés : on consommera de préférence des lipides d'origine végétale *(huile de colza ou d'olive, margarines non-hydrogénées)* ;
**4 -** consommer de préférence des huiles de « première pression à froid », c'est-à-dire qui n'ont pas été chauffées (fritures), car en modifiant leur structure, cela les rend ***« dangereuses »*** *(athérome)* ;
**5 -** lorsque l'alimentation est équilibrée, il n'est pas nécessaire de prendre de suppléments de vitamines, surtout qu'une consommation excessive peut être toxique.

## CONCLUSION

**Le choix et la répartition des aliments ne sont pas les seuls critères à respecter pour s'alimenter correctement. En faisant varier le moment et l'ordre d'ingestion des aliments, on peut induire des effets néfastes *(hypoglycémie réactionnelle)* ou au contraire très bénéfiques *(recomposition du stock de glycogène).***

*RZ*

# UNE ALIMENTATION ÉQUILIBRÉE : UN DÉTERMINANT DE LA PERFORMANCE

**La production de performances sportives est influencée par plusieurs « facteurs » ou déterminants dont l'alimentation. Dans le domaine sportif, l'expression *« alimentation équilibrée »* est fréquemment utilisée sans que son sens ne soit précisément défini.**

## CLASSIFICATION DES ALIMENTS

On peut classer les aliments en fonction de leur valeur nutritionnelle. Selon les auteurs et les époques, les aliments sont classés en 4, 5 ou 6 groupes :

**1** – viandes, poissons, œufs, légumes secs : apportent des vitamines A, B et K *(viande rouge)* et des protéines qui sont les principaux éléments structuraux de l'organisme ;

**2**– lait et fromages : contiennent des protéines mais surtout des vitamines A, B, D et du calcium. Ils permettent la croissance osseuse, évitent la décalcification ;

**3** – corps gras *(huiles, beurre, saindoux)* : apportent beaucoup de calories pour un faible volume. Le beurre apporte en plus de la vitamine A ;

**4** – pain et céréales : apportent de l'énergie facilement utilisable par l'organisme, ainsi que des protéines, mais moins complètes que celles des groupes 1 et 2 ;

**5** – légumes crus et fruits crus : sont riches en « substances de protection » *(calcium, fer, vitamines)* et en fibres ;

**6** – légumes cuits et fruits cuits : sont fortement modifiés par la cuisson *(destruction de vitamines).*

L'eau et les boissons peuvent constituer un septième groupe. Les eaux gazeuses sont les plus minéralisées. Les boissons alcoolisées ne sont pas indispensables. L'excès de consommation d'alcool est nuisible à court terme et à long terme *(cirrhose, cancers).*

Pour permettre leur assimilation, les aliments sont digérés. La digestion est un ensemble de réactions chimiques de transformation des aliments en des fragments plus petits appelés ***« nutriments »*** :

- les protéines sont décomposées en acides aminés ;
- les glucides en oses ou sucres simples *(glucose, fructose, galactose)* ;
- les lipides en acides gras essentiels.

L'eau, les vitamines et les sels minéraux sont directement assimilés par l'organisme.

## QUALITÉS DES ALIMENTS ET DES NUTRIMENTS

Les protéines de l'œuf entier (blanc + jaune) sont considérées comme protéines de référence car elles contiennent tous les acides aminés essentiels et répartis dans de bonnes proportions. Les protéines d'origine animale *(viandes, poissons)* sont plus complètes que celles d'origine végétale. Les protéines d'origine végétale sont incomplètes, mais différentes combinaisons d'aliments permettent un apport de protéines équilibré :

- riz + lentilles ;
- maïs + haricots rouges ;
- semoule de blé + pois chiche ;
- pain blanc + gruyère.

Les lipides insaturés *(mono-insaturés et polyinsaturés)* sont meilleurs pour la santé que les lipides saturés *(risques de maladies cardio-vasculaires et de cancers)*. Les aliments d'origine végétale contiennent beaucoup plus de lipides insaturés que les aliments d'origine animale. Cependant, pour fabriquer des margarines végétales, le processus le plus couramment utilisé consiste à hydrogéner des huiles jusqu'à saturation ! Un autre processus consiste à les mélanger à de la lécithine de soja. Les aliments d'origine végétale ne contiennent pas de cholestérol.

Les glucides à index ***glycémique*** élevé ne doivent pas être consommés à jeun ou en grande quantité. En effet, leur consommation, dans ces conditions, induit une forte sécrétion d'insuline avec des risques :

- à court terme : hypoglycémie réactionnelle voire fatigue ;
- à long terme : diabète, cécité, obésité, maladies cardio-vasculaires.

Cependant, ces risques sont quasi nuls si ces glucides sont consommés pendant ou après un entraînement épuisant *(jusqu'à six heures après l'effort)* ou en fin de repas et en quantité modérée.

Les vitamines sont fragilisées par la chaleur et par la lumière. Les fruits et les légumes frais doivent être :

- conservés au frais et dans l'obscurité ;
- consommés dans les jours qui suivent leur achat.

# CONCLUSION

**Répartition alimentaire équilibrée**

**Équilibrer son alimentation contribue à améliorer ses performance et à préserver sa santé. À ce titre, il s'agit d'une activité *« hygiénique »*.**

*RZ*

# LES VITAMINES

**Découvertes au début du XXe siècle et reconnues comme éléments indispensables à la vie, les vitamines *(ou amines[30] vitales)* sont l'objet de croyances et de comportements irrationnels. Certains pensent y trouver une solution à la fatigue ou un substitut à la récupération. Pour dépasser l'effet psychologique produit par une supplémentation, il est indispensable de se rappeler leurs rôles et leurs limites.**

## CLASSIFICATION

On divise classiquement les vitamines en deux grandes catégories et en treize groupes :

- hydrosolubles ou solubles dans l'eau *(Acide folique, B1, B2, B5, B6, B12, Biotine, C et PP)* ;
- liposolubles ou solubles dans les graisses *(A, D, E et K)*.

La classification alphabétique étant devenue très compliquée, elle a été remplacée par des dénominations reconnues au plan international.

## RÔLES DES VITAMINES

Les vitamines, pour la plupart, sont des précurseurs d'enzymes qui interviennent dans les réactions de synthèse et de dégradation métaboliques. Presque toutes les vitamines hydrosolubles et la vitamine E participent à la production d'énergie des cellules. Ceci explique l'intérêt que leur portent les sportifs et leurs médecins.

## LIMITES

Contrairement à une idée reçue, la vitamine C ne joue pas de rôle contre la fatigue, mais sert :

- au maintien de la matrice intercellulaire du cartilage, des os et des dents ;
- à la synthèse du collagène.

Les sportifs n'ont pas besoin de surplus de vitamines si leur alimentation est équilibrée ou augmentée proportionnellement à leur dépense d'énergie.
Une consommation excessive de vitamines hydrosolubles et liposolubles peut être toxique.

***(30) Amine : en chimie, dérivé de l'ammoniac par substitution de dérivés hydrocarbonés à l'hydrogène.***

## CONCLUSION

**L'excédent de vitamines hydrosolubles consommées se trouve éliminé dans les urines. Les vitamines liposolubles peuvent se stocker dans le tissu adipeux, même chez les personnes les plus maigres. Ainsi, lorsque l'alimentation est équilibrée, la supplémentation en vitamines n'apparaît pas comme une nécessité.**
**Après la mode des traitements contre les carences en vitamines, il y a eu celle des protéines, des acides aminés, des sels minéraux...**

*RZ*

# OMEGAS 3 ET OMEGAS 6

**Les Omegas 3 & 6 sont des *acides gras polyinsaturés* donc des lipides. Ils sont dits *« acides gras essentiels »* car ils sont indispensables au fonctionnement de l'organisme humain. Ce dernier ne pouvant pas les fabriquer, ils doivent être présents dans l'alimentation.**
**Leur présence dans certaines huiles ou margarines est utilisée comme argument de vente ;**

- ***Quels rôles jouent les Omegas 3 & 6 dans l'organisme ?***
- ***Quels intérêts présentent-ils pour les sportifs ?***

## RÔLES DANS L'ORGANISME

Les Omegas 3 et 6 composent la membrane des cellules humaines et jouent de nombreux rôles.

**Les Omegas 3 :**

- ralentissent la synthèse du « mauvais» cholestérol ;
- abaisseraient le taux de triglycérides sanguins ;
- permettraient d'abaisser la *viscosité*(31) du sang ;
- s'opposeraient à la *pénétration massive du calcium*(32) dans les cellules musculaires du cœur, prévenant ainsi l'infarctus. Ils abaissent la mortalité après infarctus ;
- diminuent le stockage des graisses dans les adipocytes *(cellules de graisse).*

**Les Omegas 6 :**

- participent au maintien de « l'équilibre» cardio-vasculaire ;
- interviennent dans les processus liés à l'immunité ;
- participent à la cicatrisation et aux réactions allergiques.

Les Omegas 3 et 6 participent également au fonctionnement du système nerveux et du système hormonal ainsi qu'à la régulation des processus inflammatoires.

***(31) Les Omegas 3 permettraient aux globules rouges de se déplacer dans les capillaires au lieu d'y stagner voire d'y former des agrégats.***

***(32) L'excès de calcium y est néfaste pour la contraction cardiaque.***

### Sources alimentaires et cuisson

Les Omegas 3 et 6 sont présents dans les poissons de mers froides *(saumons, anchois, sardines, maquereaux, thons)* et dans certaines huiles *(colza, olives)*. Mais, ils sont dégradés par la cuisson :

- Les produits de la dégradation des Omegas 6 favorisent les inflammations et les athéromes qui obstruent les artères. Il ne faut pas les cuire *(huile de colza)*.
- Les produits de la dégradation des Omegas 3 produisent les effets inverses et joueraient en plus un rôle préventif vis-à-vis de l'asthme et d'allergies chez l'enfant.

À titre préventif, il faudrait consommer des poissons de mers froides trois fois par semaine. Mais on trouve également des margarines riches en Omegas 3 et 6. Leur consommation ne dispense pas de réduire celle de viandes rouges et de graisses d'origine animale *(beurre, crème fraîche, saindoux)*.

## CONCLUSION

**Les Omegas 3 et 6 présentent différents intérêts pour les pratiques sportives : en optimisant le fonctionnement du cœur, la circulation sanguine, mais aussi l'utilisation des graisses par les muscles, les Omegas 3 et 6 favorisent l'entraînement et la production de performances. Il semblerait que l'entraînement intensif anaérobie *(lancers, sprint, saut)* augmente les besoins en Omega 3. Au-delà de la nécessité d'en consommer, le rapport Omegas 3 / Omegas 6 est également déterminant pour la santé**

*RZ*

# RÔLE ET CONSOMMATION DE L'EAU À L'ENTRAÎNEMENT

• ***Quels sont les effets de la restriction d'eau sur l'organisme lors de la pratique d'activités physiques ?***

**Répondre à cette question nécessite de rappeler les fonctions et les mouvements de l'eau dans l'organisme.**

## PRÉSENCE ET FONCTIONS DANS L'ORGANISME

Sa valeur nutritive est de zéro calorie[33] et pourtant l'eau est essentielle à la vie. Le contenu en eau d'une personne varie entre 40 à 60 % de sa masse. Répartie dans tout l'organisme humain, l'eau est présente à l'intérieur *(62 %)* et à l'extérieur des cellules *(38 %)*.

Principal constituant de nombreux éléments[34] de l'organisme, l'eau joue différents rôles :

- constituant du sang, l'eau participe au transport des nutriments, des déchets, des gaz *($CO_2$ et $O_2$)* et des hormones ;
- constituant de la synovie, elle participe à la lubrification des articulations ;
- constituant du noyau du disque vertébral, l'eau joue un rôle d'amortisseur ;
- constituant des structures, l'eau joue un rôle plastique.

L'eau joue également un rôle de solvant *(hydrolyse)* et participe ainsi aux réactions chimiques de l'organisme *(digestion, glycolyse, cycle de Krebs...)*. Elle joue aussi un rôle particulièrement important : elle participe à la régulation de la température du corps.

## ENTRÉE ET SORTIE D'EAU À L'EFFORT

Dans un environnement non hostile et sans activité physique particulière, l'organisme a besoin de 2,5 litres d'eau par jour. L'eau présente dans l'organisme provient de trois sources : les boissons, les aliments *(surtout les fruits et les légumes)* et le catabolisme énergétique[35].

Au cours d'efforts physiques intenses, la consommation d'eau peut atteindre voire dépasser 6 litres.

***(33) Les aliments riches en eau sont pauvres en énergie.***

***(34) 60 % des globules rouges, 75 % du tissu musculaire et 92 % du plasma sanguin***

***(35) La dégradation de : - 100 g de glucides libère 55 g d'eau,***
***- 100 g de protides libère 100 g d'eau,***
***- 100 g de lipides libère 107 g d'eau.***

## EFFETS DE LA RESTRICTION D'EAU À L'ENTRAÎNEMENT

À l'effort, le rendement de l'organisme humain est proche de 20 %. Le reste de l'énergie libérée *(80 %)* ne contribue pas au mouvement, mais produit de la chaleur. Il est vital d'éliminer la chaleur produite pendant l'effort. La sudation joue ce rôle, mais la perte d'eau occasionnée a des conséquences :

- lorsque la perte d'eau correspond à 2 % du poids de corps, le rendement baisse de 20 % ;
- si cette perte correspond à 4 % du poids de corps, à 18° de température ambiante le rendement baisse de 40 % et de 60% à 41°!
- une perte d'eau supérieure à 4 ou 5 % du poids de corps nuit au fonctionnement du système cardio-vasculaire et à l'élimination de la chaleur.

L'efficacité de la sudation est conditionnée par l'humidité de l'air. Par temps sec, l'efficacité de la sudation est maximale. Lorsque l'air est saturé d'eau *(100% d'humidité)*, comme dans un sauna humide, l'évaporation de la sueur et le refroidissement de l'organisme sont impossibles. Le coup de chaleur est imminent.

## CONCLUSION

**Lorsque la sensation de soif apparaît, le déficit hydrique est déjà installé : il est déjà trop tard. Pour éviter cela, il faut commencer à boire avant le début de l'exercice, mais aussi pendant *(régulièrement et par petites quantités)*. L'idéal est de boire autant d'eau que l'on en perd. Il faudra également continuer à boire après la séance pour favoriser la récupération. Mais attention, des études récentes ont montré que trop d'eau peut entraîner une affection du cerveau due à une trop forte dilution du sodium sanguin avec apparition de troubles neurologiques et psychiques.**

*RZ*

# BOIRE DE L'EAU MINÉRALE, OUI ! MAIS LAQUELLE ?

**L'importance de l'hydratation est largement connue dans le milieu sportif, notamment :**

- **pour maintenir le niveau de rendement de l'organisme (une perte de 2 % du stock hydrique entraîne une diminution de 20% de l'efficacité neuromusculaire) ;**
- **pour faciliter la thermorégulation, l'élimination des déchets métaboliques, la prévention des blessures.**

## CARACTÉRISTIQUES DES EAUX MINÉRALES

Chaque eau minérale possède des vertus propres qui peuvent être des petits plus avant, pendant et après l'effort :

- les eaux riches en sodium favorisent l'élimination des déchets *(Vichy Célestins, Badoit, Saint-Yorre)* ;
- les eaux riches en magnésium favorisent la transmission de l'influx nerveux *(Hépar)* ;
- les eaux riches en potassium accélèrent la fonction rénale et donc favorisent l'élimination des déchets métaboliques *(Hépar, Contrex)* ;
- les eaux faiblement minéralisées *(Volvic, Evian, eau du robinet)* ;
- les eaux bicarbonatées tamponnent l'acidité sanguine *(eaux gazeuses)* ;
- les eaux riches en calcium interviennent dans la constitution de la trame osseuse *(Contrex).*

## EN PRATIQUE

Varier les eaux consommées, boire les eaux gazeuses après l'effort et les eaux plates avant et pendant l'effort. Boire avant d'avoir soif car il existe une inertie entre le déficit en eau et le déclenchement de la sensation de soif. Boire enfin par petites quantités et régulièrement *(un verre à la fois)*. Les possibilités d'absorption de l'organisme sont limitées à 60 cl par heure et ce qui n'est pas absorbé reste dans l'estomac provoquant une gêne durant l'effort. En dehors des ingestions de liquide pendant les repas, un sportif devrait boire au minimum 1,5 l d'eau par jour.

*TM*

**Il existe plusieurs types de glucides ou hydrates de carbone.**

## DU SUCRE POUR L'EFFORT. OUI MAIS...

Les sucres dits simples comme le glucose *(qui circule dans le sang)* ou le fructose *(contenu dans les fruits et le miel).* La prise de glucose provoque une augmentation brutale de la glycémie lorsque l'organisme est au repos. Celui-ci va alors sécréter de l'insuline pour ramener le taux de sucre sanguin à une valeur de 1 g/l. Il s'ensuit une hypoglycémie réactionnelle avant que le taux normal soit retrouvé. C'est la raison pour laquelle il est fortement déconseillé d'ingérer du glucose en ration d'attente avant un effort, surtout si cette attente se déroule de façon passive. En revanche, lorsque l'on attend en restant actif *(déplacements, activité modérée, échauffement...),* l'hypoglycémie réactionnelle consécutive à la prise de glucose est peu probable car l'exercice bloque la sécrétion d'insuline. Le fructose quant à lui ne provoque par d'hypoglycémie réactionnelle, car il est assimilé plus lentement. Les conséquences pratiques de ces informations sautent aux yeux en terme de gestion de l'échauffement et de choix de ration d'attente avant une compétition.

***Les sucres composés de deux molécules simples*** comme le sucre de table *(saccharose)* qui est composé d'une molécule de glucose et d'une molécule de fructose.
Ces deux types de glucides présentent un goût sucré, on les retrouve assez largement dans notre alimentation traditionnelle. Il existe également des hydrates de carbone *(glucides)* qui n'ont pas de goût sucré, et qui constituent la base de l'alimentation de nombreux sportifs :

***Les sucres complexes,*** composés d'un plus ou moins grand nombre de sucres simples comme l'amidon contenu dans les pommes de terre et qui sont de grands pourvoyeurs d'énergie. La particularité de ces sucres, c'est leur capacité à être mis en réserve au niveau du foie et des tissus musculaires sous forme de glycogène. Ainsi, le glycogène est constitué de milliers de molécules de glucose. Le moment venu, il pourra être retransformé en glucose pour être utilisé. Dans notre alimentation, on retrouve ces sucres complexes *(on parle aussi de sucres lents)* dans les pâtes, le blé, le riz, et les légumes secs *(lentilles, haricots, pois).*

Cependant les capacités de stockage du glycogène sont limitées. Elles permettent généralement de soutenir un effort d'une ou deux heures en fonction de l'entraînement à intensité moyenne *(seuil anaérobie)*. Afin d'augmenter leur capacité de stockage, certains sportifs suivent des régimes hyperglucidiques, d'autres s'astreignent au régime dissocié bien que celui-ci donne parfois des résultats pas toujours à la hauteur des attentes, surtout au début.

Pour autant, il n'est pas juste de dire que tous les sucres rapides ont un goût sucré alors que les sucres lents ne l'ont pas. En réalité, chaque aliment riche en *« sucre » (hydrate de carbone)* est classé en fonction de ce que l'on appelle son index glycémique. Plus il est proche de cent, plus le sucre passe rapidement dans le sang provoquant une hyperglycémie. C'est le cas du glucose dont l'index glycémique est cent, alors que l'index des pâtes est inférieur à quarante. En revanche, le fructose contenu dans les fruits, malgré son goût sucré, n'a un index glycémique que de vingt. Manger un fruit avant une épreuve sportive ne provoquera donc pas d'hypoglycémie réactionnelle.

*TM*

# INDEX GLYCÉMIQUE ET HYPOGLYCÉMIE RÉACTIONNELLE

**La glycémie est le taux de sucre dans le sang. À jeun, celle-ci doit être comprise entre 0,8 à 1 g par litre. Une hypoglycémie est un taux de sucre inférieur à 0,7 g/l. Les malaises induits par une hypoglycémie peuvent aller jusqu'aux convulsions. Cas particulier, l'hypoglycémie réactionnelle est le résultat d'une ingestion d'aliments sucrés.**

## INDEX GLYCÉMIQUE VS « SUCRES LENTS - SUCRES RAPIDES »

Les expressions *« sucres lents »*, *« sucres rapides »* sont dépassées depuis plus de 40 ans. Bien qu'employées couramment, ces expressions :

- sont ambiguës ;
- sont souvent employées de façon erronée ;
- ne permettent pas de classer finement les aliments.

Le concept d'index *glycémique* (IG) permet de dépasser ces obstacles. Il rend compte de la vitesse à laquelle un aliment ingéré augmente le taux de sucre dans le sang et provoque une sécrétion d'*insuline*(36). Le glucose, dont l'IG est de 100, est pris pour référence. Les exemples du tableau suivant permettent de mieux se représenter le pouvoir glycémiant de certains aliments.

| Aliments | IG |
|---|---|
| Frites | 95 |
| Purée | 90 |
| Miel | 90 |
| Céréales sucrées | 70 |
| Sucre de table | 70 |
| Riz incollable | 70 |
| Banane | 65 |
| Raisins secs | 65 |

| Aliments | IG |
|---|---|
| Spaghettis(1) | 60 |
| Riz complet | 50 |
| Raisin | 40 |
| Carottes crues | 35 |
| Yogourt | 35 |
| Abricot sec | 35 |
| Pomme | 30 |
| Fructose(2) | 20 |

L'exemple des spaghettis(1) et celui du fructose(2) remettent en question quelques idées reçues.

***(36) Sécrétée par le pancréas, l'insuline est la seule hormone hypoglycémiante : son rôle est d'abaisser le taux de sucre dans le sang.***

## LE PHÉNOMÈNE ET SES EFFETS

À jeun, l'ingestion massive d'aliments à index glycémique élevé provoque une forte sécrétion d'insuline, suivie d'une entrée accélérée du glucose dans les cellules. Dans l'heure qui suit, la glycémie chute à une valeur inférieure à la normale : c'est l'hypoglycémie réactionnelle *(HR)* qui provoque une sensation de faim et de fatigue, voire des malaises et des nausées. À l'effort, la libération d'insuline ne varie pas même si le sportif consomme des aliments à IG élevé.

## CONCLUSION

**Plusieurs principes peuvent être appliqués pour éviter l'hypoglycémie réactionnelle :**

- **Avant l'effort, la consommation d'aliments à index glycémique élevé doit être accompagnée d'aliments contenant des fibres ou d'aliments à index glycémique faible.**
- **Pendant l'effort, on peut consommer des aliments à index glycémique élevé sans avoir à craindre d'HR.**
- **Après l'effort, tout glucide ingéré pendant les six premières heures sert à reconstituer les réserves de glycogène.**

*RZ*

# SODIUM ET POTASSIUM : AMIS OU ENNEMIS DU SPORTIF ?

**La consommation de ces deux sels est l'objet de nombreux débats de sportifs et d'entraîneurs. Certains préconisent de rajouter du sel de table *(chlorure de sodium)* dans les boissons d'effort pour compenser les pertes dues à la transpiration. D'autres, au contraire, le déconseillent fortement, préférant consommer des fruits secs *(raisins, bananes, abricots)* riches en potassium. Pour apporter quelques éléments de réflexion, cet article propose une synthèse de points de vue de médecins et de nutritionnistes spécialistes d'activités physiques et sportives.**

## PRÉSENCE ET RÔLE DANS L'ORGANISME

Le *sodium*(37) et le *potassium*(38) sont deux sels minéraux présents dans l'organisme et dans l'alimentation.
Points communs entre ces deux sels : ils interviennent dans la contraction du cœur et dans la régulation du contenu en eau de l'organisme. Ce dernier point est plus souvent débattu. La vie de nos cellules n'est possible que si elles baignent dans une solution légèrement salée. Le sodium a pour rôle majeur de régler la teneur en eau extracellulaire et le potassium la teneur en eau des cellules. Ces rôles sont sous le contrôle de deux hormones : l'aldostérone et l'hormone anti-diurétique.
La concentration en sodium de l'organisme reste toujours fixe *(principe d'homéostasie)*. Ainsi toute augmentation de sodium de l'organisme induit une rétention d'eau. Les cellules sélectionnent de préférence le potassium au sodium.

## PRÉSENCE DANS L'ALIMENTATION

La consommation alimentaire du sodium et du potassium dépend de l'alimentation et varie avec les régimes :
- La ration moyenne quotidienne de sodium dans les pays industrialisés est de 10 g (2 à 3 g pour un régime sans sel). Le besoin réel serait de 0,5 g par jour !
- L'ingestion moyenne de potassium dans une alimentation normale est évaluée entre 2 et 4 g par jour.

Le potassium devrait être trois fois plus présent que le sodium dans l'alimentation. Ce rapport est inversé dans les pays industrialisés.

***(37) Le symbole chimique du sodium est Na pour Natrium.***
***(38) Le symbole chimique du potassium est K pour Kalium.***

## ET LE SPORTIF ?

À l'effort, si la perte de sueur est inférieure à 5 % du poids de corps (3,5 kg pour un homme de 70 kg), il est inutile de prendre de sel. En revanche, la consommation excessive de sodium provoque inévitablement une déshydratation interne. Ainsi, les tablettes de sel sont à l'origine de nombreuses défaites sportives. En revanche, la consommation de fruits secs (riches en potassium) favoriserait la réhydratation des cellules musculaires.

## DÉRIVES ALIMENTAIRES ET RISQUES POUR LA SANTÉ

La triste fin du culturiste Mohammed Benaziza semble montrer que l'on peut mourir « noyé» par excès de consommation de potassium. Ce dernier aurait absorbé une grande quantité de comprimés de potassium et d'eau pour augmenter ponctuellement son volume musculaire à l'occasion d'une compétition. Mais la réaction de son organisme a été d'éliminer l'excédent d'eau par les poumons !

## CONCLUSION

**L'excès de consommation de sodium favorise fortement les maladies cardio-vasculaires *(celles dues à l'hypertension artérielle)*, la rétention d'eau *(œdème, cellulite)*, les accidents cérébraux *(rupture d'anévrisme)* et la déshydratation cellulaire. Sa consommation *(sel de table, charcuterie, fromage, conserves)* doit toujours être contrôlée voire diminuée.**
**Ainsi, au-delà de tout excès, on peut envisager de ne pas saler les aliments et de consommer des raisins secs et des abricots secs, notamment après l'effort.**

*RZ*

# LE CHOLESTÉROL : RAPPELS

## DÉFINITION ET FONCTIONS

Le cholestérol fait partie de la famille des lipides. On le retrouve circulant dans le sang, il est nécessaire à notre organisme. Les fonctions du cholestérol sont nombreuses : il participe à la synthèse des membranes de nos cellules et à la construction de certaines de nos hormones : adrénaline, cortisol, vitamine D, etc.
On le trouve dans l'alimentation *(viandes, abats, œufs, crustacés, poissons, produits laitiers)*, mais il peut également être fabriqué par notre corps, en particulier par le foie.

## LE BON ET LE MAUVAIS CHOLESTÉROL

Le cholestérol ne peut pas circuler librement dans notre sang, il lui faut des transporteurs. Ces protéines de transport sont appelées lipoprotéines. Les plus connues et les plus importantes de ces lipoprotéines sont les LDL et les HDL *(Low Density Lipoprotein et High Density Lipoprotein)*.
Les HDL récupèrent le cholestérol dans les organes qui en ont trop pour le rapporter au foie où il est éliminé. Elles ont la faculté de nettoyer nos artères de tous les dépôts lipidiques de mauvaise qualité et de réduire le risque de voir apparaître une plaque athéromateuse. On parle de ***« bon cholestérol »***.
On en trouve dans les poissons gras comme le saumon ou la truite, les huiles de colza, de noix, de soja.
Les LDL déposent le cholestérol sur les parois des artères. Il se forme alors, petit à petit, de véritables plaques de graisse, appelées athéromes. On parle dans ce cas de ***« mauvais cholestérol »***. On en trouve dans le beurre, la crème fraîche, les rillettes, le lard, les saucisses...

## CHOLESTÉROL ET SANTÉ

On sait que l'excès de ***« mauvais cholestérol »*** et le manque de « bon cholestérol » sont des facteurs de risque de maladie cardio-vasculaire. Le cholestérol est un des agents responsables de l'athérosclérose qui conduit aux maladies cardio-vasculaires.
Si une quantité suffisante de cholestérol est utile pour rester en bonne santé, un excès de cholestérol *(=hypercholestérolémie)* est néfaste. Son taux normal

est compris chez l'homme entre 1,50 et 2 grammes/litre de sang. Le taux de cholestérol sanguin est plus ou moins élevé en fonction de l'âge et du sexe, mais il est surtout influencé par deux autres facteurs :

- la génétique qui fait que pour une même alimentation, des individus peuvent avoir des taux de cholestérol différents ;
- l'alimentation : une quantité trop importante de graisses d'origine animale augmente le taux de cholestérol.

## QUE FAIRE ?

L'alimentation et l'activité physique sont deux pièces maîtresses qui permettront d'agir sur une hypercholestérolémie.

Il s'agira d'abord de manger moins gras et plus équilibré : viandes maigres de préférence, poisson, produits laitiers contenant peu de matières grasses, fruits et légumes. Il faudra aussi limiter les fritures et les pâtisseries crémeuses.

Il faudra surtout bouger et prendre plaisir à le faire, surtout au début. Le choix d'activités physiques plaisantes est déterminant car il favorisera un engagement à long terme, lui-même indispensable afin d'aboutir à des résultats significatifs.

*TM*

# Pour conclure ce chapitre

**Dès les premières corrections apportées à l'alimentation, en termes de quantité, de choix, de répartition des aliments et de régularité des horaires, les effets sur le bien-être et sur la performance se font ressentir.**
**Il s'agit là d'une première alternative au dopage.**
**Toutefois, il ne faudra jamais oublier un principe essentiel : ne pas devancer le besoin, mais le combler. Autrement dit, il ne faut pas se gaver avant l'effort, mais recharger les réserves énergétiques épuisées par l'entraînement. Le sportif dispose pour cela de six heures.**

*RZ*

Chapitre 6

# LA MUSCULATION

Après la course à pied, la musculation est l'activité physique complémentaire la plus pratiquée par les sportifs. C'est même, pour certains non-compétiteurs, la principale activité physique.

*Dans la plupart des cas :*

- le choix porte sur les exercices classiques au poids et haltères ou sur machines ;
- le programme d'entraînement est une simple reprise de ce que font d'autres voire une improvisation plus ou moins périlleuse.

À l'inverse, certains sont très bien renseignés voire formés et apportent autant de rigueur à leur entraînement en musculation qu'à celui de leur activité physique principale.

En effet, la littérature scientifique et technique est riche de travaux de recherche scientifique et/ou d'entraîneurs-experts. Ces derniers savent depuis longtemps que les poids et haltères et les machines ne sont pas les seuls outils pour se muscler efficacement, pas plus que la multiplication des séries.

*RZ*

# MUSCULATION : LA SPÉCIFICITÉ, CONDITION D'UN TRANSFERT OPTIMAL

**Lors d'un colloque sur le développement de la force explosive qui s'est déroulé à Toulouse en novembre 2005, l'intervenant, le professeur J. Duchâteau, de l'*Université de Bruxelles*, interpellait les entraîneurs sur l'importance du choix des exercices de musculation pour obtenir les transferts de force les plus efficaces.**

## FORCE SUR DEUX JAMBES CONTRE FORCE SUR JAMBE ISOLÉE

Des mesures ont en effet permis d'apprécier la force développée par différents sportifs lors de squats réalisés à deux jambes puis à une seule jambe, à droite et à gauche. Les résultats mettent en évidence des différences significatives en fonction de la spécialité sportive des individus. Ainsi les cyclistes et les athlètes obtiennent de meilleurs résultats lorsque l'on additionne les performances du squat jambe gauche et jambe droite par rapport au squat à deux jambes. À l'inverse, les haltérophiles obtiennent de meilleurs résultats au squat à deux jambes par rapport à l'addition squat jambe gauche et jambe droite.
On aura compris que la spécialité des uns a conduit à développer une compétence sur une seule jambe de façon alternative ou cyclique, alors que pour les autres cette compétence s'est développée en simultané sur les deux jambes.

## CHOISIR LE SQUAT LE MIEUX ADAPTÉ

Dès lors, on peut s'interroger sur l'efficacité des squats traditionnellement effectués à deux jambes lorsque l'on pratique un sport où la force doit être développée de façon alternative sur une seule jambe à la fois. La même question se pose pour les exercices de bondissements.
Le professeur Duchâteau pense que l'on aurait intérêt à préparer le transfert de force assez tôt en salle de musculation en proposant des exercices les plus spécifiques possible. Ainsi, les squats à une jambe seraient, à un moment donné, plus efficaces pour de nombreux sportifs et permettraient en outre de stimuler la stabilisation des articulations et de diminuer la charge au niveau des épaules.
Cette suggestion est d'autant plus séduisante qu'elle montre que l'efficacité du travail réalisé à l'entraînement ne passe pas par la plus grande quantité de travail possible, tout ceci contribuant par ailleurs à la prévention des blessures et la préservation du capital santé des sportifs.

*TM*

# ENDURANCE ET FORCE : PLACE DE LA MUSCULATION

**Ces deux qualités physiques fondamentales sont apparemment contradictoires. C'est d'autant le cas, si l'on envisage l'endurance au sens restreint du terme, c'est-à-dire assimilée aux épreuves sollicitant principalement la filière aérobie *(du 3000 m au marathon).***

On peut, en effet, s'interroger sur l'utilité d'un travail de musculation développant la force chez un coureur de demi-fond ou autre cycliste.

- Un tel travail n'expose-t-il pas à terme à une modification de la typologie musculaire, conduisant à une augmentation du pourcentage de fibres rapides et à une diminution du pourcentage des fibres lentes ?
- Ne risque-t-il pas, en augmentant la masse musculaire, de prendre du poids, de rendre plus difficile l'oxygénation cellulaire, et d'être finalement moins efficace ?

Après un bref aperçu des connaissances physiologiques sur ces questions, je vous propose les résultats de travaux expérimentaux réalisés par des chercheurs Finlandais sur ce thème.

## LES CONSÉQUENCES D'UNE AUGMENTATION DE LA MASSE MUSCULAIRE

- L'augmentation du diamètre des fibres musculaires accroît la distance que doit parcourir l'$O_2$ pour arriver jusqu'aux mitochondries.
- Un entraînement à faible vitesse induit à long terme un accroissement du pourcentage de fibres lentes. L'inverse semble beaucoup plus difficile à obtenir. Un entraînement en force ne diminue pas le nombre de fibres lentes.
- Un travail avec des charges lourdes et avec peu de séries permet de gagner en force sans prendre de volume.

## LES TRAVAUX DES CHERCHEURS FINLANDAIS (Paavolainen et coll. 1991)

L'étude consistait à réduire de 30% l'entraînement en endurance chez des skieurs de fond de bon niveau et de le remplacer par un entraînement en force de type explosif. Au bout de six semaines, les performances aérobies n'avaient pas diminué alors que la puissance musculaire s'était considérablement accrue. Le même type de travail a été réalisé avec des coureurs d'orientation. Au bout de neuf semaines, le groupe qui s'entraînait en force et en endurance avait plus nettement amélioré son temps sur 5 km que le groupe qui faisait 100% de travail aérobie.

## INTERPRÉTATION, EXPLICATIONS

Le travail en force améliore le potentiel anaérobie, ce qui est un atout indéniable en fin de course ou lors de changements d'allures (côtes pour les cyclistes). Le travail de force diminue le coût énergétique du déplacement chez les coureurs, notamment grâce à une diminution du temps de contact du pied au sol.

## CONCLUSION

**Si la musculation peut apporter un plus au coureur de demi-fond, un certain nombre de précautions doivent être prises afin de ne pas blesser le sportif :**

- **travail de préparation physique générale au préalable ;**
- **augmentation très progressive de la charge de travail ;**
- **qualité du placement et choix des exercices ;**
- **choix des procédés pour ne pas augmenter la masse musculaire ;**
- **valider le travail par une utilisation motrice spécifique en fin de séance ;**
- **ce travail doit évidemment rester complémentaire.**

*TM*

# MUSCULATION : SÉRIE UNIQUE CONTRE SÉRIE MULTIPLE

**L'entraîneur est souvent confronté à la problématique de la détermination de la charge de travail optimale tout en préservant l'intégrité physique du sportif. Les résultats d'études sur l'efficacité des méthodes de musculation apportent aujourd'hui des perspectives intéressantes : on savait que le développement de la force était classiquement obtenu par un travail avec des charges lourdes (75 % à 100 % de 1 RM) et peu de répétitions. Les comparaisons entre les méthodes utilisant 3 séries de 10 fois 75 % de 1 RM et une seule série de 10 fois 75 % de 1 RM ne laissent pas apparaître de différence significative.**

La série unique serait aussi efficace que la série multiple, particulièrement chez les adultes ayant une expérience en entraînement de force. Ceci a des retombées non négligeables !

Il est possible d'augmenter sa force musculaire sans pour autant avoir recours à un entraînement contraignant, tant au niveau du cumul de charge à soulever à l'issu de celui-ci qu'au niveau du temps qu'il faut lui consacrer dans la programmation. Au final, la diminution de la charge totale mobilisée dans l'entraînement liée à l'utilisation d'une série unique permet d'obtenir le même effet que les séries multiples et limite fortement par la même occasion les risques de traumatismes *(ligamentaires, tendineux, musculaires, articulaires)* et de fatigue chronique *(surentraînement)*. La série unique correspond donc au volume optimal pour obtenir la réponse désirée.

Les bénéfices que l'on retire d'un entraînement de force restent inchangés avec la programmation d'une série unique : augmentation de la densité osseuse, de la force du tissu conjonctif *(ligaments et tendons)*, de la capacité fonctionnelle, de la performance sportive, amélioration du rendement musculaire, diminution de la masse graisseuse.

On peut utiliser cette programmation même avec des sujets s'exerçant depuis longtemps dans ce genre d'entraînement, peut-être même avec des professionnels comme les culturistes et bodybuilders... Cela reste à vérifier.

Compte tenu du peu de différence qui existe entre la série unique et la série multiple *(moins de 5% de gain)*, la série unique *(8-12 reps à 75 % de 1 RM)* est une alternative efficace à l'entraînement et constitue une méthode tout aussi efficace que la série multiple pour développer la force.

Pour la fréquence d'entraînement : c'est la même chose !

Maintenant, reste à savoir combien de fois il faut répéter cette série dans la semaine. En d'autres termes, quelle doit être la fréquence d'entraînement ? Il est généralement conseillé de se reposer 48 heures avant de faire une autre séance. Ce temps est nécessaire pour que les adaptations puissent se mettre en place au niveau moléculaire et tissulaire. Ce qui correspond à une fréquence de 3 jours d'entraînement dans la semaine pour un groupe musculaire donné. Il semble même possible de descendre à 2 jours d'entraînement par semaine : cette dose hebdomadaire *(optimale)* permet déjà d'atteindre 80 à 90% des bénéfices escomptés d'un programme d'entraînement en force chez une personne initialement non entraînée. Une fois atteint le niveau visé, il semble qu'une séance par semaine suffise à maintenir les bénéfices conférés par l'entraînement en force.

*TM*

# L'AMÉLIORATION DE LA FORCE DOIT-ELLE NÉCESSAIREMENT PASSER PAR DE LA FATIGUE ET DES DOULEURS ?

**Nombre d'entraîneurs ou de professeurs affirment que les douleurs et la fatigue sont des conditions essentielles à la progression de l'individu durant un entraînement de force. Pour autant, cette affirmation n'a jamais été supportée par des travaux scientifiques. Bien au contraire, des publications récentes démontrent que c'est tout le contraire qui se passe.**

Par exemple Folland et coll. (2002) ont testé les gains au cours d'un entraînement de force à partir de deux protocoles à une intensité de 75 % de la 1 RM complété sur neuf semaines à raison de trois séances par semaine. Le premier *(entraînement intense)* consiste à faire 4 séries de 10 répétitions avec 30 secondes de récupération entre chaque, quitte à diminuer la charge pour que la dernière série puisse être terminée *(ce qui a été systématiquement le cas)*. L'autre *(entraînement léger)* consiste à faire 1 série de 40 répétitions séparées chacune par 30 secondes de récupération.

Ainsi, le premier provoque une fatigue importante qui est liée à l'accumulation de métabolites *(ions H+)* durant ou juste après les séances ainsi qu'une forte sollicitation du système nerveux et musculo-squelettique qui provoque des courbatures dans les 48 heures qui suivent la séance. En revanche, le second n'induit aucune fatigue puisque le fait de répéter le mouvement toutes les 30 secondes ne provoque aucune surcharge métabolique ou musculo-squelettique *(absence de courbatures par exemple)*.

Les gains de force à mi-parcours sont supérieurs de 50 % pour l'entraînement intense comparé à l'entraînement léger *(respectivement 13,3 ± 3,4 % vs 8,9 ± 2,6 %,)*. À la fin du programme, l'entraînement intense et l'entraînement léger ont induit une augmentation de la force équivalente d'un point de vue statistique *(respectivement 18,2 ± 3,9 vs 14,5 ± 4,0 %)* ; ce qui correspondait à une progression de respectivement 0,77 % et 0,61 % de force par séance d'entraînement. De façon intéressante, on note également une plus faible charge moyenne soulevée durant les séances d'entraînement intense *(71,8 % de la 1 RM)* comparée à celle de l'entraînement léger *(75 % de la 1 RM)*.

## CONCLUSION

**Les sujets ayant participé à l'entraînement intense n'ont pas pu maintenir le niveau de sollicitation compte tenu de la fatigue induite par ce type de séances et ont vu leur vitesse de gain hebdomadaire diminuer, alors que ceux qui ont utilisé l'entraînement léger n'ont pas connu cette diminution de performance du fait de l'absence de fatigue. Il semblerait donc que ni la fatigue nerveuse ni la fatigue métabolique ne soient des stimuli nécessaires pour augmenter la force d'un individu. Le point important est simplement de faire contracter le muscle avec le bon ratio charge/répétition dans chaque séance pour obtenir un stimulus adéquat. Il est par conséquent inutile de rechercher cet état de fatigue lors de l'entraînement pour réussir à progresser dans le secteur de la force. De fait, les différences interindividuelles observées dans les deux groupes relèvent simplement l'influence génétique sur la sensibilité de chacun aux stimuli imposés.**

*TM*

# DES MUSCLES INTELLIGENTS : DU RENFORCEMENT FIGÉ À L'ADAPTABILITÉ MUSCULAIRE

**Un muscle ou un groupe musculaire peut réaliser des déplacements simples et uniformes à des intensités très élevées. Dans ce cas la contraction musculaire provoque une action dans une seule direction sans aléa quant au pilotage et à la stabilisation du mouvement.**

Mais la gestuelle peut être plus complexe et nécessiter la mise en jeu coordonnée de plusieurs groupes musculaires. Dans ce cas, si les intensités des contractions musculaires sont généralement moins importantes, l'efficacité de l'individu dans la réalisation de ce genre de tâches dépend en grande partie de sa capacité à synchroniser et organiser la participation de ces différents groupes musculaires afin de réaliser cette action plus subtile.

Le mouvement peut être aléatoire, notamment lorsque l'individu doit gérer des situations de déséquilibres. Il s'agit alors de contrôler, de moduler l'intensité des contractions en fonction de la perception et de la gestion d'une situation d'instabilité afin de créer de la stabilité. Si le niveau de vigilance doit être important, les intensités le sont moins et la fatigue s'installe plus rapidement. La maîtrise aidant, la gestuelle peut ensuite devenir de plus en plus élaborée. L'individu devra organiser le pilotage du mouvement par la mise en jeu modulée au service du maintien de son équilibre.

## AVANTAGES

Ces situations sont généralement plus motivantes car elles font appel à la vigilance adaptative.
La charge de travail est moins importante limitant ainsi les risques de traumatisme.
L'affinement des perceptions proprioceptives et le renforcement des capacités de stabilisation articulaire jouent un rôle particulièrement important dans la prévention des entorses.
Apprendre à gérer une situation de déséquilibre lors d'un mouvement complexe est une compétence fondamentale dans de nombreuses activités physiques et sportives.
L'individu aiguise la perception de son schéma corporel et enrichit ses possibilités d'apprentissage moteur.

### LE GAINAGE

On sait que le gainage est souvent pointé comme le maillon faible de la chaîne dans beaucoup de gestes sportifs. De la solidité de ce gainage pelvien dépend en effet la transmission efficace des forces produites par les membres inférieurs, mais aussi la protection du dos du sportif. Pour autant, un gainage ne doit pas être figé. En effet de nombreuses tâches s'appuient tantôt sur des fixations tantôt sur des relâchements autorisant une dissociation entre le haut et le bas du corps.

## CONCLUSION

**Construire une motricité élaborée par la préparation physique, c'est rendre le bassin disponible au verrouillage dynamique ou au relâchement dissociant, en fonction des exigences des situations motrices.**

*TM*

# AQUAHIT : UNE MUSCULATION ALTERNATIVE

**L'amélioration de la force musculaire est un déterminant essentiel de la pratique compétitive. Si la programmation de la musculation doit respecter un certain nombre d'étapes, l'entraîneur est souvent en quête des moyens les plus efficients et les moins traumatisants. Dans cette perspective, le choix des exercices et des méthodes doit se faire en toute connaissance de leurs avantages et inconvénients respectifs.**

Ainsi, les exercices réalisés aux appareils de musculation permettent d'utiliser presque toutes les méthodes de musculation *(léger, lourd, explosif...)*. La posture stabilisée grâce à la conception de l'appareil élimine potentiellement certains risques. Il est possible de cibler le travail sur des groupes musculaires précis. En contrepartie, le mouvement est limité, souvent linéaire et sollicite faiblement les muscles posturaux. Cette forme de travail est presque sans effet sur la stabilisation des articulations. En effet le mouvement est assuré par la mise en jeu coordonnée de groupes musculaires agonistes et antagonistes. C'est la mise en jeu synergique de ces deux groupes musculaires qui assurent le verrouillage de l'articulation. Le travail isolé de l'un puis de l'autre, n'active pas cette fonction. D'autre part les exercices réalisés aux appareils ne développent ni les habiletés motrices, ni le sens de l'équilibre.

Les exercices avec haltères sont plus efficaces. Ils sollicitent les muscles posturaux ainsi que les coordinations intra et intermusculaires. Ils nécessitent toutefois une parfaite maîtrise des placements et des techniques propres. *(Un mouvement non contrôlé peut être à l'origine de blessures)*. Pour autant, le mouvement linéaire de la charge ne permet de développer la force que dans une seule direction.

Dans un cas comme dans l'autre, il convient donc de compléter ces formes de musculation traditionnelles par des procédés alternatifs sollicitant le contrôle postural, les chaînes musculaires dans une gestuelle plus spécifique, et permettant l'acquisition d'un nombre important d'habiletés motrices.
Pour cela, pendant longtemps, certains entraîneurs ont utilisé des sacs remplis de sable. Les stimulations provoquées par la manipulation de ces sacs permettaient en outre de réduire considérablement les charges soulevées. Ainsi un athlète capable d'effectuer 10 fois 80 kg à l'arraché avec une barre ne pouvait pas effectuer plus de 10 fois 40 kg avec un sac à poignées.

Mais face aux contraintes engendrées par le transport et le stockage de ce type de matériel, Jan POSPISIL ( entraîneur entre autres du recordman du monde du javelot) a décidé de remplacer le sable par de l'eau. En plus de l'élimination des problèmes évoqués, cette évolution a apporté de nouvelles possibilités jusqu'alors inespérées. Lorsque le sac est entièrement rempli d'eau, la charge provoque une grande activation musculaire avec d'importantes exigences de coordination et d'équilibre, les poignées mobiles changent les niveaux d'intervention et d'activation, il est possible d'effectuer une multitude d'exercices.

Lorsque le sac est partiellement rempli d'eau, la forme est maintenue par de l'air *(gonflé à la bouche)*. Le travail avec cet engin sollicite des forces qui doivent non seulement résister au poids de l'eau, mais surtout vaincre les forces d'inertie de cette charge constamment mouvante *(déplacement de l'eau lors du mouvement)*. De plus les propriétés physiques de l'eau en mouvement dans une enveloppe fermée permettent d'utiliser les principes de la plyométrie dans une gamme d'exercices beaucoup plus large tout en éliminant le risque de blessure.

*TM*

# LE RENFORCEMENT MUSCULAIRE SPÉCIFIQUE

**La musculation spécifique trouve sa place en fin de planification d'un programme de musculation, après les cycles de musculation générale de type foncier et de musculation multiforme orientée, au cours duquel on s'oriente progressivement vers le geste de la discipline sportive. La recherche de la force dans le mouvement de compétition constitue l'objectif majeur avec une attention particulière à la vitesse d'exécution. La spécificité du travail sera alors l'élément clé de l'efficacité de cette phase ultime de la préparation.**

***Voici en quels termes comment cette spécificité devrait s'exprimer :***

## SPÉCIFICITÉ DU MOUVEMENT OU DE LA POSTURE

C'est un travail alternatif ou simultané des segments, des angles dans lesquels la force doit être exprimée afin de faire fonctionner au mieux les coordinations et les synergies musculaires.

## SPÉCIFICITÉ EN FONCTION DU RÉGIME DE CONTRACTION

Les différents types de contractions musculaires sont à prendre en compte : isométrique, concentrique, excentrique. Dans la plupart des activités, on rencontre des situations où une contraction concentrique est précédée d'une contraction excentrique. Il est donc intéressant de connaître les apports respectifs du travail concentrique et excentrique dans le cadre de la préparation spécifique. Des travaux ont mis en évidence que l'entraînement concentrique provoque une augmentation de la force dès le début du programme d'entraînement pour ensuite plafonner très progressivement. Au contraire, l'entraînement excentrique induit une diminution initiale de la force *(probablement suite à des micro-déchirures provoquées par ce travail)* pour ensuite engendrer des améliorations régulières dans la deuxième partie du programme. À la fin d'un programme de 8 semaines, les gains en excentrique sont en principe supérieurs, mais il apparaît une plus grande raideur musculaire.

## SPÉCIFICITÉ EN FONCTION DE LA CHARGE

Si la vitesse n'est pas prise en compte, on distingue en gros deux zones d'entraînement : les charges comprises entre 25% et 50% de la résistance maximale *(RM)* servent principalement au développement de l'endurance musculaire. Les adaptations mises en place sont d'ordre métabolique. Les charges comprises entre 60% et 100% de 1 RM servent le développement de la force. Les adaptations mises en place sont d'ordre nerveux puis structural *(hypertrophie)*. Si les charges sont mobilisées à vitesse maximale, la force s'installe plus rapidement après un travail explosif, mais le gain en force maximale est limité. Avec des charges lourdes *(70 % à 100 %)*, la vitesse de mise en tension n'est pas modifiée tandis que la force maximale augmente de façon plus conséquente.

## SPÉCIFICITÉ PAR RAPPORT A LA VITESSE

Les gains de force sont spécifiques des vitesses d'entraînement, notamment en raison des adaptations de l'activité nerveuse.

## SPÉCIFICITÉ EN FONCTION DU MODE D'ACTIVATION

Elle peut être volontaire ou déclenchée par électrostimulation. Aucune étude ne permet réellement d'affirmer que l'une est supérieure à l'autre. On suppose qu'un recrutement différent des Unités Motrices *(UM)* pourrait rendre compte d'adaptations spécifiques, particulièrement à des niveaux de force sous-maximaux. Lors d'une contraction volontaire, on sait que le recrutement des UM se fait dans un ordre bien déterminé : d'abord les UM lentes sont activées à faible niveau de contraction, puis les UM rapides résistantes à la fatigue et enfin les UM rapides et fatigables au fur et à mesure que le niveau de sollicitation s'élève. En électrostimulation, il semblerait que ce soit le contraire.
Ceci nécessite donc une analyse rigoureuse de la gestuelle et des actions spécifiques des différents groupes musculaires dans la spécialité préparée.

*TM*

# LE RENFORCEMENT MUSCULAIRE DU GENOU

**Le genou est un complexe articulaire mobilisant trois os : le fémur, le tibia et la rotule[39].**

Les pratiques d'activités physiques soumettent le genou à de fortes contraintes qui incitent à envisager son renforcement. En effet, il s'agit d'une zone assez exposée aux traumatismes et relativement fragile.

## LE GENOU INSTABLE

La stabilité du genou est faible du point de vue osseux. Le tibia présente une extrémité supérieure quasi plane qui s'articule avec les extrémités ovoïdes du fémur. Il n'y a pas de butée osseuse pour empêcher le genou de se fléchir vers l'arrière.

## LE GENOU STABLE

Plusieurs éléments structuraux servent la stabilité du genou :

- la capsule articulaire, sorte de manchon fibro-hermétique qui se réfléchit au pourtour des surfaces articulaires ;
- les ménisques qui accentuent la faible concavité du plateau tibial ;
- les ligaments latéraux, interne et externe, sont tendus en extension mais distendus en flexion ;
- les ligaments croisés sont tendus en flexion et en extension ;
- les coques condyliennes et le ligament poplité.

On trouve également d'autres ligaments au niveau du genou : les ligaments qui maintiennent en place les ménisques et les ligaments ailerons de la rotule. Mais ce sont surtout les muscles et leurs tendons, véritables *« ligaments actifs »* qui contribuent à la stabilité du genou en dynamique.

***(39) Ne s'articulant ni avec le fémur, ni avec le tibia, le péroné ne fait pas partie du genou.***

## RENFORCER LE GENOU

Les séances feront alterner les exercices en anisométrie *(concentrique et excentrique)* et les exercices en isométrie à différents angles articulaires. Des formes d'exercice faisant varier ces modes de contraction pourront également être utilisées : pliométrique, oxométrique ou statodynamique.
Le renforcement du muscle quadriceps permettra d'augmenter la stabilité antérieure et ainsi de réduire les contraintes sur le ligament croisé antéro-externe.
Le renforcement des muscles ischio-jambiers permettra d'augmenter la stabilité postérieure et ainsi de réduire les contraintes sur le ligament croisé postéro-interne.
Le renforcement des muscles adducteurs permettra d'augmenter la stabilité latérale interne et ainsi de réduire les contraintes sur le ligament croisé antéro-externe.
Le renforcement du quadriceps permettra d'augmenter la stabilité latérale externe et ainsi de réduire les contraintes sur le ligament croisé antéro-externe.

## CONCLUSION

**La construction d'exercices de renforcement sera toujours inspirée des situations rencontrées en compétition. L'analyse de ces situations portera sur les charges, angles articulaires, les vitesses et les fréquences gestuelles et les durées d'effort.**

*RZ*

# LE RENFORCEMENT MUSCULAIRE DE L'ÉPAULE

**Il ne faut pas confondre l'épaule et la ceinture scapulaire. La ceinture scapulaire est composée des deux clavicules et des deux omoplates, alors que l'épaule est un ensemble composé de *cinq articulations*[40] d'un seul côté du tronc. Cet ensemble articule trois os : l'humérus, la scapula *(omoplate)* et la clavicule.**

L'épaule du sportif doit être renforcée parce qu'elle est très fragile et très exposée aux traumatismes car soumise à de fortes contraintes. Mais ce travail de renforcement ne doit pas être réalisé au détriment de la mobilité et de la précision.

## RAPPELS D'ANATOMIE

La surface qui relie l'humérus *(os du bras)* à la scapula n'est que d'1 $cm^2$. Il n'y a pas de ligament sur la face postérieure de l'épaule. La capsule et les ligaments antérieurs présentent deux zones de faiblesse, qui autorisent des déboîtements : le trou de Weitrech et le trou de Rouvière *(voir schéma)*.

Comme pour le genou, ce sont surtout les muscles et leurs tendons, véritables *" ligaments actifs "*, qui contribuent à la stabilité de l'épaule. Ceci est valable en statique et en dynamique.

*D'après Kapandji (1994)*

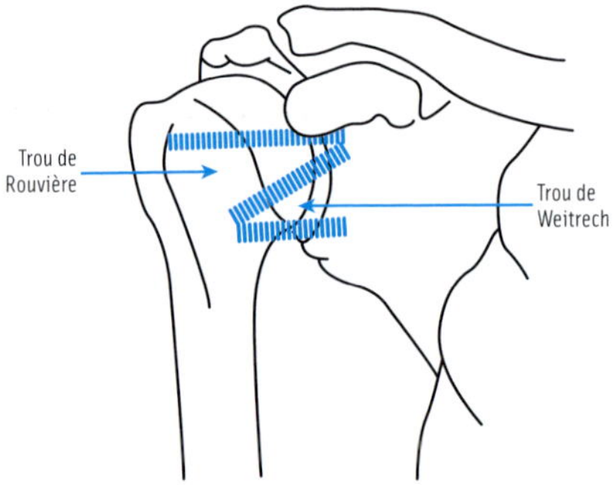


## PRINCIPES DE RENFORCEMENT MUSCULAIRE DE L'ÉPAULE

Le renforcement de l'épaule consiste à développer la force des muscles de cette région et de leurs antagonistes.

*(40)* ***Les articulations : scapulo-humérale, scapulo-claviculaire, scapulo-thoracique et sterno-claviculaire. La cinquième est une fausse articulation : il s'agit de la bourse séreuse sous-deltoïdienne.***

Pour préserver la précision, les exercices de renforcement alterneront avec des exercices d'adresse issus de la discipline *(ex. : lancer-franc)*.
Le travail de la proprioception devra être prépondérant à la fois à titre curatif mais aussi et surtout à titre préventif. En effet, en développant les muscles profonds, dits de l'« ajustement », ce type de renforcement musculaire permet d'éviter de nombreuses blessures.

## RENFORCER L'ÉPAULE

Comme pour le genou, les exercices réalisés en anisométrie *(concentrique et excentrique)* alterneront avec des exercices réalisés en isométrie et à différents angles articulaires. Des formes d'exercices en statodynamique pourront être envisagées dans le cas particulier de manque de puissance à un angle donné. En revanche, les exercices en pliométrie seront à proscrire à cause de la fragilité de l'épaule.

## CONCLUSION

**Comme pour le renforcement du genou, c'est l'analyse des situations de compétition et des faiblesses du sportif qui guidera le choix des exercices. Ceci permettra de définir les charges, les angles articulaires, les vitesses, les fréquences gestuelles et les durées d'effort.**

*RZ*

## CONNAISSEZ-VOUS LA MÉTHODE MÉZIÈRES ?

**La méthode de Françoise Mézières s'appuie sur l'observation du corps dans sa globalité.**

### L'HOMME SOUMIS À LA GRAVITÉ

Dans la position debout, l'homme, pour rester en équilibre, déplace constamment le poids de son corps. La tête et le ventre ont tendance à être tenus en avant alors que les reins sont cambrés en arrière. Ce déplacement des masses du corps (tête, ventre, dos) fait que les courbes vertébrales s'accentuent. La tête tenue en avant, les muscles qui sont attachés aux vertèbres cervicales se tassent et tiennent les vertèbres dans un arc concave ; comme serrer un accordéon d'un côté fait que l'autre côté ouvre grand ses plis formant un arc de cercle. La même chose est vraie pour les muscles du bas du dos par rapport aux vertèbres lombaires. Cette courbure et le tassement de la musculature postérieure *(rançon de notre équilibre)* ne peuvent que s'aggraver au cours de la vie.

### RENFORCEMENT MUSCULAIRE OU ÉTIREMENTS

Ce n'est donc pas l'insuffisance de la musculature postérieure qui est en cause, mais son excès de force. Il ne s'agit donc ni de fortifier les muscles du dos qui sont déjà excessivement contractés, ni de les aider à mieux soutenir les vertèbres. Au contraire, il faut étirer les muscles postérieurs pour qu'ils lâchent leur prise sur les vertèbres tenues en arc concave.
Grossièrement, pour Françoise Mézières, l'unique cause d'un grand nombre de déformations serait le raccourcissement de toute la musculature postérieure qui est l'effet inévitable des mouvements quotidiens du corps.

## CONCLUSION

**Pour tous ceux qui considèrent que dans de nombreuses spécialités, le maintien en rétroversion du bassin est un gage d'efficacité, cette théorie est à méditer sérieusement.**

*TM*

# PILATES

**En marge des finalités compétitives, la pratique d'une activité physique peut aussi viser des objectifs de bien-être, de santé et d'esthétisme. C'est en constatant que ces objectifs étaient insuffisamment atteints grâce aux méthodes de gymnastique et de renforcement musculaire traditionnelles que Joseph Pilates construisit dans les années 20 une méthode s'appuyant sur son expérience et son bon sens.**
**Ses propositions trouvèrent alors un écho favorable aux États-Unis, particulièrement dans les milieux du cinéma et de la danse.**

## CARACTÉRISTIQUES

On parle aujourd'hui du « Pilates » pour désigner cette gymnastique en profondeur qui est de plus en plus plébiscitée dans les centres de remise en forme. Empruntant à la fois au fitness, au yoga et aux arts martiaux, le travail se caractérise par :

- une grande variété d'exercices à pratiquer en douceur ;
- un travail sur les muscles posturaux ;
- le développement d'une ceinture abdominale solide mobilisant les muscles profonds ;
- une sollicitation progressive de tous les groupes musculaires ;
- un nombre réduit de répétitions ne provoquant pas de douleur ;
- un travail à dominante excentrique et isométrique pour étirer les muscles et ouvrir les articulations plutôt qu'un travail concentrique qui raccourcit ;
- un développement de la proprioception.

## PRINCIPES

La méthode Pilates est donc édifiée à partir d'une conscientisation des positions du corps et un renforcement des muscles profonds. Puis, c'est sur ces fondations rééduquées et renforcées que s'appuiera un travail qui repose sur huit principes :

**1 –** la relaxation, un préalable pour se libérer des tensions indésirables ;
**2 –** la concentration, nécessaire à la prise de conscience des positions du corps et des sensations kinesthésiques ;
**3 –** la respiration, qui est souvent mal et sous-exploitée, et qui a donc besoin d'être rééduquée ;

4 – l'alignement, essentiel pour un bon équilibre musculaire et pour ménager les articulations ;

5 – le centrage, qui consiste à créer une ceinture de force entre les hanches et la cage thoracique. Pour cela, les mouvements commencent par une expiration qui va remonter le périnée et rentrer le ventre, créant ainsi une stabilité posturale ;

6 – la coordination, composante fondamentale de la maîtrise gestuelle ;

7 – la fluidité, les mouvements étant généralement lents et contrôlés ;

8 – une résistance à la fatigue améliorée grâce à des exercices de plus en plus intenses combinés à des positions de plus en plus efficaces et donc moins coûteuses en énergie.

À partir de ces principes, tous les muscles peuvent être travaillés, y compris les muscles du visage, du cou, des mains... En sollicitant la stabilité, en augmentant les leviers, en ajoutant des poids, en utilisant des surfaces instables, on dispose d'une palette d'exercices à la portée de tous et au niveau de chacun. La méthode est a priori sans danger, elle s'attaque en outre à la restauration de l'équilibre du corps et à la prévention des blessures.

## CONCLUSION

**Bien que les finalités soient différentes, plusieurs points doivent retenir l'attention des entraîneurs de clubs :**

- **la recherche de l'efficience privilégie la qualité et la précision du travail plutôt que la quantité ;**
- **la conscientisation place le sujet comme acteur régulateur de son travail ;**
- **la proprioception est au cœur de l'éducation posturale et de la prévention des blessures.**

*TM*

# Pour conclure ce chapitre

**Le choix de pratiquer des activités de musculation doit être fondé sur une bonne analyse de l'activité du sportif et plus encore de ses performances. Il s'agit plus précisément de mettre au jour parmi ses faiblesses, celles nécessitant une telle pratique.**

**L'éventail des possibilités permet de dépasser, comme nous l'avons montré, le recours systématique aux poids et haltères ou de machines.**

**Quoi qu'il en soit, une bonne connaissance de cette activité à risque est indispensable pour éviter tout déséquilibre et plus encore tout effet traumatologique.**

*RZ*

Chapitre 7

# LES ABDOMINAUX

Les exigences des sédentaires ne sont pas les besoins des sportifs :

- Les premiers recherchent esthétique et tonicité, croyant de façon illusoire que le renforcement de la face antérieure de l'abdomen fera disparaître la graisse !

- Les seconds ont besoin, comme les premiers, de force statique et de mobilité en plus.

Les choix d'exercices sont guidés par l'idée que l'on se fait des abdominaux. Une idée en général très réductrice et qui amène à des déséquilibres voire à des pathologies.

*RZ*

**Charnière incontournable de la motricité comme de la préparation physique, le renforcement de la paroi abdominale vise plusieurs objectifs :**

# POURQUOI FAIRE DES ABDOMINAUX ?

- aider à la digestion ;
- participer à la respiration ;
- ériger, maintenir, gainer le corps qui, bien fixé par les abdominaux et les dorsaux, devient un point d'appui plus solide pour les mouvements que vont réaliser les bras et les jambes ;
- en outre, un renforcement de la tonicité de la ceinture abdominale associé à un travail ciblé d'assouplissement des muscles du dos aurait un effet positif sur la lordose lombaire *(voir article sur la méthode Mézières)*.

## UN PEU D'ANATOMIE

*On distingue :*

- *le transverse* est le plus profond des muscles abdominaux, c'est celui qui se contracte lorsque vous toussez ;
- *les petits et grands obliques* permettent les flexions latérales, les rotations et la flexion du tronc vers l'avant lorsque le bassin est fixe. Les obliques agissent en synergie dans les mouvements de rotation en spirale du tronc : un grand oblique s'associant au petit oblique opposé. Par exemple, une rotation du tronc à droite *(avec flexion en avant)* sera faite par la contraction simultanée du petit oblique droit et du grand oblique gauche ;
- *les grands droits* de l'abdomen sont ceux qui dessinent visuellement les abdominaux *(la fameuse tablette de chocolat)*. Ils rapprochent le pubis du sternum, ce sont les plus directs des fléchisseurs du tronc en avant.

## PRATIQUE DES ABDOMINAUX POUR LES ENFANTS

Cette pratique assez analytique *(anatomiquement)* exige une grande attention des enfants. Dans leur intérêt, il faut exiger une discipline véritable et une écoute réelle par des moyens pédagogiques appropriés :

- les enfants *(6 à 11 ans)* sont encore à l'époque des faiblesses abdominales importantes : la sédentarisation *(télévision, jeux électroniques,...)* en est une des causes ;

- dans les séances, les enfants étant habillés, il est difficile de voir les faiblesses abdominales et de détecter les levés de jambes ou de corps en lordose *(travail dominant des fléchisseurs de hanche)*.

On va donc définir un type d'intervention généralisable.

## PRÉCAUTIONS ESSENTIELLES ET GÉNÉRALISABLES

- Éviter les mouvements de grande amplitude qui mobilisent la hanche *(lordosant)*.
- Choisir des positions qui immobilisent le bassin afin de ne pas solliciter le psoas : jambes fléchies.
- Mobiliser et muscler les abdominaux sans autre charge que le corps du sujet en musculation statique.
- Muscler toujours les abdominaux en travail concentrique, c'est-à-dire en raccourcissement et à partir d'un muscle non étiré *(surtout les grands droits)*.

## PAR EXEMPLE

La position sur les coudes, tête redressée pour mobiliser les jambes permet :

- d'avoir des abdominaux non étirés *(coudes)* ;
- d'avoir des abdominaux pré-contractés *(tête)*.

Ce type de musculation s'appelle aussi en course interne.

TM

## ABDOMINAUX : ARRÊTEZ LE MASSACRE !

**Avez-vous déjà pratiqué ou fait pratiquer des séries d'abdominaux où les pieds sont calés avec les jambes fléchies et où il s'agit, à partir de la position assise, de remonter le buste, en flexion dans l'axe ou avec des torsions, les mains soutenant la tête, coudes écartés ?**

Si c'est le cas, vous serez sans doute intéressé par l'ouvrage de Bernadette de Gasquet.

L'auteur dénonce en effet certaines formes de travail visant le renforcement de la sangle abdominale, soulignant les risques pour le dos et d'autres risques à plus long terme sur les descentes d'organes et problèmes d'incontinence. À l'heure où les clubs accueillent un nombre grandissant de vétérans, ce livre mérite quelques attentions.

Après un bref rappel sur l'anatomie et le fonctionnement des abdominaux, B. de Gasquet interroge les positions néfastes de notre vie quotidienne. On se surprend alors en train de se redresser sur son siège, preuve qu'en définitive, le sujet nous concerne tous. Les propositions largement illustrées accordent une place prépondérante au renforcement du transverse.

Les exercices s'appuient sur l'expiration abdominale qui creuse le ventre et sur un verrouillage du plancher périnéal. Le dos est toujours placé, ménagé, les mouvements réalisés sans recherche de raccourcissement des grands droits. On trouve un peu la même démarche dans *la méthode Pilates*, très en vogue dans les salles de remise en forme. Pour ceux qui cherchent à aplatir leur ventre, ce travail réalisé régulièrement peut avoir un impact réel. La deuxième partie de l'ouvrage devrait moins capter l'attention des entraîneurs car les positions proposées sont fortement inspirées de la pratique du yoga et réservées à un public d'initiés. Quoi qu'il en soit, le contenu du livre et les propositions qui en découlent ne sont pas très éloignées des articles que nous avons déjà rédigés sur ce sujet.

Pour approfondir sa réflexion et sans doute sa pratique, nous vous invitons donc à la lecture de cet ouvrage.

*TM*

# LA SANGLE ABDOMINALE

**La sangle abdominale, ce n'est pas la ceinture abdominale !**

Cette confusion amène à penser le problème du *«sanglage abdominal»* en termes de renforcement de la ceinture abdominale.

- Qu'est-ce que la sangle abdominale ?
- Qu'est-ce que la ceinture abdominale ?
- Comment renforcer les abdominaux ?

## QU'EST-CE QUE LA SANGLE ABDOMINALE ?

Contrairement à l'ossature de la face postérieure du tronc, celle de la face antérieure présente une interruption : des côtes au branches pubiennes, il n'y a pas d'os ! En revanche, il y a une bande faite de muscles *(grands droits et obliques)*.

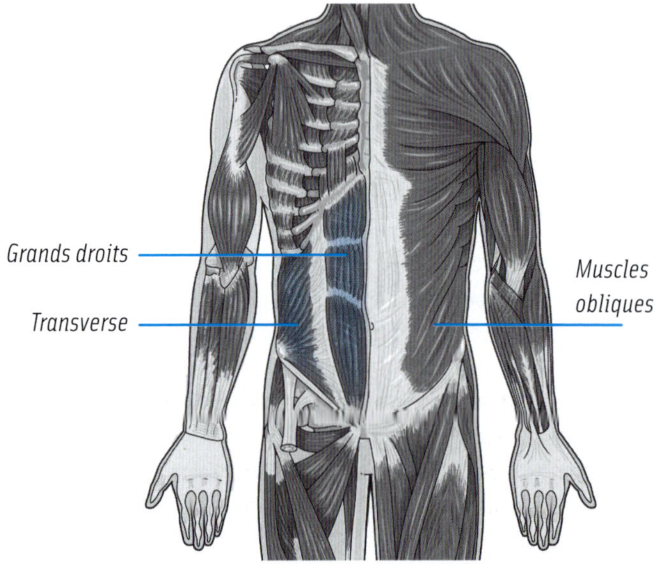


Cette bande est appelée *à tord* [41] abdominaux : il s'agit de la sangle abdominale.

***(41) Les abdominaux sont les muscles des six parois du caisson abdominal.***

Cette interruption osseuse joue un rôle essentiel dans le déséquilibre antéro-postérieur du système musculaire. En effet, *« la sangle abdominale va présenter un état de faiblesse du fait de sa longueur, du fait de son manque de points d'ancrage et du fait, également, de sa physiologie inachevée »* Halatas (2005).

Sa *partie inférieure* (42) est faite de fibres musculaires grisâtres *(rapides et peu endurantes)*. Sa *partie supérieure* (43) :

- est faite de fibres musculaires rouges *(lentes et endurantes)* ;
- est riche en récepteurs sensitifs.

Ceci explique que les exercices dynamiques rapides *(relevés de buste, relevés de jambes...)* soient ressentis dans cette partie.

## RAPPORT DE FORCES

Les muscles de la sangle abdominale s'opposent à des muscles antéverseurs plus nombreux et plus puissants : le quadriceps, l'iliaque, le couturier et les adducteurs. Plus sollicités que ceux de la sangle abdominale, ces muscles tendent à se raccourcir et à entraîner le bassin en antéversion. Ceci a pour effet d'accentuer les courbures vertébrales *(personnes hypotoniques)* ou au contraire de les effacer *(sportifs)*. Dans ce dernier cas, cela s'accompagne d'une rigidification des segments vertébraux et d'une apparition de zones de fragilité et de douleur.

## ET LA CEINTURE ABDOMINALE ?

Le concept est peu défini et même quasi absent de la littérature scientifique *(anatomie, médecine...)*.

Les régions du thorax officiellement définies comme ceinture sont :

- la ceinture scapulaire, constituée des deux omoplates et des deux clavicules. Elle est mobile et ouverte derrière *(omoplates)* et fermée devant par le sternum ;
- la ceinture pelvienne, constituée des deux demi-bassins. Elle est fixe *(os soudés)* et ouverte devant.

**(42) En dessous du nombril.**
**(43) Environ jusqu'au nombril.**

Il existe pourtant un muscle qui ceinture l'abdomen : le transverse. Ce muscle joue un rôle important de contention des viscères.

## RENFORCER LES ABDOMINAUX

Le renforcement de la sangle abdominale peut être recherché chez des personnes qui souffrent de la région lombaire à cause d'une attitude trop cambrée.
Chez les sportifs, il faut envisager un renforcement homogène des six parois du caisson abdominal.

## CONCLUSION

**De par la forme de contraction qu'ils induisent, les exercices d'abdominaux dynamiques et rapides ne correspondent pas du tout à la fonction naturelle statique des muscles de la sangle abdominale : participer à l'équilibre horizontal du bassin par rétroversion.**

*RZ*

# MODÈLES À L'ORIGINE DU RENFORCEMENT ABDOMINAL

**Cet article présente et discute quelques modèles qui fondent les choix d'exercices et de *consignes* (44) de renforcement abdominal.**

## RAPPELS : LES COURBURES DU RACHIS (45) ET LEURS « *RÔLES* »

En vue de profil, la colonne vertébrale saine présente trois courbures déformables (46) : la lordose cervicale, la cyphose dorsale, la lordose lombaire.

La différence de résistance d'une colonne courbée par rapport à une colonne droite peut être calculée par la formule suivante :

$$\text{Résistance} = (\text{Nombre de courbures})^2 + 1$$

Ainsi une colonne à trois courbures est dix fois plus résistante qu'une colonne sans courbure.

En effaçant la courbure lombaire par rétroversion, on passe d'une colonne à trois courbures à une colonne à deux courbures : on divise ainsi la résistance de la colonne vertébrale par deux !

## LE MODÈLE DE « *MÂT COLONNE* »

Ce modèle représente la colonne vertébrale comme le mât d'un bateau et les muscles vertébraux comme des haubans. Ce modèle est appliqué pour décrire les efforts des muscles du dos pour des positions proches de la verticale. Mais les calculs et les expériences montrent que ce modèle est erroné : les os et les muscles ne résisteraient pas aux contraintes mécaniques.

---

***(44) On pense ici à quatre types de consigne : les consignes de placement, d'exécution, de sécurité et respiratoires.***

***(45) Rachis : colonne vertébrale.***

***(46) Les vertèbres sacrées et coccygènes sont fixées au bassin par de puissants ligaments. Ces vertèbres soudées forment une courbure fixe.***

## LE MODÈLE DE « *RACHIS GRUE* »

Certains utilisent ce modèle pour expliquer la stabilité de la colonne vertébrale en position penchée en avant. La flèche de la grue représenterait la colonne vertébrale et les câbles représenteraient les muscles intervertébraux. Les calculs et les expériences montrent des impossibilités encore plus grandes que pour le modèle de « mât colonne ».

## LE MODÈLE DE « *CAISSON ABDOMINAL* »

Ce modèle représente le tronc divisé en deux caissons :
- un caisson *« pneumatique »* : le caisson thoracique ;
- un caisson *« hydrique »* : le caisson abdominal.

Le caisson abdominal est délimité par six parois :
- la paroi supérieure formée par le *diaphragme* ;
- la paroi inférieure formée par les muscles du plancher périnéal ;
- les parois latérales formées par les muscles obliques et transverses ;
- la paroi postérieure formée par la *« poutre composite de Rabischong »*, constituée de la colonne vertébrale, des ligaments vertébraux et des muscles intervertébraux ;
- la paroi antérieure formée par les muscles *grands droits* communément appelés *« abdominaux »*.

## CONCLUSION

**De nombreux entraîneurs prescrivent des exercices et des consignes fondés sur les modèles de *« rachis grue »* et *« mât colonne »*. Ainsi, soumis à des contraintes mécaniques locales énormes, les pratiquants sont exposés à des risques de blessure.**
**Avec le modèle de caisson abdominal, lorsque les six parois se contractent en synergie, elles se partagent l'ensemble des contraintes mécaniques. Malheureusement, le plus souvent, les entraîneurs ne pensent qu'au renforcement dynamique de la paroi antérieure.**

*RZ*

**En ne renforçant que les grands droits, on risque de modifier la statique du tronc, de réduire l'amplitude respiratoire et d'induire des douleurs lombaires voire des incontinences.**

## LE RENFORCEMENT ABDOMINAL FONDÉ SUR LE « *MODÈLE DE CAISSON* »

*Prévoir des exercices et des consignes pour les muscles de chacune des six parois.*

À part le diaphragme, les muscles du caisson abdominal sont prédisposés à travailler en statique. En effet, la vie courante offre rarement l'occasion de ramasser des objets en séries de 30 ! Il faut alors :

*Construire des exercices qui sollicitent les muscles des parois du caisson abdominal (à part le diaphragme), en isométrie et dans différentes positions.*

**Cas particuliers**

- Le diaphragme doit être en plus entraîné par des activités amenant à l'essoufflement ;
- les muscles du plancher périnéal peuvent être renforcés par des exercices tels que le demi-squat avec une charge suffisamment lourde pour nécessiter une apnée légère.

En effet, réalisé ainsi, cet exercice présente en plus l'intérêt de solliciter un *« verrouillage du caisson »* par contraction synergique des muscles des six parois. Le caisson abdominal devient de la sorte une base d'appui dont la surface est bien plus importante que celle des disques vertébraux. Par conséquent, les forces qui s'y exercent induisent des pressions moindres.

## CAS PARTICULIERS

La pratique de certains sports (kayak, boxe) requiert à la fois de la mobilité et de la force de la part des muscles abdominaux. C'est le cas, par exemple, pour réaliser certains mouvements cycliques *(ramer)* ou au contraire *« explo-*

QUELQUES PRINCIPES DE RENFORCEMENT ABDOMINAL

*sifs » (donner un coup : boxe).* Envisager alors le renforcement dynamique des abdominaux est justifié à condition de prévoir des exercices isométriques et de n'oublier aucune paroi. Aussi :

*Les activités physiques qui nécessitent de mobiliser la ceinture scapulaire par rapport à la ceinture pelvienne, doivent amener à prescrire des exercices d'abdominaux dynamiques.*

## CONCLUSION

**Les modèles métaphoriques *(« rachis grue », « mât colonne »)* montrent le plus souvent leurs limites voire leur dangerosité.**

**Le modèle de « caisson abdominal », fondé sur la structure du tronc, est plus crédible et offre des perspectives de renforcement abdominal hygiénique.**

**Lorsque les grands principes ont été compris *(rapprochement des insertions)*, il devient inutile de mémoriser des listes d'exercices. Il suffit de faire varier quelques paramètres pour créer un nouvel exercice à partir d'un exercice de base. Quoi qu'il en soit :**

***Les exercices devront toujours être réalisés « ventre rentré » et sans traction sur la nuque.***

*RZ*

# Pour conclure ce chapitre

**Ne penser les abdominaux que comme les muscles de la face antérieure de l'abdomen est non seulement réducteur, mais aussi dangereux. C'est prendre le risque de créer un déséquilibre entre les forces des six parois du caisson abdominale.**

**Ne penser le renforcement abdominal qu'en termes de raccourcissements répétés de l'espace entre le pubis et le sternum, c'est ignorer les besoins de sanglage abdominal et plus encore de renforcement synergique des six parois.**

**Le renforcement abdominal doit être pensé à partir d'une analyse des contraintes rencontrées en compétition ou de tonicité chez le sédentaire.**

*RZ*

Chapitre 8

# ENDURANCE ET CARDIO-TRAINING

Le terme d'endurance est souvent compris dans un sens très restrictif : celui d'augmenter la durée d'effort à dominante aérobie. Or, il existe différentes formes d'endurance sollicitées en sport, comme par exemple l'endurance de force. Quoi qu'il en soit, la question du développement de l'endurance reste une préoccupation majeure de sportifs et d'entraîneurs.

Le choix, de s'orienter vers des activités de course à pied pour réaliser un travail foncier, est celui qui vient d'emblée à l'esprit du plus grand nombre. Pourtant d'autres types d'efforts peuvent être envisagés comme le cyclisme. Les deux activités présentent des intérêts, des limites et mêmes des inconvénients qu'il faut comparer et discuter avant tout changement de forme d'entraînement. Une autre grande préoccupation concerne la compatibilité entre le travail aérobie et les sports de vitesse.

*RZ*

# LE DÉVELOPPEMENT DE L'ENDURANCE

**Le problème de l'endurance est de chercher à maintenir le plus longtemps possible un effort d'une certaine intensité, pas forcément maximale. Il s'agit donc d'un problème de durée.**

## CONFUSIONS DE SENS

Certains considèrent que l'endurance ne correspond qu'à des efforts d'intensité maximale, alors que les exigences de la compétition peuvent conduire à s'entraîner à une moindre intensité *(ex. : épreuve cycliste de critérium vs Paris-Brest-Paris)*. Pour d'autres l'endurance ne correspond qu'à des efforts à dominante aérobie, alors qu'il existe des épreuves d'endurance de force, donc à dominante anaérobie *(ex. : les 100 kg de Massy[47])*. D'autres encore confondent les exigences de la tâche et la nature des activités. Ceci leur fait penser que le marathon, par exemple, est une épreuve d'endurance alors que le vainqueur est celui qui met le moins de temps. Il s'agit donc d'une épreuve de vitesse. Paradoxalement, le problème de l'endurance se pose dans la préparation d'une épreuve de 100 m :

*Comment s'entraîner pour maintenir le plus longtemps possible sa vitesse maximale ?*

Ainsi, en marathon comme en sprint, le coureur doit s'entraîner pour maintenir le plus longtemps possible une vitesse proche de sa vitesse maximale : aérobie pour le marathon et anaérobie pour le sprint court.

## DIFFÉRENTES FORMES D'ENDURANCE

L'endurance aérobie correspond à la capacité à maintenir le plus longtemps possible un effort à dominante aérobie d'une certaine intensité, le plus souvent proche de la puissance maximale aérobie *(PMA)*.
L'endurance anaérobie correspond à la capacité à maintenir le plus longtemps possible un effort à dominante anaérobie d'une certaine intensité, le plus souvent proche de la force ou de la vitesse maximale. Cette forme d'endurance peut concerner des efforts nécessitant des contractions anisométriques concentriques, excentriques et/ou isométriques...

***(47) Il s'agit de réaliser le plus possible de répétitions au développé couché avec une charge de 100 kg !***

L'endurance psychologique correspond à la capacité à maintenir le plus longtemps possible un effort physique et/ou une activité mentale malgré un stress psychologique.
D 'autres formes d'endurance peuvent être pensées à partir de la recherche du maintien le plus longtemps possible de l'expression d'une qualité : équilibre, adresse *(ex. jonglage)*, etc.

## OBJECTIFS ET FORMES D'ENTRAÎNEMENT

L'entraînement de l'endurance peut être conduit en suivant les étapes suivantes :

**1** – mesurer la durée limite du maintien de l'effort à améliorer en compétition ;
**2** – définir un objectif de durée de maintien d'une certaine intensité, fondé sur les exigences de la compétition et les objectifs de performance à réaliser ;
**3** – construire des exercices qui permettent de tendre vers ces objectifs ;
**4** – prescrire des exercices d'une durée moindre que celle réalisée mais répéter les efforts en les séparant de phases de récupération ;
**5** – chercher à réduire la durée des phases de récupération pour tendre à réaliser un effort continu de durée supérieure à la durée initiale.

En course à pied, par exemple, il est courant et même recommandé de faire varier les formes d'efforts *(course continue, variation d'allure, contraste de phase, fractionné)* et de travailler par répétitions, séries et blocks.

## CONCLUSION

**Il existe très peu d'épreuves d'endurance. Le plus souvent, l'endurance n'est que l'un des déterminants de la performance. Dépassant alors la conception simpliste de l'endurance exclusivement propre aux efforts à dominante aérobie, il faut également considérer le problème d'endurance locale (musculaire).**

*RZ*

**L'endurance de force est la capacité du sportif, soit :**

- **à pouvoir maintenir un certain pourcentage de sa force maximale ;**
- **à pouvoir répéter un pourcentage donné de sa force maximale *(exercice dynamique).***

*Lors de la contraction,*
*le muscle ne se contracte pas entièrement.*

À chaque instant, une partie des fibres est activée donc contractée et les autres fibres sont relâchées, donc au repos. Les fibres travaillent à tour de rôle. Les fibres musculaires sont recrutées d'abord près du centre du muscle.
Au bout d'un certain temps d'exercice, pour pouvoir continuer à délivrer une même force, le muscle doit effectuer deux types de recrutements :

- recruter les fibres de plus en plus souvent ;
- recruter un nombre plus élevé de fibres en même temps.

Le recrutement de nouvelles fibres se fait du centre vers la périphérie. Ce phénomène a des limites qui coïncident avec l'apparition de la fatigue musculaire qui survient pour des causes différentes suivant la durée de l'exercice. Pour les exercices demandant une intensité de contraction musculaire importante, un grand nombre de fibres se contractent simultanément dès le début de l'exercice. La fatigue va donc s'installer très vite car il y a peu de fibres au repos. Après leur participation à la contraction musculaire, les fibres ont peu de temps pour se recharger en ATP et CP et pour éliminer les toxines gênant la contraction. Pour les exercices de faible intensité, chaque contraction va demander un pourcentage plus faible de fibres musculaires simultanément en action. Les fibres auront donc plus de temps pour *« récupérer »* pendant que les fibres voisines sont actives.

ASPECT MÉTABOLIQUE DE L'ENDURANCE DE FORCE

## ASPECT MÉTABOLIQUE DE L'ENDURANCE DE FORCE

*Lors d'efforts de brève durée,* les substrats immédiatement disponibles sont l'ATP et la PC. Dès le début de l'exercice, des processus de resynthèse de l'ATP se mettent en œuvre par la voie de la glycolyse anaérobie. En revanche, les déchets métaboliques amassés au cours de l'effort s'accumulent de façon très rapide et le pH intramusculaire baisse. *C'est beaucoup plus la baisse du pH que l'acide lactique qui ralentit la glycolyse anaérobie et constitue un frein à la resynthèse d'ATP.* L'incapacité à maintenir le même niveau de contraction musculaire correspond à la limite de l'endurance de force.

*Lors d'efforts de longue durée,* on observe aussi des limites d'endurance de force spécifiques. Cependant la difficulté à maintenir un certain niveau de contraction musculaire serait plutôt liée à l'épuisement des réserves énergétiques, notamment le glycogène musculaire et hépatique par la voie essentiellement de la glycolyse.

*Lors d'efforts dits « intermédiaires »* se caractérisant par des exigences énergétiques mixtes, il convient de développer la capacité à resynthétiser rapidement l'ATP et la CP. La glycolyse y participe pour une part, mais lors d'une succession de sprints, la baisse du pH intramusculaire est un frein à la contraction musculaire. Il convient donc de développer des systèmes tampons pour faire remonter le pH ; c'est l'objectif poursuivi lors d'une séance de capacité lactique par un travail fractionné.

*Lorsque l'effort est d'intensité croissante,* il y a une première zone qui est aérobie. La fibre musculaire se contracte en utilisant l'ATP fournie par un mélange lipides-glucides qui évolue vers une utilisation exclusive des glucides. Puis, après une période de transition, le métabolisme de type anaérobie devient prépondérant. La glycolyse aérobie fonctionne de façon importante, mais la glycolyse anaérobie intervient de façon croissante pour resynthétiser plus d'ATP. C'est cette glycolyse anaérobie qui va entraîner l'accumulation de lactate et la diminution du pH, responsable ici de l'endurance de force.

*TM*

**Souvent programmé en début de saison, le travail foncier occupe une place importante dans le cadre de la *préparation physique générale.***
**La course à pied est l'activité la plus pratiquée, mais, pour réduire le risque de blessure, d'autres activités peuvent être envisagées, par exemple : le cyclisme.**

# TRAVAIL FONCIER : VÉLO OU COURSE À PIED ?

## LE TRAVAIL FONCIER

Les objectifs visés par le travail foncier sont :
- d'améliorer la condition physique générale ;
- d'améliorer les capacités de *récupération*(48) ;
- de diminuer les risques de blessure.

Il faut savoir changer l'activité choisie avant que celle-ci n'induise des douleurs anormales ou des blessures ! Le *cyclisme sur route*(49) est une alternative possible.

## LA COURSE À PIED

De nombreux entraîneurs et sportifs pensent qu'*« il faut courir... » !*

*Intérêts :*
- de nombreuses activités sportives se pratiquent en courant. Aussi, les progrès réalisés en course à pied pourraient bénéficier à la *pratique ciblée* (50) ;
- une paire de chaussures adaptée et un cardiofréquencemètre suffisent pour réaliser des séances efficaces ;
- cette activité peut être réalisée à n'importe quel moment disponible, près de chez soi ou en déplacement (professionnel, week-end, vacances).

*Limites :*
- courir plus d'une heure n'est pas à la portée de tous ;
- des douleurs « anormales » générées par la course à pied peuvent contraindre le sportif à interrompre l'entraînement.

---

***(48) Il s'agit entre autres d'une baisse plus rapide de la fréquence cardiaque, d'une meilleure élimination des déchets métaboliques et d'une meilleure re-synthèse des substrats énergétiques.***
***(49) En VTT, les efforts sont trop intermittents pour que l'entraînement foncier soit aussi rentable qu'en cyclisme sur route.***
***(50) Pratique ciblée : celle pour laquelle le sportif s'entraîne.***

*Inconvénients :*

- à chaque foulée, les contraintes mécaniques, proportionnelles au poids de corps, peuvent induire des blessures articulaires ;
- le retour veineux est contrarié, ce qui peut créer des varices ;
- le contenu de l'abdomen est projeté vers le bas, ce qui peut favoriser la descente d'organes ;
- la pression du contenu de la vessie augmente subitement, ce qui peut entraîner des *incontinences*(51).

Ces problèmes, déclarés par de nombreux sportifs, incitent à remplacer la course à pied par le cyclisme.

*Quels sont les intérêts, les limites et les inconvénients du cyclisme ?*

## LE CYCLISME

*Intérêts :*

- le cyclisme est une « activité portée». Les chevilles, les genoux, les hanches et le dos n'ont pas à supporter le poids de corps ;
- le pédalage stimule le système vasculaire avec peu de risques de le saturer ou de le brusquer ;
- en prévoyant une boisson et du ravitaillement, il est facile d'allonger progressivement la durée des séances.

*Limites :*

- se préparer à une sortie prend du temps, obligeant parfois à quelques interventions mécaniques *(gonflage, réglage)* ;
- se faire plaisir nécessite de disposer d'un vélo de bonne qualité *(léger et bien équipé)* donc assez cher !
- *l'équipement minimal*(52) à acquérir entraîne un surcoût ;
- un compteur de vélo et un cardiofréquencemètre sont indispensables pour quantifier l'effort ;
- emmener son vélo en déplacement n'est pas toujours possible.

***(51) Ceci concerne les personnes dont la musculature du plancher périnéal n'est plus assez tonique : accouchement récent, âge.***

***(52) Un casque, des pédales "automatiques", des chaussures adéquates, une tenue adaptée et un kit de réparation (crevaison).***

*Inconvénients :*

- la plupart des sports se pratique debout en courant et non pas assis en pédalant. Aussi, les progrès réalisés ne sont pas forcément exploitables dans la pratique ciblée.

## CONCLUSION

**Plutôt que d'opter pour un choix exclusif, il est possible d'alterner les deux activités, au bénéfice de la pratique ciblée. D'autres activités peuvent aussi convenir.**

**Rendre stimulant ce travail dépend en grande partie de la créativité de l'entraîneur.**

**Quoi qu'il en soit, le travail foncier doit être maintenu tout au long de l'année et à l'intersaison afin d'en conserver les bénéfices.**

*RZ*

# TRAVAIL AÉROBIE ET SPORT DE VITESSE

**Dans les sports où les qualités de vitesse et d'explosivité conditionnent la performance, de nombreux entraîneurs sont confrontés à la réticence de leurs athlètes lorsqu'en période hivernale, il est question d'aborder le développement foncier. Ce travail est psychologiquement mal accepté et lorsque l'on commence à s'intéresser à la physiologie de l'effort et au fonctionnement des filières énergétiques, on ne voit pas toujours la nécessité de faire des footings de 30 minutes ou des séries de 400 mètres alors qu'en compétition on fait des efforts qui ne dépassent pas 10 secondes.**

***D'où vient cet attachement des entraîneurs à la filière aérobie quand l'effort de compétition ne sera supporté que par les seules filières anaérobies ?***

Et comme pour apporter encore un peu d'eau au moulin des récalcitrants, chacun aura pu constater que le travail foncier va d'abord temporairement agir négativement sur les qualités d'explosivité du sportif.

Il semble donc nécessaire de dire clairement et simplement ce qui relie les filières anaérobies à la filière aérobie :
à l'occasion d'un effort bref *(jusqu'à 7 secondes)* et d'intensité maximale, l'individu utilise ses réserves d'ATP et de phosphocréatine *(PC)*. Après l'exercice, ces réserves sont resynthétisées au sein des mitochondries grâce à l'oxygène. La consommation d'oxygène joue donc un rôle essentiel durant la phase de récupération pour permettre la reconstitution des réserves d'ATP et de PC. Améliorer le fonctionnement de la filière aérobie, c'est améliorer ses capacités de récupération après un effort de vitesse et donc pouvoir réitérer plusieurs fois ce type d'effort pour s'entraîner.
Il en est de même pour les exercices sollicitant la filière anaérobie lactique : un bon système aérobie facilitera et accélérera la transformation et l'élimination des déchets métaboliques. Le sujet sera ainsi en mesure de supporter une plus grande quantité de travail anaérobie lactique.

En résumé, on pourrait dire qu'améliorer le fonctionnement de la filière aérobie, c'est se donner la possibilité de plus s'entraîner pour améliorer le fonctionnement des autres filières.

***Le foncier, c'est pour la récupération.***

Savoir en quoi et pourquoi c'est utile est une chose, pour autant le problème de la mise en œuvre des séances aérobies peut rester posé.

Pour ceux qui doivent faire face à un réel déficit de motivation, rappelons que la filière aérobie peut être sollicitée et développée autrement que par des courses continues et contrôlées à partir de 70% de la VMA. La pratique d'une APS différente (voir l'article sur l'entraînement croisé) ou la mise en place de situations jouées offrent à l'entraîneur des pistes à explorer. Il est possible par exemple de proposer une situation de jeu collectif avec ballon de 3 fois 10 minutes au cours desquelles il est interdit de se déplacer en marchant... La présence d'un essoufflement continu et stabilisé est un indicateur suffisant de mobilisation de la filière aérobie en capacité.

Pour un travail plus intensif et mieux calibré, les exercices intermittents courts *(alternance effort-récupération à temps égal)* peuvent apporter un début de réponse aux problèmes de perte d'explosivité engendrés par le travail aérobie. Par exemple, une séance comportant 3 séries de 10 fois 10 s - 10 s (10 secondes d'effort + 10 secondes de récupération enchaîné 10 fois) permet au sportif de courir à des vitesses relativement élevées (120%- 130% de la VMA) tout en faisant de l'aérobie. Ces intensités ont l'avantage de mieux préserver les qualités de vitesse et d'explosivité.

Si ces propositions comportent des limites, elles doivent ouvrir des voies de nature à réhabiliter le travail foncier auprès de certains athlètes en montrant que l'aérobie, ce n'est pas forcément faire des tours de terrain en courant !

*TM*

# TRAVAIL AÉROBIE : *INDIVIDUALISATION À PARTIR D'UN PROFIL*

**Les tests qui permettent d'estimer la VMA *(vitesse de course à partir de laquelle le $\dot{V}O_2$ max est atteint)* sont importants pour individualiser et rationaliser les contenus d'entraînement.**

Pourtant, chacun a pu vérifier les différences significatives qui persistent entre des sujets présentant pourtant une VMA identique. Lorsque après un cycle de travail, on réitère le test, on ne constate pas forcement d'amélioration alors que sur le terrain on avait globalement l'impression que l'athlète était meilleur.
Dans beaucoup d'activités, cette seule donnée, bien que nécessaire, n'est pas suffisante.

*Il faut déterminer combien de temps un individu est capable de maintenir un effort à 100 % de sa VMA.*

Cette deuxième donnée laissera apparaître des écarts importants selon les sujets. Entre deux tests, c'est peut-être plus le temps de soutien de VMA qui aura progressé et cela, les tests progressifs de type Luc LEGER ne le mettaient pas en évidence.

Nous vous proposons des tableaux qui vous permettront d'effectuer ces tests de façon simple. Comme pour les tests progressifs, vous n'aurez besoin ici que de huit plots placés tous les 50 mètres sur une piste de 400 mètres, un chronomètre et un sifflet.

En revanche, il est nécessaire de commencer le test après un échauffement de 15 à 20 minutes, réalisé à 60% de VMA puis de procéder à quelques réglages d'allures sur 100 mètres ou 150 mètres.

Attention il est impératif de répartir les individus en fonction de leur VMA *(par exemple tous ceux à 15 km/h puis ceux à 16 km/h ...) (vous trouverez ci-après les tableaux de VMA).*

## EXPLOITATION DES RÉSULTATS

Globalement, les résultats devraient se situer entre trois minutes et huit minutes. On trouve parfois des durées supérieures pour le haut niveau.
Dans une étude réalisée en 1996, Véronique Billat a montré que, quel que soit leur résultat au test de temps de soutien de VMA, les athlètes étaient capables d'accomplir 5 répétitions égales à la moitié de leur temps de soutien avec des récupérations actives de même durée.

Ainsi, pour celui qui aurait un temps de soutien de 4 minutes pour une VMA de 20 km/h, cela ferait une séance de type : 5 fois 2 min à 20 km/h avec 2 min de récupération ou encore 5 fois 700 mètres en 2 min 06 s.

*TM*

| TEMPS DE SOUTIEN VMA 13 km/h | | |
|---|---|---|
| PLOT | DISTANCE | TEMPS |
| 1 | 50 | 13"84 |
| 2 | 100 | 27"68 |
| 3 | 150 | 41"52 |
| 4 | 200 | 55"36 |
| 5 | 250 | 1'09"20 |
| 6 | 300 | 1'23"04 |
| 7 | 350 | 1'36"88 |
| 8 | 400 | 1'50"72 |
| 1 | 450 | 2'04"56 |
| 2 | 500 | 2'18"40 |
| 3 | 550 | 2'32"24 |
| 4 | 600 | 2'46"08 |
| 5 | 650 | 2'59"92 |
| 6 | 700 | 3'13"76 |
| 7 | 750 | 3'27"6 |
| 8 | 800 | 3'41"44 |
| 1 | 850 | 3'55"28 |
| 2 | 900 | 4'09"12 |
| 3 | 950 | 4'22"96 |
| 4 | 1000 | 4'36"8 |
| 5 | 1050 | 4'50"64 |
| 6 | 1100 | 5'04"48 |
| 7 | 1150 | 5'18"32 |
| 8 | 1200 | 5'32"16 |
| 1 | 1250 | 5'46 |
| 2 | 1300 | 5'59"84 |
| 3 | 1350 | 6'13"68 |
| 4 | 1400 | 6'27"52 |
| 5 | 1450 | 6'41"36 |
| 6 | 1500 | 6'55"20 |
| 7 | 1550 | 7'09"04 |
| 8 | 1600 | 7'22"88 |
| 1 | 1650 | 7'36"72 |
| 2 | 1700 | 7'50"56 |
| 3 | 1750 | 8'04"4 |
| 4 | 1800 | 8'18"24 |
| 5 | 1850 | 8'32"08 |
| 6 | 1900 | 8'45"92 |
| 7 | 1950 | 8'59"76 |
| 8 | 2000 | 9'13"6 |
| 1 | 2050 | 9'27"44 |
| 2 | 2100 | 9'41"28 |
| 3 | 2150 | 9'55"12 |
| 4 | 2200 | 10'08"96 |
| 5 | 2250 | 10'22"80 |
| 6 | 2300 | 10'36"64 |
| 7 | 2350 | 10'50"48 |
| 8 | 2400 | 11'04"32 |
| 1 | 2450 | 11'18"16 |
| 2 | 2500 | 11'32" |
| 3 | 2550 | 11'45"84 |
| 4 | 2600 | 11'59"68 |

| TEMPS DE SOUTIEN VMA 14 km/h | | |
|---|---|---|
| PLOT | DISTANCE | TEMPS |
| 1 | 50 | 12"85 |
| 2 | 100 | 25"7 |
| 3 | 150 | 38"55 |
| 4 | 200 | 51"4 |
| 5 | 250 | 1'04"25 |
| 6 | 300 | 1'17"1 |
| 7 | 350 | 1'29"95 |
| 8 | 400 | 1'42"8 |
| 1 | 450 | 1'55"65 |
| 2 | 500 | 2'08"5 |
| 3 | 550 | 2'21"35 |
| 4 | 600 | 2'34"2 |
| 5 | 650 | 2'47"05 |
| 6 | 700 | 2'59"9 |
| 7 | 750 | 3'12"75 |
| 8 | 800 | 3'25"6 |
| 1 | 850 | 3'38"45 |
| 2 | 900 | 3'51"3 |
| 3 | 950 | 4'04"15 |
| 4 | 1000 | 4'17 |
| 5 | 1050 | 4'29"85 |
| 6 | 1100 | 4'42"7 |
| 7 | 1150 | 4'55"55 |
| 8 | 1200 | 5'08"4 |
| 1 | 1250 | 5'21"25 |
| 2 | 1300 | 5'34"1 |
| 3 | 1350 | 5'46"95 |
| 4 | 1400 | 5'59"8 |
| 5 | 1450 | 6'12"65 |
| 6 | 1500 | 6'25"5 |
| 7 | 1550 | 6'38"35 |
| 8 | 1600 | 6'51"2 |
| 1 | 1650 | 7'04"05 |
| 2 | 1700 | 7'16"9 |
| 3 | 1750 | 7'29"75 |
| 4 | 1800 | 7'42"6 |
| 5 | 1850 | 7'55"45 |
| 6 | 1900 | 8'08"3 |
| 7 | 1950 | 8'21"15 |
| 8 | 2000 | 8'34 |
| 1 | 2050 | 8'46"85 |
| 2 | 2100 | 8'59"7 |
| 3 | 2150 | 9'12"55 |
| 4 | 2200 | 9'25"4 |
| 5 | 2250 | 9'38"25 |
| 6 | 2300 | 9'51"1 |
| 7 | 2350 | 10'03"95 |
| 8 | 2400 | 10'16"8 |
| 1 | 2450 | 10'29"65 |
| 2 | 2500 | 10'42"5 |
| 3 | 2550 | 10'55"35 |
| 4 | 2600 | 11'08"2 |

| TEMPS DE SOUTIEN VMA 15 km/h | | |
|---|---|---|
| PLOT | DISTANCE | TEMPS |
| 1 | 50 | 12 |
| 4 | 100 | 24 |
| 3 | 150 | 36 |
| 4 | 200 | 48 |
| 5 | 250 | 1' |
| 6 | 300 | 1'12 |
| 7 | 350 | 1'24 |
| 8 | 400 | 1'36 |
| 1 | 450 | 1'48 |
| 2 | 500 | 2' |
| 3 | 550 | 2'12 |
| 4 | 600 | 2'24 |
| 5 | 650 | 2'36 |
| 6 | 700 | 2'48 |
| 7 | 750 | 3' |
| 8 | 800 | 3'12 |
| 1 | 850 | 3'24 |
| 2 | 900 | 3'36 |
| 3 | 950 | 3'48 |
| 4 | 1000 | 4' |
| 5 | 1050 | 4'12 |
| 6 | 1100 | 4'24 |
| 7 | 1150 | 4'36 |
| 8 | 1200 | 4'48 |
| 1 | 1250 | 5' |
| 2 | 1300 | 5'12 |
| 3 | 1350 | 5'24 |
| 4 | 1400 | 5'36 |
| 5 | 1450 | 5'48 |
| 6 | 1500 | 6' |
| 7 | 1550 | 6'12 |
| 8 | 1600 | 6'24 |
| 1 | 1650 | 6'36 |
| 2 | 1700 | 6'48 |
| 3 | 1750 | 7' |
| 4 | 1800 | 7'12 |
| 5 | 1850 | 7'24 |
| 6 | 1900 | 7'36 |
| 7 | 1950 | 7'48 |
| 8 | 2000 | 8' |
| 1 | 2050 | 8'12 |
| 2 | 2100 | 8'24 |
| 3 | 2150 | 8'36 |
| 4 | 2200 | 8'48 |
| 5 | 2250 | 9' |
| 6 | 2300 | 9'12 |
| 7 | 2350 | 9'24 |
| 8 | 2400 | 9'36 |
| 1 | 2450 | 9'48 |
| 2 | 2500 | 10' |
| 3 | 2550 | 10'12 |
| 4 | 2600 | 10'24 |

| TEMPS DE SOUTIEN VMA 16 km/h | | |
|---|---|---|
| PLOT | DISTANCE | TEMPS |
| 1 | 50 | 11"25 |
| 2 | 100 | 22"50 |
| 3 | 150 | 33"75 |
| 4 | 200 | 45" |
| 5 | 250 | 56"25 |
| 6 | 300 | 1'07"50 |
| 7 | 350 | 1'18"75 |
| 8 | 400 | 1'30 |
| 1 | 450 | 1'41"25 |
| 2 | 500 | 1'52"50 |
| 3 | 550 | 2'03"75 |
| 4 | 600 | 2'15 |
| 5 | 650 | 2'26"25 |
| 6 | 700 | 2'37"50 |
| 7 | 750 | 2'48"75 |
| 8 | 800 | 3' |
| 1 | 850 | 3'11"25 |
| 2 | 900 | 3'22"50 |
| 3 | 950 | 3'33"75 |
| 4 | 1000 | 3'45 |
| 5 | 1050 | 3'56"25 |
| 6 | 1100 | 4'07"50 |
| 7 | 1150 | 4'18"75 |
| 8 | 1200 | 4'30 |
| 1 | 1250 | 4'41"25 |
| 2 | 1300 | 4'52"50 |
| 3 | 1350 | 5'03"75 |
| 4 | 1400 | 5'15 |
| 5 | 1450 | 5'26"25 |
| 6 | 1500 | 5'37"50 |
| 7 | 1550 | 5'48"75 |
| 8 | 1600 | 6' |
| 1 | 1650 | 6'11"25 |
| 2 | 1700 | 6'22"50 |
| 3 | 1750 | 6'33"75 |
| 4 | 1800 | 6'45 |
| 5 | 1850 | 6'56"25 |
| 6 | 1900 | 7'07"50 |
| 7 | 1950 | 7'18"75 |
| 8 | 2000 | 7'30 |
| 1 | 2050 | 7'41"25 |
| 2 | 2100 | 7'52"50 |
| 3 | 2150 | 8'03"75 |
| 4 | 2200 | 8'15 |
| 5 | 2250 | 8'26"25 |
| 6 | 2300 | 8'37"50 |
| 7 | 2350 | 8'48"75 |
| 8 | 2400 | 9' |
| 1 | 2450 | 9'11"25 |
| 2 | 2500 | 9'22"50 |
| 3 | 2550 | 9'33"75 |
| 4 | 2600 | 9'45 |

| TEMPS DE SOUTIEN VMA 17 km/h | | |
|---|---|---|
| PLOT | DISTANCE | TEMPS |
| 1 | 50 | 10"58 |
| 2 | 100 | 21"16 |
| 3 | 150 | 31"74 |
| 4 | 200 | 42"32 |
| 5 | 250 | 52"9 |
| 6 | 300 | 1'03"48 |
| 7 | 350 | 1'14"06 |
| 8 | 400 | 1'24"64 |
| 1 | 450 | 1'35"22 |
| 2 | 500 | 1'45"8 |
| 3 | 550 | 1'56"38 |
| 4 | 600 | 2'06"96 |
| 5 | 650 | 2'17"54 |
| 6 | 700 | 2'28"12 |
| 7 | 750 | 2'38"7 |
| 8 | 800 | 2'49"28 |
| 1 | 850 | 2'59"86 |
| 2 | 900 | 3'10"44 |
| 3 | 950 | 3'21"02 |
| 4 | 1000 | 3'31"6 |
| 5 | 1050 | 3'42"18 |
| 6 | 1100 | 3'52"76 |
| 7 | 1150 | 4'03"34 |
| 8 | 1200 | 4'13"92 |
| 1 | 1250 | 4'24"5 |
| 2 | 1300 | 4'35"08 |
| 3 | 1350 | 4'45"66 |
| 4 | 1400 | 4'56"24 |
| 5 | 1450 | 5'06"82 |
| 6 | 1500 | 5'17"4 |
| 7 | 1550 | 5'27"98 |
| 8 | 1600 | 5'38"56 |
| 1 | 1650 | 5'49"14 |
| 2 | 1700 | 5'59"72 |
| 3 | 1750 | 6'10"3 |
| 4 | 1800 | 6'20"88 |
| 5 | 1850 | 6'31"46 |
| 6 | 1900 | 6'42"04 |
| 7 | 1950 | 6'52"62 |
| 8 | 2000 | 7'03"2 |
| 1 | 2050 | 7'13"78 |
| 2 | 2100 | 7'24"36 |
| 3 | 2150 | 7'34"94 |
| 4 | 2200 | 7'45"52 |
| 5 | 2250 | 7'56"1 |
| 6 | 2300 | 8'06"68 |
| 7 | 2350 | 8'17"26 |
| 8 | 2400 | 8'27"84 |
| 1 | 2450 | 8'38"42 |
| 2 | 2500 | 8'49 |
| 3 | 2550 | 8'59"58 |
| 4 | 2600 | 9'10"16 |

| TEMPS DE SOUTIEN VMA 18 km/h | | |
|---|---|---|
| PLOT | DISTANCE | TEMPS |
| 1 | 50 | 10" |
| 2 | 100 | 20" |
| 3 | 150 | 30" |
| 4 | 200 | 40" |
| 5 | 250 | 50" |
| 6 | 300 | 1' |
| 7 | 350 | 1'10 |
| 8 | 400 | 1'20 |
| 1 | 450 | 1'30 |
| 2 | 500 | 1'40 |
| 3 | 550 | 1'50 |
| 4 | 600 | 2' |
| 5 | 650 | 2'10 |
| 6 | 700 | 2'20 |
| 7 | 750 | 2'30 |
| 8 | 800 | 2'40 |
| 1 | 850 | 2'50 |
| 2 | 900 | 3' |
| 3 | 950 | 3'10 |
| 4 | 1000 | 3'20 |
| 5 | 1050 | 3'30 |
| 6 | 1100 | 3'40 |
| 7 | 1150 | 3'50 |
| 8 | 1200 | 4' |
| 1 | 1250 | 4'10 |
| 2 | 1300 | 4'20 |
| 3 | 1350 | 4'30 |
| 4 | 1400 | 4'40 |
| 5 | 1450 | 4'50 |
| 6 | 1500 | 5' |
| 7 | 1550 | 5'10 |
| 8 | 1600 | 5'20 |
| 1 | 1650 | 5'30 |
| 2 | 1700 | 5'40 |
| 3 | 1750 | 5'50 |
| 4 | 1800 | 6' |
| 5 | 1850 | 6'10 |
| 6 | 1900 | 6'20 |
| 7 | 1950 | 6'30 |
| 8 | 2000 | 6'40 |
| 1 | 2050 | 6'50 |
| 2 | 2100 | 7' |
| 3 | 2150 | 7'10 |
| 4 | 2200 | 7'20 |
| 5 | 2250 | 7'30 |
| 6 | 2300 | 7'40 |
| 7 | 2350 | 7'50 |
| 8 | 2400 | 8' |
| 1 | 2450 | 8'10 |
| 2 | 2500 | 8'20 |
| 3 | 2550 | 8'30 |
| 4 | 2600 | 8'40 |

| TEMPS DE SOUTIEN VMA 19 km/h | | |
|---|---|---|
| PLOT | DISTANCE | TEMPS |
| 1 | 50 | 9"45 |
| 2 | 100 | 18"9 |
| 3 | 150 | 28"35 |
| 4 | 200 | 37"8 |
| 5 | 250 | 47"25 |
| 6 | 300 | 56"7 |
| 7 | 350 | 1'06"15 |
| 8 | 400 | 1'15"6 |
| 1 | 450 | 1'25"05 |
| 2 | 500 | 1'34"5 |
| 3 | 550 | 1'43"95 |
| 4 | 600 | 1'53"4 |
| 5 | 650 | 2'02"85 |
| 6 | 700 | 2'12"4 |
| 7 | 750 | 2'21"85 |
| 8 | 800 | 2'31"3 |
| 1 | 850 | 2'40"75 |
| 2 | 900 | 2'50"2 |
| 3 | 950 | 2'59"65 |
| 4 | 1000 | 3'09"1 |
| 5 | 1050 | 3'18"55 |
| 6 | 1100 | 3'28 |
| 7 | 1150 | 3'37"45 |
| 8 | 1200 | 3'46"9 |
| 1 | 1250 | 3'56"35 |
| 2 | 1300 | 4'05"8 |
| 3 | 1350 | 4'15"25 |
| 4 | 1400 | 4'24"7 |
| 5 | 1450 | 4'34"15 |
| 6 | 1500 | 4'43"6 |
| 7 | 1550 | 4'53"05 |
| 8 | 1600 | 5'02"5 |
| 1 | 1650 | 5'11"85 |
| 2 | 1700 | 5'21"4 |
| 3 | 1750 | 5'30"85 |
| 4 | 1800 | 5'40"3 |
| 5 | 1850 | 5'49"75 |
| 6 | 1900 | 5'59"2 |
| 7 | 1950 | 6'08"65 |
| 8 | 2000 | 6'18"1 |
| 1 | 2050 | 6'27"55 |
| 2 | 2100 | 6'37 |
| 3 | 2150 | 6'46"45 |
| 4 | 2200 | 6'55"9 |
| 5 | 2250 | 7'05"35 |
| 6 | 2300 | 7'14"8 |
| 7 | 2350 | 7'24"25 |
| 8 | 2400 | 7'33"7 |
| 1 | 2450 | 7'43"15 |
| 2 | 2500 | 7'52"6 |
| 3 | 2550 | 8'02"05 |
| 4 | 2600 | 8'11"5 |

| TEMPS DE SOUTIEN VMA 20 km/h | | |
|---|---|---|
| PLOT | DISTANCE | TEMPS |
| 1 | 50 | 9" |
| 2 | 100 | 18" |
| 3 | 150 | 27" |
| 4 | 200 | 36" |
| 5 | 250 | 45" |
| 6 | 300 | 54" |
| 7 | 350 | 1'03 |
| 8 | 400 | 1'12 |
| 1 | 450 | 1'21 |
| 2 | 500 | 1'30 |
| 3 | 550 | 1'39 |
| 4 | 600 | 1'48 |
| 5 | 650 | 1'57 |
| 6 | 700 | 2'06 |
| 7 | 750 | 2'15 |
| 8 | 800 | 2'24 |
| 1 | 850 | 2'33 |
| 2 | 900 | 2'42 |
| 3 | 950 | 2'51 |
| 4 | 1000 | 3' |
| 5 | 1050 | 3'09 |
| 6 | 1100 | 3'18 |
| 7 | 1150 | 3'27 |
| 8 | 1200 | 3'36 |
| 1 | 1250 | 3'45 |
| 2 | 1300 | 3'54 |
| 3 | 1350 | 4'03 |
| 4 | 1400 | 4'12 |
| 5 | 1450 | 4'21 |
| 6 | 1500 | 4'30 |
| 7 | 1550 | 4'39 |
| 8 | 1600 | 4'48 |
| 1 | 1650 | 4'57 |
| 2 | 1700 | 5'06 |
| 3 | 1750 | 5'15 |
| 4 | 1800 | 5'24 |
| 5 | 1850 | 5'33 |
| 6 | 1900 | 5'42 |
| 7 | 1950 | 5'51 |
| 8 | 2000 | 6' |
| 1 | 2050 | 6'09 |
| 2 | 2100 | 6'18 |
| 3 | 2150 | 6'27 |
| 4 | 2200 | 6'36 |
| 5 | 2250 | 6'45 |
| 6 | 2300 | 6'54 |
| 7 | 2350 | 7'03 |
| 8 | 2400 | 7'12 |
| 1 | 2450 | 7'21 |
| 2 | 2500 | 7'30 |
| 3 | 2550 | 7'39 |
| 4 | 2600 | 7'48 |

# Pour conclure ce chapitre

**Le travail foncier et le développement de l'endurance sont essentiels pour contrôler son poids de corps et améliorer les capacités de récupération.**

**C'est un travail qui doit être réalisé plusieurs fois par semaine tout au long de l'année. Dans le cas contraire, les efforts à réaliser pour être au poids devront être concentrés sur période pré-compétitive déjà associée à une fatigue stratifiée par des mois d'entraînements.**

**Pour se faire aider, le sportif peut recourir à des équipements techniques comme un cardiofréquencemètre...**

*RZ*

Chapitre 9

# ÉQUIPEMENTS ET USAGES TECHNIQUES

Que ce soit pour agrémenter, contrôler ou sécuriser ses entraînements, les équipements et les usages techniques intéressent toujours les sportifs.

Des outils particulièrement sophistiqués, tels les cardiofréquencemètres, les appareils d'électrostimulation ou plus simples, comme la corde à sauter ; le sportif peut optimiser ses entraînements et sa récupération.

D 'autres ont une visée plus sécuritaire, comme la casquette ou la coquille.

*RZ*

# UTILISER UN CARDIOFRÉQUENCE-MÈTRE

*(1/2)*

## LA FRÉQUENCE CARDIAQUE : *EXPRESSION DE L'INTENSITÉ DE L'EFFORT*

Au cours d'exercices physiques, la fréquence cardiaque *(FC)* évolue et est influencée par l'intensité de l'effort. Pour des exercices de puissance infra-maximale *(aérobie)*, il existe une relation linéaire entre la FC et l'intensité de l'effort. Cependant, cette relation varie d'une personne à l'autre. L'âge et la condition physique, notamment, influencent cette relation :

- la *FC maximale*(53) baisse significativement avec l'âge, alors qu'elle augmente légèrement avec l'entraînement ;
- l'entraînement aérobie *(ex. : cyclisme sur route, course de fond)* abaisse la *FC de repos* ;
- pour un exercice de même intensité, la FC d'une personne entraînée est plus basse que celle d'un sédentaire.

Ces deux derniers points montrent que l'entraînement aérobie permet d'augmenter *« la plage d'intensité exploitable »* ou *FC de réserve*(54). Deux autres différences, entre sédentaires et personnes entraînées, doivent être prises en compte :

- au cours d'exercices d'intensité croissante, la FC des sédentaires augmente plus vite que celle des personnes entraînées ;
- l'entraînement en aérobie permet, durant l'effort, de maintenir plus longtemps sa FC élevée.

*Comment prendre en compte la FC pour gérer l'effort ?*

## UN OUTIL FIABLE : *LE CARDIOFRÉQUENCEMÈTRE*

L'utilisation d'un cardiofréquencemètre (CFM) permet la mesure précise de la FC pendant l'effort, ce qui n'était pas possible avant. Un CFM est composé d'une ceinture thoracique et d'une montre. La ceinture thoracique a pour fonction de mesurer la FC à partir de l'activité électrique du cœur et de transmettre cette information à la montre. La montre a pour fonction d'afficher à l'écran la FC instantanée voire de constituer un fichier de valeurs de FC successives.

***(53) La FC maximale correspond à la puissance maximale aérobie (PMA).***
***(54) FC de réserve = FC maximale - FC de repos***

Les CFM ont pour la plupart des fonctions paramétrables : zone(s) cible(s) d'entraînement, durée de récupération, compte à rebours et chronomètre... Certains CFM très sophistiqués permettent, via une connexion à un PC, d'afficher la courbe des FC enregistrées durant la séance.
Cependant, en dehors d'un usage très spécifique, ces informations sont difficilement exploitables.

## GÉRER L'EFFORT À L'AIDE D'UN CFM

Ceci est possible à partir de quelques données simples :
- *avant la séance,* un *test de Ruffier*[55, 56] permettra de disposer de quelques indications sur l'état de forme du moment pour accentuer ou au contraire pondérer l'intensité de la séance ;
- *pendant la séance,* l'intensité de l'effort sera modulée en fonction de la FC instantanée pour rester dans une zone cible *(ZC)* ou plage d'intensité programmée. Il s'agit de rentabiliser le temps de la séance sans s'épuiser. Le temps passé dans cette ZC sera contrôlé ponctuellement ;
- *après la séance,* on notera dans un carnet d'entraînement : la FC moyenne de la séance, le temps passé dans la ZC ainsi que le temps passé au-dessus *(surentraînement)* et en-dessous *(échauffement, récupération ou sous-entraînement).* Pour les rendre plus *« parlantes »*, ces trois dernières données pourront être exprimées en pourcentage du temps total de la séance.

---

***(55) Il s'agit d'un test de récupération cardiaque. Celle-ci varie d'un jour sur l'autre (grande forme ou au contraire fatigue) et s'améliore avec l'entraînement.***

***(56) Le test de Ruffier comprend 4 étapes :***
***1 - Prise de pouls au repos (P1),***
***2 - Réalisation de 30 flexions de genoux en moins de 45 s,***
***3 - Prise de pouls juste après l'effort (P2),***
***4 - Prise de pouls 1 min après l'effort (P3).***

70

***Formule de calcul de l'indice de Ruffier (IR) :***
***IR = (P1 + P2 + P3) - 200 / 10***

***Interprétation :***
***IR < 0 "Excellent"***
***0 < IR < 3 "Très bon"***
***3 < IR < 8 "Bon"***
***8 < IR < 15 "Moyen"***
***15 < IR < 20 "Médiocre"***

Quoi qu'il en soit, ces données propres aux pratiquants offrent un point de vue biologique qui permet de comparer des séances de natures différentes *(parcours, nature du terrain, dénivelé, conditions climatiques)*. Elles permettent de définir et d'actualiser des objectifs d'entraînement. Utiles voire indispensables, ces données ne sont pas suffisantes.

D'autres données doivent être prises en compte. En cyclisme par exemple, le compteur reste un outil indispensable qui permet de caractériser la séance d'un point de vue physique : distance parcourue, durée, vitesse moyenne. Quelques calculs, à partir de ces données soigneusement archivées, permettent de produire d'autres données pour caractériser des périodes d'entraînement : kilométrage hebdomadaire, mensuel et annuel, nombre d'***« heures de selle »***, vitesse moyenne.

*RZ*

# UTILISER UN CARDIOFRÉQUENCEMÈTRE (2/2)

**En plus de la mesure de la fréquence cardiaque instantanée, de nombreux cardiofréquencemètres (CFM) peuvent permettre de rationaliser l'entraînement. La première étape consiste alors à déterminer une zone de travail efficace ou zone cible (ZC), dont les valeurs limites doivent être établies avec précision.**

## AVANT LA SÉANCE

Pour calculer les limites de ZC, l'une des possibilités est de se servir de la fréquence cardiaque de réserve :

*FC Réserve = FC maximale - FC de repos*

Deux méthodes peuvent être utilisées pour déterminer la FC maximale (FC max) : l'utilisation de *formules mathématiques*[57] ou la passation d'un petit test réalisé en début de séance. Par exemple, pour un sportif de 30 ans souhaitant s'entraîner entre 75% et 85% et dont la fréquence cardiaque de repos (FC Rep) est de 60 bt/min :

FC max = 206,3 – (0,711 x 30) =>185 bt/min
*Lim inf = FC Rep + ((FC Res) x 75 %) => 60 + ((185 - 60) x 75 %) = 154 bt/min*
*Lim sup = FC Rep + ((FC Res) x 85 %) => 60 + ((185 - 60) x 85 %) = 166 bt/min*

La détermination de la FC max par passation d'un petit test est plus fiable car elle tient compte des variations de forme et des différences interindividuelles. Quelle que soit la méthode employée, les valeurs des limites de la ZC ne représentent pas simplement un pourcentage de la FC max théorique.

## PENDANT LA SÉANCE : MODULER L'INTENSITÉ DES EFFORTS

Pour rentabiliser le temps de la séance, il faut gérer l'effort de sorte que la FC instantanée se situe le plus longtemps possible dans la ZC. Pour cela, le CFM peut être réglé pour émettre un bip sonore lorsque la FC n'est plus dans la ZC.

***(57) FC max = 206,3 - (0,711 x âge). Cette formule, mise au point par Londeree & Moeschberger (1992), est plus précise que celle d'Astrand : FC max = 220 – age.***

Il n'est cependant pas possible de maintenir la FC dans la ZC durant toute la séance. Pour s'assurer que la FC a été maintenue suffisamment longtemps dans la ZC, il faut régulièrement vérifier cette information.

## APRÈS LA SÉANCE : COLLECTER ET TRAITER LES DONNÉES

À partir des données produites par le CFM et par le compteur de vélo, d'autres données peuvent être obtenues par calcul :

- le pourcentage du temps total passé dans la ZC ;
- le pourcentage du temps total passé en dessous de la ZC ;
- le pourcentage du temps total passé au-dessus de la ZC ;
- le pourcentage du temps total de la séance passé à produire un effort ;
- la durée de la récupération.

Toutes ces données doivent être interprétées pour permettre à l'entraîneur de *(re)*définir les objectifs et la planification de l'entraînement.

## INTERPRÉTER LES DONNÉES POUR (RE)PLANIFIER L'ENTRAÎNEMENT

La planification de l'entraînement doit être fondée sur les relations entre les différentes données de l'entraînement. La modélisation de ces relations est alors une aide pour leur interprétation et la prise de décision.

## CONCLUSION

**L'utilisation d'un CFM permet de planifier des séances de préparation physique à partir de données biologiques individuelles. Cependant, malgré les possibilités offertes par un tel outil, l'entraîneur ne doit pas perdre de vue que le gagnant d'une compétition n'est pas celui qui a passé le plus de temps dans une ZC optimale. En cyclisme comme en course à pied, le gagnant est celui dont la vitesse moyenne est la plus élevée.**

*RZ*

# L'ENTRAÎNEMENT PAR ÉLECTRO-STIMULATION

**Le recours à l'électrostimulation (ES) est souvent la dernière solution au manque de temps. Mais quelle est son efficacité ?**
Deux articles, présentant des travaux de recherches sur les effets de l'ES, permettent de répondre à cette question.

## LE DÉVELOPPEMENT DE LA FORCE

L'augmentation de la force par effort volontaire s'explique par deux types d'adaptations :
- nerveuses *(coordination intramusculaire et intermusculaire)* ;
- structurales *(hypertrophie)*.

Chez le débutant, le gain de force serait dû à une amélioration du recrutement des ***unités motrices***[(58)]. Puis avec l'entraînement, le gain de force serait surtout dû à l'hypertrophie.
Alors que l'entraînement par effort volontaire sollicite à la fois les muscles agonistes et antagonistes et d'abord les petites unités motrices, l'entraînement par ES :
- recruterait d'abord des grandes unités motrices ;
- sollicite les groupes musculaires séparément au détriment de la coordination.

## EFFETS DE L'ES SUR LE DÉVELOPPEMENT DE LA FORCE ET DU VOLUME MUSCULAIRE

Les recherches menées montrent, pour la plupart, que suite à un entraînement par ES les gains de ***force maximale volontaire*** sont significatifs. Mais, près de la moitié des recherches ne rapportent aucun effet structural. D'autres recherches rapportent une hypertrophie et un gain de force. Il semblerait que ces différences de résultats soient dues :
- à la technique d'évaluation de l'hypertrophie ;
- à un nombre trop faible de séances[(59)] pour provoquer une hypertrophie.

***(58) Une unité motrice est composée d'un neurone moteur et des fibres musculaires qu'il innerve.***

***(59) La plupart des études sont fondées sur un entraînement d'ES de 3 séances par semaine pendant 5 semaines.***

La mesure du diamètre du muscle est une technique peu précise. Lorsqu'elle est employée par comparaison, la mesure de la surface des fibres ne montre aucune modification significative !

## ES CONTRE EFFORT VOLONTAIRE

Les trois quarts des recherches menées sur ce sujet montrent que l'entraînement par ES induit des gains de force aussi élevés que l'entraînement par *contraction isométrique volontaire.*

Lorsque les deux méthodes sont combinées, les effets obtenus peuvent être équivalents voire supérieurs à ceux obtenus par l'entraînement par effort volontaire seulement.

## CONCLUSION

**Dans des conditions précises, les gains de force et de volume musculaire sont significatifs.**

**La diversité des résultats de recherche s'explique par les différences de :**

- **muscles sollicités ;**
- **caractéristiques des courants administrés (intensité, forme des impulsions et fréquence).**

**L'ES pourra être utilisée ponctuellement comme complément aux méthodes classiques de renforcement musculaire. Mais, avant d'investir dans un appareil, l'entraîneur ne perdra pas de vue que l'ES ne peut pas remplacer l'apprentissage technique, stratégique et tactique.**

*RZ*

# ENTRAÎNEMENT RESPIRATOIRE ET PERFORMANCE

- ***Le mythe de la grosse capacité pulmonaire qui favoriserait l'oxygénation des tissus est-il toujours d'actualité ?***
- ***Peut-on optimiser la respiration et en tirer des bénéfices substantiels lors des efforts de type aérobie ?***

Dans la première moitié du XX$^{e}$ siècle, on pensait que pour maintenir un effort de longue durée, il fallait être capable de mettre une grande quantité d'air dans ses poumons. C'est sur ce principe que s'est échafaudé un bon nombre de théories et de méthodes de préparation qui visaient entre autres à augmenter la capacité pulmonaire.

Vers les années 80, des chercheurs ont mis en évidence qu'en réalité le facteur limitant de la performance n'était pas mécanique mais fonctionnel. En d'autres termes, ce qui permet à un individu de courir vite longtemps ce n'est pas la possibilité d'emmagasiner beaucoup d'oxygène, mais la faculté de son organisme à consommer une quantité plus ou moins grande de l'oxygène contenu dans l'air inspiré. C'est à partir de là que sont apparus les concepts comme la $\dot{V}O_2$ max, la vitesse ou la puissance maximale aérobie.

Pourtant, depuis peu on reparle de techniques respiratoires, d'entraînement à la respiration. La plupart des gymnastiques douces accordent aussi beaucoup d'importance à la conscientisation et à l'allongement du souffle.

- *Qu'en est-il exactement ?*
- *Ces données sont-elles contradictoires ?*

## LA MÉCANIQUE RESPIRATOIRE

Les mouvements qui permettent de prendre et de rejeter de l'air sont réalisés grâce aux muscles du thorax :

- à l'inspiration : les muscles élévateurs des côtes et du sternum. Les plus connus sont : le diaphragme, le sterno-cléido-mastoïdien, les intercostaux...
- à l'expiration : les abdominaux et particulièrement le transverse, les intercostaux moyens et internes, les carrés des lombes...

Évidemment, pour fonctionner, ces muscles consomment de l'énergie. Une étude a mis en évidence que dans une course d'aviron de 6 à 8 minutes, 30 % de la dépense énergétique totale provenait du travail des seuls muscles respiratoires.

## PHYSIOLOGIE DE LA RESPIRATION

Si tant de gymnastiques douces insistent sur le souffle c'est sans doute pour les effets induits par l'allongement de l'amplitude respiratoire. Une inspiration profonde va stimuler le nerf vague qui en retour va ralentir la fréquence cardiaque. On constate aussi une amplification de la circulation sanguine et de l'oxygénation cellulaire. Il s'ensuit une meilleure irrigation du cerveau qui exerce une stimulation des processus mentaux. Par ailleurs, une respiration ample exerce un effet positif sur le diaphragme et les intestins.

## L'ENTRAÎNEMENT RESPIRATOIRE

Des chercheurs ont tenté de montrer les impacts positifs d'un entraînement respiratoire sur la performance aérobie. Le principe n'est pas tellement de faire entrer plus d'oxygène dans les poumons, mais d'éduquer, de renforcer, d'assouplir, d'entraîner les muscles responsables de l'inspiration et de l'expiration afin qu'ils soient plus efficaces et moins gourmands en énergie.
Pour cela différents appareils sont proposés, sorte d'inhalateurs d'entraînement qui rendent l'inspiration et l'expiration plus difficiles et obligent les muscles respiratoires à travailler plus intensément. On propose par exemple de réaliser des séquences de 30 respirations deux fois par jour dans ce petit appareil. Celui-ci peut aussi être utiliser à l'échauffement.
Des stages spécifiques sont même proposés par une entreprise privée.

## CONCLUSION

**Par delà les résultats spectaculaires annoncés dans les propositions commerciales, les premiers utilisateurs déclarent des améliorations plus on moins nettes, mais en tout cas une plus grande aisance dans l'effort, un sentiment de se sentir plus fort qui leur permet peut-être de moins se retenir.**
**Des améliorations dans la vie de tous les jours sont aussi mentionnées, notamment au niveau de la gestion du stress.**
**On en vient alors à se demander si ce mécanisme naturel qu'est la respiration ne gagnerait pas à être éduqué systématiquement en éducation physique, lors des différents entraînements, pour au moins être mieux armé face aux situations de conflit ou de stress.**

*TM*

# LA CORDE À SAUTER : VÉRITABLE OUTIL DE PRÉPARATION PHYSIQUE

**La corde à sauter est encore trop souvent considérée comme un simple jeu d'enfant. Elle possède pourtant toutes les qualités pour figurer en bonne place dans notre équipement sportif. Les plus grands spécialistes de la préparation physique en ont fait depuis longtemps l'outil idéal pour optimiser leur entraînement. Elle fut ainsi popularisée par Mohamed Ali, le plus alerte des boxeurs poids lourd pour développer sa vitesse de déplacement et par Bruce Lee qui écrit dans** *Le Tao du Jeet Kune Do* : *« Le saut à la corde doit vous accompagner très régulièrement dans votre pratique. Il a été prouvé scientifiquement qu'il pouvait être plus profitable que la course à pied. Non seulement cet exercice développe l'endurance, la musculature et la détente, mais il vous apprend à ne pas peser sur vos appuis. À flotter au-dessus du sol. »*

## LES ATOUTS DE LA CORDE

La corde à sauter est un exercice simple qui ne nécessite qu'une courte période d'apprentissage (environ 15 séances pour obtenir un niveau satisfaisant). Elle tonifie le corps sans le rigidifier comme auraient tendance à le faire certains appareils de musculation qui promettent des résultats spectaculaires. Elle améliore le souffle et l'endurance et apporte une conscience nouvelle de l'équilibre et de la mobilité en renforçant harmonieusement le corps.

## QUELQUES CONSEILS TECHNIQUES

Pendant le saut, pensez à la position de votre corps : la tête dans l'alignement du cou et de la colonne vertébrale, le ventre rentré et les abdominaux légèrement contractés. On peut commencer progressivement, par petites séries, deux à trois fois par semaine, puis augmenter la durée et la vitesse.

## QUATRE TYPES DE SAUTS

**1 -** Le pas de relaxation, recommandé pour les débutants, qui vise la décontraction avant ou après l'effort.
**2 -** Le saut droit, plus exigeant, où l'on saute pieds joints.
**3 -** Le pas de course, pour les athlètes capables de lever les genoux plus haut à un rythme soutenu.
**4 -** Le pas de jogging, plus technique, où la pointe des pieds vient successivement toucher le sol devant soi.

## BIEN CHOISIR SA CORDE

Solidité extrême, équilibrage et vitesse de rotation sont les principales qualités des nouvelles gammes de cordes apparues sur un marché en pleine expansion, avec plus de 200 000 cordes vendues en France pour la seule année 2001. Il est préférable de choisir une corde en cuir si l'entraînement s'effectue en salle et d'opter pour un matériau plus résistant, en vinyle, pour une pratique à l'extérieur. Un budget d'environ 15 euros est suffisant pour bénéficier d'un matériel fiable, avec roulement à billes et poignées ergonomiques.
15 minutes de corde à sauter correspondent à :

| | |
|---|---|
| Tennis | 3 sets simples |
| Golf | 27 trous *(à pied)* |
| Footing | 30 minutes |
| Natation | 45 minutes |
| Squash | 30 minutes |
| Football | une mi-temps |
| Handball | 30 minutes |

*TM*

# LE FOOTBIKE(60) : UNE ALTERNATIVE PLUS SPÉCIFIQUE POUR L'ENTRAÎNEMENT

**Les entraîneurs sont souvent en quête d'exercices, d'outils originaux et motivants permettant d'optimiser les charges de travail et de réduire les risques de blessures. Parmi les pistes que nous avons évoquées, le cross training et l'utilisation du vélo de route pour l'entraînement aérobie ouvrent des perspectives partiellement satisfaisantes en raison d'une motricité trop éloignée de la spécificité des sports où il est intéressant de courir plus vite et plus longtemps que les autres.**
**Or, on sait que l'efficacité de l'entraînement passe par la spécificité des exercices proposés, particulièrement si l'on dispose de peu de temps.**

L'outil qui vous est présenté ici est encore peu répandu en France. Pourtant son utilisation ponctuelle dans le cadre de la préparation physique nous semble judicieuse, que ce soit pour l'entraînement foncier et/ou le renforcement musculaire spécifique.

## L'ENGIN

Le Footbike est à la trottinette ce que le Roller est au patin à roulettes : c'est l'évolution du jouet vers un engin destiné à une utilisation sportive. Pratiquée sur route ou sur chemin, l'activité est déjà bien développée et structurée dans le Nord et l'Est de l'Europe.

## LA TECHNIQUE

La motricité sur l'engin ressemble à celle du ski de fond. Il y a une alternance de poussée des jambes et des bras avec une position dynamique du corps. La jambe d'appui sollicite les muscles antérieurs de la cuisse (quadriceps) dans des positions proches des phases d'amortissement et de soutien de la foulée. Dans le même temps, la jambe qui pousse au sol mobilise les muscles de sa face postérieure *(fessiers, ischio-jambiers, mollets)* sur de grandes amplitudes, comme dans la phase propulsive de la foulée.

***(60) L'association France-Footbike œuvre au développement de cette activité en France : www.france-foobike.org***

## INTÉRÊTS

Les blessures sont extrêmement rares, même en accumulant les kilomètres, grâce à l'impact sans choc du pied et au fait de ne jamais être bloqué dans une position particulière. L'intensité de l'effort est proportionnelle aux vitesses de déplacement, le travail peut être continu ou intermittent. Des sportifs de haut niveau utilisent le footbike en complément de leur entraînement pour soulager leurs articulations ou leurs muscles fatigués. En outre, cette forme de travail possède un côté fun qui peut permettre de mieux faire passer la préparation foncière auprès de ceux qui généralement n'aiment pas courir longtemps.

*TM*

# LA CASQUETTE, UN ACCESSOIRE POUR FAIRE FACE AU CLIMAT

**Accessoire de mode, la casquette est aussi pour certains un accessoire d'entraînement qui peut s'avérer indispensable voire vital.**
**En effet, la casquette peut jouer un rôle important en favorisant la thermorégulation[61].**

- *Quel est l'intérêt de porter une casquette par temps froid ?*
- *Quel est l'intérêt de porter une casquette par temps chaud ?*

## THERMORÉGULATION ET TENUE VESTIMENTAIRE

L'organisme humain ne peut tolérer que de légères variations de sa température centrale. Or, il échange de la chaleur *(perte ou gain)* avec son environnement par *radiation[62], conduction[63] et convection[63].*
Contre le froid, les vêtements les plus isolants *(mailles + coupe-vent)* sont ceux qui permettent d'emprisonner de l'air. Les vêtements mouillés par la pluie ou par la sueur perdent 90% de leur propriété d'isolation contre le froid. Il ne faut pas hésiter à emporter un t-shirt sec de rechange en cas de sortie longue *(cyclisme).*
Le principal moyen de refroidissement de l'organisme est l'évaporation. Cependant, il ne faut pas faire de sport torse nu en plein soleil. En effet, l'évaporation de la sueur est trop intense et le sportif risque la déshydratation en plus d'un coup de soleil. À l'inverse, avec un t-shirt ample, l'air circule entre le tissu et la peau favorisant l'*évaporation*[65] donc le refroidissement.

## LA CASQUETTE PAR TEMPS FROID

Une casquette et plus encore un bonnet contribuent énormément à la conservation de la chaleur. En effet, l'organisme perd environ 30 % à 40 % sa chaleur par la tête. Le bonnet présente l'avantage de couvrir les oreilles.

***(61) Thermorégulation : mécanisme de régulation de la température de l'organisme.***

***(62) Radiation : émission de rayonnement électromagnétique.***

***(63) Conduction : échange de chaleur par contact.***

***(64) Convection : déplacement (de l'air ou d'un autre fluide) dû à un changement de température. Le fluide réchauffé laisse place à du fluide moins chaud.***

***(65) Évaporation : de l'eau, par les voies respiratoires et par la peau (sueur).***

## LA CASQUETTE PAR TEMPS CHAUD

Ce qui est à craindre est le coup de chaleur. Par prévention, il faut :
- éviter les efforts aux heures les plus chaudes ;
- boire souvent et avant d'avoir soif ;
- se mouiller la tête, les bras et les cuisses régulièrement ;
- se couvrir la tête, par exemple en portant une casquette, blanche de préférence.

Pour conserver la tête au frais, le sportif peut mouiller sa casquette régulièrement.

CONCLUSION

**Le port d'une casquette permet de se protéger du froid, de la pluie et de la chaleur et de réduire l'éblouissement du soleil. Dans ce dernier cas, le port de lunettes de soleil de très bonne qualité reste indispensable.**
**Le port de casquette, en période de plein ensoleillement, est aussi un moyen de prévention du cancer du cuir chevelu chez les personnes atteintes de calvitie.**

*RZ*

# COQUILLE ET SOUTIEN-GORGE SPORTIF : LES RISQUES DE S'EN DISPENSER

**Chez l'être humain, les glandes, non-microscopiques, sont pour la plupart situées à l'intérieur du corps. Elles sont ainsi protégées des traumatismes. Il existe cependant deux exceptions :**
- ***les gonades masculines (testicules) ;***
- ***les glandes mammaires (seins).***

Ainsi localisées, ces glandes sont exposées aux chocs et aux traumatismes. Il existe des équipements de protection spécifiques, qu'une utilisation occasionnelle rend inefficace.

## LES COQUILLES

Les risques sont nombreux et les traumatismes des testicules variés : torsion, déchirure... Seul l'examen clinique permet de dresser un diagnostic précis voire d'orienter le patient vers une intervention chirurgicale pouvant aller jusqu'à l'ablation.
Le port d'une coquille permet de réduire les risques en atténuant les chocs. Elle est indispensable voire obligatoire dans certains sports de combat et dans certains sports collectifs.

## LES SOUTIENS-GORGE SPORTIFS

Dans de nombreux sports, les seins constituent une gêne significative *(sports de combat, handball, ski de descente).* En effet, leur sensibilité aux traumatismes répétés et aux chocs est connue *(ballottage, chute, coups).* Les conséquences peuvent aller ***« de l'ecchymose[66] à l'hématome[67] sous-cutané, rétroglandulaire ou intramammaire »*** *(Payot-Podevin, 2005).*
Pour minimiser les risques, les soutiens-gorge sportifs sont conçus pour :
- limiter les mouvements de la poitrine ;
- diminuer la tension des ligaments suspenseurs ;
- retarder l'affaissement des seins.

Les soutiens-gorge à armature métallique sont à proscrire à cause des risques élevés de blessure en cas de chute. Certains sont matelassés et même équipés de coquilles *(sports de combat).*

## CONCLUSION

**Rien ne peut remplacer le port de coquille préventive de traumatismes testiculaires.**

**Contrairement à la coquille, le port de soutiens-gorge sportifs reste une pratique peu répandue.**

**La pratique des activités sportives ne présente pas que des risques pour la poitrine féminine. Au contraire, lorsqu'elle est bien adaptée, cette pratique peut contribuer à développer les grands pectoraux qui peuvent alors servir de base solide pour les seins.**

*RZ*

***(66) Ecchymose : tâche brune ou bleue sous la peau résultant d'un épanchement de sang dû à un choc ou à un coup.***

***(67) Hématome : épanchement du sang sous la peau ou dans une cavité naturelle.***

# CHAUSSETTES DE CONTENTION ET RÉCUPÉRATION

**Depuis la coupe du monde de football de 1998, on voit de plus en plus d'adeptes du port de chaussettes de contention pour favoriser la récupération.**
***Qu'en est-il exactement et sur quels principes s'appuie ce procédé ?***

La circulation artérielle apporte aux muscles et aux différents organes l'oxygène et les nutriments nécessaires à l'activité humaine alors que la circulation veineuse assure l'élimination des toxines et autres déchets de l'activité métabolique.

Au niveau des membres inférieurs, le sang revient au cœur par les veines en utilisant deux réseaux :

- un réseau veineux profond à gros débit assurant 95% de la circulation de retour ;
- un réseau veineux superficiel à faible débit situé sous la peau.

Toutes ces veines sont pourvues de sortes de clapets anti-retour limitant la circulation du sang à un seul sens : réseau superficiel vers le réseau profond, des pieds vers le cœur. L'énergie nécessaire à cette circulation veineuse de retour est fournie par le travail musculaire pendant la marche ou la course et par les muscles des parois veineuses au repos.

Au niveau des mollets, le sang est situé loin du cœur et des poumons, il a parfois plus de mal à remonter et donc à être oxygéné, particulièrement lors des dilatations veineuses occasionnées par la pratique d'une activité physique intense.
La contention limite les dilatations et provoque une accélération du retour veineux qui favorise l'élimination des toxines. Les chaussettes ou bas de contention pour sportifs s'appuient sur ce principe. Attention, les modèles sont différents des bas de contention utilisés dans le traitement des varices. Les modèles pour sportifs agissent de façon différenciée en fonction de la zone de la jambe : pression faible au niveau du pied et de la cheville et pression forte au niveau du mollet sans effet de garrot au sommet de la chaussette.
Il est conseillé de porter ces chaussettes pendant deux heures immédiatement après l'effort.

Elles ont été utilisées par l'équipe de France de foot en 98, mais aussi en basket et athlétisme, notamment par les coureurs de grand fond. Les utilisateurs semblent unanimes quant à leurs effets. Elles sont particulièrement appréciables lors des stations assises prolongées dans le car ou en voiture lors des retours de compétition. Certains athlètes les utilisent même pendant leur épreuve.

Comme dans beaucoup de domaines en matière d'entraînement, il semble néanmoins que la vérité ne soit pas dans l'utilisation exclusive d'un seul procédé de récupération. On pourrait imaginer des phénomènes d'accoutumance voire de dépendance. Rappelons donc qu'il y a aussi la récupération active juste après l'effort qui favorise l'oxygénation et l'élimination des déchets métaboliques *(course très lente, marche, vélo)*, les massages, les cycles étirement- relâchement, la balnéothérapie, l'électrostimulation.

Lorsque l'on n'est pas soumis à la contrainte de la réitération rapprochée de compétitions ou de séances d'entraînement, le temps pourrait aussi, à lui seul, se substituer à tous ces procédés.

*TM*

# Pour conclure ce chapitre

**L'évolution des pratiques conduit les sportifs à s'aider d'équipements de plus en plus sophistiqués. Si certains hésitent à investir pour leur pratique personnelle, d'autres ont compris que la concurrence s'octroie cet avantage qui peut faire la différence.**
**En effet, ces équipements et les usages qui en découlent aident à la production de performance et à la récupération.**

*RZ*

Chapitre 10

# LA RÉCUPÉRATION

Avec l'alimentation, la récupération est l'autre grande méconnue des sportifs.

Ce sont surtout les processus de récupération, des points de vue théorique mais aussi pratique, qui sont souvent méconnus donc mal gérés. Plus concrètement, les sportifs souhaitent savoir :

- ***Quels sont les formes de récupération et les moyens de récupérer ?***
- ***Quels sont les effets d'une période sans entraînement sur les performances ?***
- ***Comment gérer finement la récupération ?***

Différents facteurs peuvent favoriser ou au contraire nuire à la récupération, par exemple le bruit. Certains sportifs, même fatigués, n'arrivent pas à dormir et se demandent :

- ***Quels sont les effets de l'insomnie sur la performance physique ?***

*RZ*

# LES PROCESSUS DE RÉCUPÉRATION EN SPORT : *APPROCHE THÉORIQUE*

**L'organisme est le siège de processus permanents de récupération. En effet, les stocks énergétiques de l'organisme sont faibles et toute augmentation d'activité entraîne une resynthèse de l'ATP.**

Les processus de récupération représentent un maillon important de l'adaptation de l'organisme aux stimulations externes et particulièrement à celles que constituent les exercices d'entraînement. Ces exercices engendrent deux niveaux d'adaptation :

1 - une adaptation qui s'exerce à court terme en réponse à la nature et à la charge du travail effectué. Elle se manifeste par de rapides changements physiologiques et biochimiques au moment de l'effort et dans la période de récupération post effort ;

2 - une adaptation à long terme, plus stable et plus structurelle qui, d'une certaine manière, est le résultat de l'accumulation des adaptations à court terme.

L'entraînement pourrait se résumer à des perturbations de l'homéostasie de l'organisme qui induisent une mobilisation plus ou moins intense des processus de récupération.

## LES PROCESSUS DE RÉCUPÉRATION APRÈS L'EFFORT

Durant la période de récupération, les échanges énergétiques ont un caractère aérobie. Après des entraînements intensifs ou des compétitions, la consommation d'oxygène reste au-dessus de la normale jusqu'à 24 heures voire 36 heures après l'effort. On comprend donc le lien entre l'augmentation des capacités aérobies et l'efficacité des processus de récupération.
Pendant la récupération il se produit également une augmentation de la synthèse des protéines qui est à son maximum 24 à 48 heures après l'effort alors qu'elle est quasi inexistante de 6 à 12 heures après l'effort.

Pour les sports à dominante aérobie, on a provisoirement distingué deux phases dans les processus de récupération :

- *la phase de récupération rapide :* 2 à 5 heures *(consommation d'oxygène, dette d'oxygène, rythme normal de respiration) ;*
- *la phase de récupération lente : 10 à 12 heures.*

En pratique, il est dangereux de re-solliciter l'organisme dans la phase de récupération rapide.

## LA RÉCUPÉRATION, UN PROCESSUS HÉTÉROCHRONIQUE

La récupération n'est pas un processus homogène dans le sens où toutes les fonctions de l'organisme ne retrouvent pas leur niveau initial en même temps. On récupère par exemple d'abord la ventilation externe, puis la $\dot{V}O_2$ max, puis la dette d'O2, puis la pression sanguine normale... Après un entraînement de vitesse, l'organisme récupère d'abord la capacité d'endurance *(exercices aérobies)*, puis la capacité d'endurance de vitesse *(exercices aérobies et glycolytiques)* et seulement après la capacité à refaire des séries à vitesse maximale.

*TM*

***Comment les processus de récupération peuvent-ils permettre de piloter l'agencement des séances d'entraînement ?***



## LA SURCOMPENSATION : QUELQUES PARTICULARITÉS

Outre la récupération initiale des ressources énergétiques, on peut constater un état de surrécupération encore appelé surcompensation.

Cette phase présente un certain nombre de caractéristiques qu'il est important de prendre en compte :

- la surcompensation n'apparaît pas toujours : elle peut être absente particulièrement quand les exercices sont trop épuisants ; la surcompensation présente un caractère sélectif : elle est plus forte dans les systèmes organiques et dans les muscles qui participent directement à la charge de travail, on peut orienter, voire optimiser une partie du processus de surcompensation : un apport exogène de glucides assure les conditions optimales pour obtenir la surcompensation glucidique *(régime dissocié Scandinave).* Dans ces conditions, ingérer des protéines et des lipides a un effet négatif, on peut renforcer la surcompensation en variant la charge de travail. Si en revanche on répète les charges de façon trop monotone, on développe un phénomène d'habituation physiologique qui diminue fortement l'effet de surcompensation, on constate habituellement que la phase de surcompensation apparaît entre 48 heures *(vitesse)* et 72 heures *(aérobie)* après une charge d'entraînement ou une compétition.

Pour autant, cela ne signifie pas qu'il ne faut pas s'entraîner durant la phase qui précède la surcompensation. Il est possible de travailler alors que la récupération n'est que partielle *(phase lente)*. Il convient néanmoins d'agencer les sollicitations de manière sélective.

## QUELQUES RÈGLES POUR L'AGENCEMENT DES SÉANCES D'ENTRAÎNEMENT

- Un micro cycle d'entraînement basé sur le principe d'une progression continue de la charge de travail assure une récupération dans un délai de 48 à 72 heures. Mais si la charge de travail est diminuée en fin de microcycle, la récupération est beaucoup plus rapide ; elle intervient seulement 12 à 24 heures après la fin de l'exercice.

- Des microcycles qui prennent en compte le principe de sélectivité assurent également une récupération différenciée. Par exemple, un microcycle d'entraînement de caractère aérobie augmente fortement le temps de récupération pour le travail aérobie *(72 heures)* alors que le temps de récupération pour l'entraînement de vitesse est compris entre 12 et 24 heures. C'est l'un des principes de base qui guident la construction des microcycles d'entraînement. Ceci justifierait un enchaînement du type : lundi, capacité aérobie 75% ; mardi, vitesse ; mercredi, PPG ; jeudi, puissance aérobie ; vendredi, repos ; samedi, technique musculation spécifique ; dimanche, capacité aérobie 85%.

*TM*

# LA RÉCUPÉRATION : *FORMES ET MOYENS*

**Pour de nombreux pratiquants, l'idée selon laquelle « le niveau de performance est directement lié au nombre d'heures d'entraînement » accompagne souvent le sentiment de ne pas en faire assez. Les entraîneurs savent depuis longtemps que la réalité est plus complexe : la performance est le produit de l'interaction de nombreux déterminants dont la récupération.**

## EFFETS VISÉS

Ils varient en fonction de la nature des activités pratiquées et de leur environnement *(ex. : musculation en salle, course sur route, kayak...)*. Les effets visés doivent être associés à différentes durées, formes et moyens efficaces de récupération. Il s'agit toujours de permettre la reprise de l'effort dans de bonnes dispositions physiologiques et psychologiques. Celles-ci correspondent le plus souvent à des valeurs de repos ou post-échauffement.

## FORMES ET MOYENS

La récupération pourra prendre plusieurs formes : active ou passive, complète ou incomplète.
Les moyens de récupérer sont nombreux et variés, et peuvent être combinés.

### *Efforts de faible intensité*

Réalisés entre des séries intenses ou en fin de séance, il s'agit de prolonger l'effort, mais à faible intensité en forçant la respiration. Le principe sous-jacent est fondé sur deux phénomènes :
- la perfusion des muscles activés produisant un effet d'élimination de l'acide lactique et des déchets métaboliques ;
- la re-synthèse du glycogène à partir de l'acide lactique et de l'oxygène inspiré *(cycle de Cori)*.

### *Étirements*

Discours très controversé, les étirements réalisés entre des séries intenses ou en fin de séance favoriseraient la récupération par différents effets :

un effet d'« *essorage* » : l'alternance étirement-relâchement favoriserait la perfusion des muscles et l'élimination de l'acide lactique et des déchets métaboliques ; un effet discuté ;
un effet sur la *raideur active*(68), en permettant d'abaisser le tonus musculaire et d'améliorer l'amplitude gestuelle réduite par la répétition des gestes performants.

### *Douche froide vs douche chaude*

En cas de « *surchauffe* », la douche froide sur les cuisses et les jambes, pendant quelques minutes, permet le refroidissement de l'organisme. Le risque d'angine est présent lorsque la douche froide est prolongée ou appliquée sur la tête. Comme le sauna, la douche chaude produit un effet décontractant. Elle permet également un réchauffement, par exemple si le sportif a été exposé *longtemps au froid*(69).

### *Sauna*

En augmentant la fréquence cardiaque, le sauna permet un drainage sans surproduction de déchets métaboliques. L'utilisation du sauna doit être ponctuelle et de courte durée. L'eau éliminée par sudation devra être remplacée.

### *Massage*

Leur effet est décontractant. Ils favorisent le drainage. On veillera à ne jamais masser de partie dure *(os)*. Pour éviter l'apparition de varices, on massera toujours des extrémités vers le cœur.

### *Electrostimulation*

Elle est parfois utilisée comme moyen de drainage, mais elle peut être avantageusement remplacée par des massages et des étirements.

***(68) Elle peut être définie comme une sorte de pré-étirement de groupes musculaires préparés à une fonction précise : le geste performant.***

***(69) Par exemple en cyclisme lors d'une sortie hivernale sous la pluie.***

### *Alimentation & hydratation*

Pour assurer une bonne réhydratation, la consommation d'eau ou de jus de fruits *(riches en vitamines et en potassium)* se prolongera bien après l'arrêt de l'effort. Le sportif disposera de six heures pour *« se recharger »* efficacement en énergie à partir de la consommation de glucides. La consommation de protéines et autres dérivés *(acides aminés)* n'est pas une urgence.

### *Sommeil*

Le repos et en particulier le sommeil restent les moyens de récupération à privilégier. Ils représentent les seuls moyens naturels de retrouver des valeurs d'équilibre hormonal.

## CONCLUSION

**Pour l'entraîneur, la planification de phases de récupération est une alternative à un discours sans effet. La récupération devra être gérée sur trois échelles de temps : à court terme *(d'une série à la suivante)*, à moyen terme *(d'une séance à la suivante)* et à long terme (au cours d'une saison sportive).**

*RZ*

# REPOS ET DÉSADAPTATION PHYSIQUE

**À l'approche des vacances, de nombreux sportifs et entraîneurs s'interrogent sur les effets positifs et négatifs exercés par une période de repos pourtant bien méritée. On est intuitivement capable d'expliquer qu'un arrêt de l'entraînement va permettre aux différentes structures et systèmes de l'organisme de se régénérer. On s'accorde sur une « décompression» psychologique et nerveuse salvatrice. Mais, en même temps, on se demande si ce repos ne va pas aboutir à des désadaptations qui feraient perdre le bénéfice des acquis.**

- ***Quels sont les effets du repos sur les adaptations des principales qualités physiques ?***
- ***Au bout de combien de temps y a-t-il désadaptation ?***
- ***Comment entretenir ce qui a été gagné grâce à l'entraînement ?***

## FILIÈRE AÉROBIE, ÉPREUVES DE LONGUE DURÉE

C'est le premier système à être affecté par un arrêt des sollicitations. On assiste à une diminution significative des stocks de glycogène et de l'activité enzymatique après deux semaines de repos. Les valeurs de référence vont baisser *($\dot{V}O_2$ max, VMA)* et de façon plus sensible encore le seuil anaérobie et l'endurance maximale aérobie *(capacité à maintenir un pourcentage élevé de $\dot{V}O_2$ max sur une longue durée).*

Des chercheurs américains ont mis en évidence que la diminution de l'intensité de l'entraînement était le paramètre le plus sensible à la désadaptation comparativement à la durée et à la fréquence des séances. Après 10 jours d'arrêt, un ou deux entraînements courts et intenses de type *fartlek*(70) semblent particulièrement indiqués. La pratique du *footbike* apparaît également comme une alternative judicieuse pour les coureurs car elle permet un entretien physique tout en diminuant les contraintes sur les appareils ostéo-articulaire et musculo-tendineux.

## FILIÈRE ANAÉROBIE

L'activité des enzymes de la glycolyse anaérobie varie peu pendant les 4 premières semaines d'arrêt. En revanche, la capacité de l'organisme à fournir un effort malgré la présence de déchets métaboliques diminue plus rapidement.

***(70) Course avec changements d'allure permettant de solliciter l'ensemble du registre énergétique propre aux efforts de durée.***

Pour entretenir les acquis, la pratique d'un sport collectif différent deux fois par semaine comme le rugby, le hand ou le foot dans le sable constitue un dérivatif ludique, efficace et souvent de circonstance.

## FORCE ET VITESSE

La vitesse dépend en partie de la force. Les qualités d'explosivité sont globalement moins rapidement affectées par le repos. Une étude américaine rapporte que des individus ont été capables de maintenir le niveau de force acquis après travail grâce à une seule séance hebdomadaire pendant douze semaines. On pourra néanmoins entretenir l'explosivité par des activités comme le *beach-volley*.

## SOUPLESSE

C'est une qualité que l'on perdra assez rapidement si on ne l'entretient pas. Heureusement le travail de la souplesse ne nécessite pas d'effort et de fatigue. Il faudra donc s'habituer à saisir la moindre occasion, particulièrement lorsque les muscles sont froids, pour prendre et maintenir des positions d'étirement.

## COORDINATION, APPRENTISSAGE MOTEUR

La motricité sportive se compose de gestes de base et de coordinations plus ou moins complexes qui réclament finesse et précision. D'une façon générale, un geste qui a été appris et fixé par un long apprentissage et de nombreuses répétitions est moins sensible au désentraînement.
Lors de la reprise, le travail de la technique sera logiquement couplé à la préparation physique, particulièrement chez les jeunes. En attendant, les sports de glisse comme le surf ont un effet bénéfique sur la proprioception.

*TM*

# GÉRER FINEMENT LA RÉCUPÉRATION

**Les sportifs, même très disciplinés, ne sont pas des robots parfaits capables d'exécuter à la lettre des programmes en séries sans défaillir. Leurs états de forme varient au cours du temps, le plus souvent contre toute logique et contre toute attente. Insister peut conduire au surentraînement, à la blessure et même au décès. Une alternative au cercle vicieux *« surentraînement-récupération longue »* est de gérer finement la récupération.**

## LA RÉCUPÉRATION, OBJECTIFS VISÉS ET EFFETS RÉELS

Pour la plupart, l'objectif de la récupération est de pouvoir reprendre l'entraînement au plus vite : c'est-à-dire lorsque les signes de fatigue les plus évidents ont disparu. Mais la disparition de ce qui fait signe est souvent insuffisante : aussi, la reprise est souvent trop précoce ou réalisée dans de mauvaises conditions.

En effet, l'organisme n'a suffisamment récupéré que lorsqu'il a retrouvé des valeurs d'équilibre :

- énergétique *(réserves de glycogène) ;*
- chimique *(pH) ;*
- hormonal ;
- traumatologique *(microlésions, petites blessures).*

Les aspects psychologiques ne doivent pas non plus être éludés : la perte du plaisir de s'entraîner pouvant avoir fait place à la culpabilité de ne pas en faire assez.

## PLANIFIER LA RÉCUPÉRATION

Les travaux de recherche ne présentent pas de consensus sur les processus et les paramètres pertinents à prendre en compte :

- durée de retour à une fréquence cardiaque ;
- durée de restauration des réserves énergétiques *(glycogène) ;*
- durée de récupération des qualités physiques *(équilibre, coordination).*

Ces durées ne sont pas corrélées et varient selon les sportifs et dans le temps. Malgré cela, l'option prise par de nombreux entraîneurs est de planifier, donc d'imposer des récupérations à des moments précis. Or, les variations de forme et la fatigue, phénomènes complexes, ne sont pas prévisibles avec précision. Il faut alors s'orienter vers une *gestion fine de la récupération*.

## ...VERS UNE GESTION FINE DE LA RÉCUPÉRATION

Observer et être à l'écoute du sportif est de première importance pour :

- apprécier les variations de forme *(baisse anormale des performances, trouble du sommeil)* ;
- détecter les baisses de motivation *(dégoût de l'entraînement, irascibilité)* ;
- anticiper sur le surentraînement *(douleurs anormales, petites blessures, intolérance à l'effort)* ;
- gérer finement la récupération.

Il s'agit alors de donner du repos selon les besoins du moment, par exemple :

- en remplaçant des exercices par d'autres moins pénibles ;
- en improvisant des séances de moindre durée ou de moindre intensité voire dédiées à la récupération *(étirements, shiatsu, sauna)* ;
- en changeant complètement le programme de la séance pour faire une autre activité *(un sport collectif, une sortie en vtt)* ;
- en reportant au soir une séance prévue pour le matin ;
- en s'accordant une courte sieste *(15 minutes)* une heure avant la séance ;
- en supprimant une ou des séries, voire une séance.

Ceci permet de ne pas passer en permanence du surentraînement aux longues périodes de récupération.

## CONCLUSION

**Après une longue période d'entraînement, la condition physique s'améliore significativement, mais en même temps, les premiers signes de fatigue apparaissent. Leur prise en compte doit permettre à l'entraîneur d'adapter son programme donc d'individualiser la charge d'entraînement en temps réel. En intervenant ponctuellement mais très rapidement, la gestion fine de la récupération permet d'éviter le surentraînement tout en maintenant une charge d'entraînement hebdomadaire optimale.**

*RZ*

# SOMMEIL ET RÉCUPÉRATION

**Le sommeil est composé de différents stades aux caractéristiques bien spécifiques :**

- ***le sommeil lent (SL),* composé lui-même de 4 stades dont le premier correspond à l'endormissement (SL1), suivi de 3 autres stades de sommeil lent de plus en plus profonds (SL2-SL3-SL4). Les stades SL3 et SL4 sont appelés stades de sommeil lent profond. Ils représentent chez un jeune sportif 20 % à 25 % d'une nuit de sommeil ;**
- ***le sommeil paradoxal* qui fait suite au sommeil lent. Il représente 25 % du sommeil total. C'est le sommeil des rêves.**

La succession sommeil lent-sommeil paradoxal forme un cycle qui dure environ 90 minutes qui se reproduit 5 à 6 fois au cours de la nuit.

## HORAIRES DE SOMMEIL ET EFFICACITÉ DE LA RÉCUPÉRATION

Des études de chronobiologie ont montré que les périodes les plus favorables à l'endormissement se situaient généralement :

- l'après-midi aux alentours de 13 h *(sieste)* ;
- la nuit de 23 h à 7 h.

Les périodes de 10 h à 11 h 30 et de 17 h à 20 h sont propices à l'activité physique ou intellectuelle.
Il a également été mis en évidence que l'heure du coucher influence de façon déterminante la qualité et la quantité de sommeil produit. Le sommeil de début de nuit est composé essentiellement de sommeil lent profond, tout comme celui de la sieste, alors que celui du matin est très riche en sommeil paradoxal. Cela veut dire que si nous nous couchons plus tard que d'habitude, non seulement notre sommeil sera plus court, mais surtout nous dormirons moins de sommeil lent profond. Deux facteurs qui font que le sommeil sera moins efficace en terme de récupération.

## QUANTITÉ ET QUALITÉ DU SOMMEIL

Bien qu'il existe de gros et de petits dormeurs, des dormeurs dits du matin et d'autres du soir, les besoins sont en moyenne de 8 heures par nuit. On sait aussi que l'activité physique pratiquée dans la journée a sur le sommeil des répercussions importantes. Généralement, elle améliore considérablement la profondeur du sommeil, notamment au début de la nuit. Mais, si l'activité est pratiquée trop tard, l'endormissement sera différé et la qualité du sommeil diminuée par les hormones sécrétées pendant l'effort. En effet, l'organisme met plusieurs heures à éliminer ces hormones.

L'environnement, le bruit, la lumière, la chaleur, le stress sont autant d'éléments qui peuvent perturber l'endormissement.

L'alimentation a aussi un rôle non négligeable. Il a été montré qu'une alimentation riche en protéines a pour effet de diminuer la durée totale du sommeil et de favoriser le sommeil paradoxal, alors qu'au contraire une alimentation riche en glucides permet d'augmenter cette durée totale et surtout de favoriser le sommeil lent profond et la sécrétion de l'hormone de croissance. Une telle alimentation favorisera donc le sommeil réparateur.

## LE SOMMEIL : REPOS IDÉAL ?

Pour le démontrer, il faut établir que le sommeil est plus efficace qu'un simple repos obtenu en s'allongeant et en se relaxant.

Nous avons aujourd'hui assez d'arguments pour lui attribuer un rôle dans la récupération, aussi bien celle des cellules nerveuses que de l'organisme tout entier. Ces propriétés sont surtout attribuées au sommeil lent profond pour les raisons qui suivent. Tout d'abord, c'est seulement durant ce type de sommeil qu'on observe une circulation importante de l'hormone de croissance.
Celle-ci joue un rôle prépondérant dans la récupération, en stimulant la fabrication de tissu cellulaire pour la reconstruction des tissus musculaires. Les taux nocturnes de l'hormone de croissance sont considérablement plus importants que pendant la journée, même ceux produits au cours d'un exercice physique intense.

Deuxième élément en faveur des effets réparateurs du sommeil lent profond : il entraîne une diminution de l'excitabilité des cellules du cerveau et par-là des systèmes qui commandent l'activité musculaire, ce qui a pour conséquence une relaxation générale et complète de tous les muscles. Les principaux bénéficiaires sont les muscles impliqués dans le maintien du tonus postural qui n'ont pas d'autres occasions de se relâcher ainsi totalement, mais aussi ceux qui ont travaillé durant la période de veille précédente. Cette inactivité des cellules musculaires est nécessaire pour leur régénération. Elle est très efficace pour reconstituer les stocks énergétiques en réduisant la consommation globale. Indirectement, on constate une diminution de la température du corps et du cerveau, au niveau le plus favorable pour le bon fonctionnement de la synthèse protéique. Enfin, l'inactivité cellulaire permet une élimination plus rapide des toxines et autres déchets, particulièrement dans les systèmes cardio-vasculaire, respiratoire et glandulaire.

De plus, le sommeil lent profond joue un rôle important dans la stimulation des systèmes de défense immunitaire. Ce point est particulièrement important pour le sportif car son système de défense immunitaire est souvent déprimé par l'activité physique intense, ce qui le rend très vulnérable aux infections.
Toutes ces conditions font qu'un sportif qui dort en sommeil lent profond se trouve dans une situation optimale pour éliminer toutes les formes de fatigue, nerveuse ou physique.

*TM*

**Les sports mécaniques, les ambiances de tribunes ou encore les musiques d'accompagnement (fitness, danse) sont des sources de bruit.**
***Quels sont les effets du bruit sur l'audition, le sommeil et la performance ?***

# BRUIT, SOMMEIL ET PERFORMANCE

## LE BRUIT

C'est *« à la fois un agent d'information, une nuisance et un danger »* Bugard & Carles *(2004)*. Une échelle permet de classer les bruits par ordre d'intensité *(mesurée en décibels ou dB)* et de se construire un *ordre de grandeur*[71].

Le seuil de la douleur est proche de 120 dB, alors que l'oreille est en danger à partir de 90 dB : quand le bruit fait mal, il est déjà trop tard.

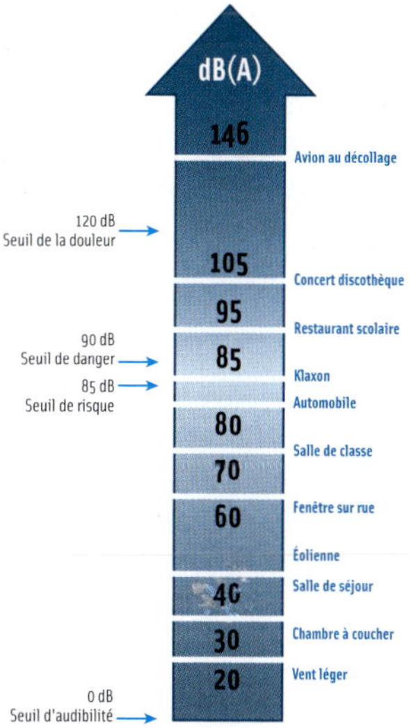


## DOMMAGES OCCASIONNÉS PAR LE BRUIT

Ils sont de deux sortes :

- les dommages non-spécifiques : gêne, fatigue et troubles nerveux *(irritabilité)* et généraux *(troubles du sommeil)* ;

***(71) Ordre de grandeur : idée approximative mais cohérente d'une échelle de valeurs.***

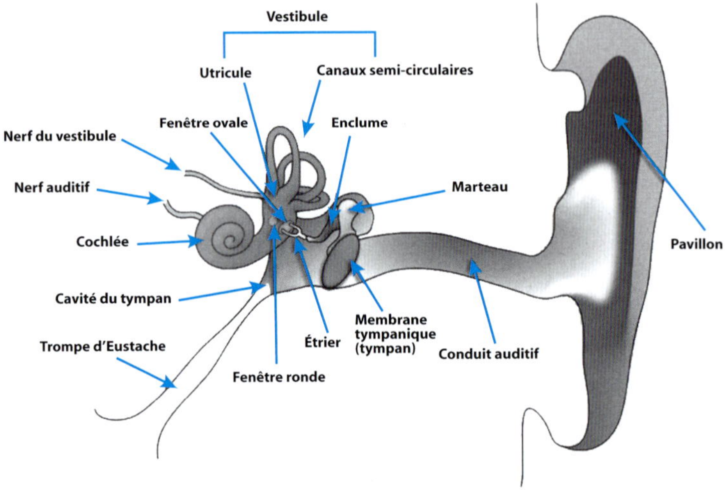


- les dommages spécifiques qui atteignent l'oreille et les fonctions psycho-acoustiques : brouillage de la communication, surdité.

Les dommages spécifiques dépendent de la relation(72) entre l'intensité du bruit et sa durée mais aussi de la fréquence des sons *(mesurée en hertz ou Hz)*. Les dommages non-spécifiques dépendent de la sensibilité individuelle.
Les cellules ciliées de la cochlée transforment les vibrations en signaux électriques qui sont acheminés au cerveau par le nerf auditif. Dans une oreille atteinte de surdité, ces cils ont disparu définitivement.

## ACOUPHÈNES

Il s'agit d'une sensation auditive de bourdonnement ou de sifflement en l'absence de bruit extérieur.
Les acouphènes sont souvent dus à une exposition prolongée à des bruits intenses : moteurs, musique *(concerts, casque audio)*, bruits professionnels *(marteau-piqueur, sifflet)*. Leur durée peut s'étendre de quelques minutes... à toute la vie. Ils peuvent gêner la compréhension de messages verbaux *(consignes, explications)*.

***(72) Une faible durée d'exposition à un bruit fort (explosion) peut produire des dommages irréversibles. L'exposition prolongée à un bruit faible peut aussi être nuisible.***

Les acouphènes peuvent être insupportables au point de nécessiter un traitement psychiatrique.

## BRUIT ET SOMMEIL

Si le sommeil peut s'adapter au bruit ambiant, il n'en est pas de même pour le cœur : la fréquence cardiaque subit des variations importantes en fonction du bruit, y compris pendant le sommeil. Aussi, les sportifs en déplacement, hébergés dans un environnement bruyant *(hôtel en ville)*, se réveillent fatigués au détriment des performances : leur cœur a « travaillé» toute la nuit...

## CONCLUSION

**Le bruit, véritable pollution sonore, a une influence néfaste sur plusieurs fonctions physiologiques. Or, plusieurs de ces fonctions jouent un rôle déterminant vis-à-vis de la production de performances.**
**La prévention consiste alors essentiellement à contrôler et à limiter son exposition au bruit. Le port de bouchons d'oreilles peut être utilisé sans réserve, d'autant que la dégradation de l'audition est souvent irréversible.**

*RZ*

# ACTIVITÉS PHYSIQUES ET INSOMNIES

**Le sommeil est l'un des éléments clés de la récupération.**
- ***Quelles sont les conséquences de l'insomnie sur la performance sportive ?***
- ***Les activités physiques favorisent-elles le sommeil ?***

## LES INSOMNIES

Elles sont de deux types :
- les insomnies communes, qui sont associées à une modification du comportement ;
- les insomnies secondaires, qui précèdent ou accompagnent une maladie.

Les insomnies communes amènent les personnes à se plaindre :
- d'un sommeil écourté ou *absent*(73) ;
- d'un réveil difficile ;
- de fatigue pendant la journée ;
- d'une diminution plus ou moins importante de l'activité.

## LES CAUSES D'INSOMNIE

Elles sont très variées :
- hyperactivité physique ou intellectuelle juste avant le coucher ;
- anxiété *(à l'approche d'une compétition ou d'un examen)* ;
- consommation d'amphétamines, par exemple pour maigrir *(sports à catégories de poids)* ;
- modification du rythme circadien *(décalage horaire, travail en 3 x 8).*

D'autres causes sont connues : couchage inconfortable, sensation de « jambes lourdes», bruit, altitude, température ambiante *(trop élevée ou trop basse)*, traumatisme psychique ; mais aussi la consommation excessive de café ou de thé et... le surentraînement.

## EFFETS DE L'ENTRAÎNEMENT SPORTIF SUR LE SOMMEIL

Contrairement aux exercices très intenses, les exercices d'intensité inférieure à 60% de la $\dot{V}O_2$ max n'ont pas de conséquence sur le sommeil.

***(73) La connaissance du temps dormi est parfois erronée chez le sujet normal.***

## EFFETS DU MANQUE DE SOMMEIL SUR L'APPRENTISSAGE MOTEUR ET LA PERFORMANCE PHYSIQUE

Le sommeil lent *(plutôt en début de nuit et sieste)* pourrait jouer un rôle favorable vis-à-vis de l'apprentissage psychomoteur : gestes techniques, enchaînements.
La privation de sommeil peut avoir des effets délétères sur la performance sportive lors de la sollicitation du métabolisme aérobie. Il semblerait que ce n'est pas le cas des performances musculaires de type anaérobie.

## CONCLUSION

**L'activité physique favorise le sommeil. En effet, les sportifs sont généralement de gros dormeurs. Leur sommeil comprend plus de SLP(74) (réparateur). Leur durée d'endormissement est faible.**

*« Une heure de sommeil perdue, est définitivement... perdue ».*

*RZ*

***(74) SLP : sommeil lent profond.***

# LA COUPURE DES VACANCES EST-ELLE BÉNÉFIQUE ?

**La période des grandes vacances arrive souvent à point nommé pour rompre le cycle infernal des entraînements et des compétitions. On évoque parfois la fatigue dont on ne sait plus bien si elle est d'ordre psychique ou physique.**

En tout état de cause, chacun s'accordera à reconnaître une certaine forme de saturation. Une coupure semble donc s'imposer afin de permettre à l'athlète de se régénérer. Ça tombe bien, les vacances approchent. Quinze jours, trois semaines *(plus pour quelques veinards)*, au soleil, les doigts de pieds en éventail et le corps sera de nouveau d'attaque pour remettre ça de plus belle. Pourtant, après quelques jours sur le lieu de villégiature, on a l'impression que moins on en fait, plus on est fatigué. Le repos que l'on attendait tant ne semble pas vraiment réparateur, alors que se passe-t-il ? D'autant qu'à la reprise il faudra un certain temps avant de retrouver toutes les sensations. Au risque d'en surprendre quelques-uns, il est aujourd'hui démontré qu'une coupure totale de 15 jours et plus engendre non pas des phénomènes de régénération mais de dégénération. Sur le plan biologique, l'entraînement consiste *(entre autres)* à exercer sur l'organisme des contraintes afin de provoquer des adaptations. Ces adaptations sont multiples, elles concernent le système ostéo-articulaire *(renforcement des os et des cartilages)*, le système musculo-tendineux *(renforcement des muscles et des tendons)*, les systèmes fonctionnels de production d'énergie et enfin les systèmes neuro-cérébraux *(aisance technique)*. Le sportif a transformé tous ces systèmes par des adaptations successives grâce à l'entraînement. Ceci fait de lui une personne biologiquement plus forte qu'un sédentaire. Un repos complet de 5 à 10 jours est sans véritable conséquence sur ces acquis, une interruption plus longue provoquera des désadaptations néfastes qui déstabiliseront et fatigueront l'athlète pendant son repos et rendront les reprises plus douloureuses et pénibles. Vous l'aurez donc compris, il ne faut pas couper totalement trop longtemps. Cela ne signifie pas qu'il ne faut pas se reposer de temps en temps, bien au contraire *(mieux vaut un peu souvent, qu'une fois longtemps)*. Mais pendant les grandes vacances, mieux vaut rester actif, surtout si on est fatigué. Mais il s'agira de pratiquer des activités physiques différentes. Peut-être se rendra-t-on compte alors que la saturation était plus psychique que physique.

*TM*

# Pour conclure ce chapitre

**Le sentiment de ne pas en faire assez conduit certains sportifs à négliger leur récupération au détriment de leurs performances et de leur santé. Les risques sont nombreux dont celui de mort subite.**
**À l'inverse, une gestion fine de la récupération permet à la fois :**

- **d'éviter le surentraînement ;**
- **de réduire les jours sans activités physiques ;**
- **de maintenir constante une charge d'entraînement hebdomadaire, mensuelle et annuelle.**

**Chez les adolescents et plus encore chez les enfants, la récupération joue un rôle déterminant par rapport à la croissance. Le manque de récupération, associé au surentraînement, peut ralentir la croissance.**

Chapitre 11

# ENFANCE ET ADOLESCENCE

Les sportifs sont tous différents. Cependant, il est possible, pour des raisons intellectuelles, de les classer par catégories en fonction de caractéristiques précises. Ceci permet de mieux comprendre et d'anticiper certaines réactions, par exemple :

- *Quelles sont les spécificités de l'adaptation de l'enfant à l'effort ?*

Des questions sont aussi souvent posées au sujet des adolescents :

- *Quelles sont les conséquences de la préparation physique sur la croissance des adolescents ?*
- *Quelles sont les conséquences de la préparation physique sur les genoux des adolescents ?*

*RZ*

# SPÉCIFICITÉS DE L'ADAPTATION DE L'ENFANT À L'EFFORT

**L'enfant est différent de l'adulte sur bien des points :**

- **la fréquence cardiaque maximale ;**
- **le système cardio-respiratoire ;**
- **la consommation d'oxygène et les seuils des métabolismes énergétiques ;**
- **le potentiel enzymatique ;**
- **la capacité de récupération.**

## LA FRÉQUENCE CARDIAQUE MAXIMALE

La fréquence cardiaque maximale de l'enfant :

- est supérieure à celle de l'adulte de 10 à 40 battements ;
- monte et descend très rapidement dès l'arrêt de l'exercice ;
- diminue avec l'âge à partir de 20 ans.

Ce dernier point montre que sa prise manuelle est complètement inutile pour rendre compte de l'intensité de l'exercice.

## LA CONSOMMATION D'$O_2$

L'enfant sollicite plus rapidement et plus efficacement son système aérobie. L'activité des enzymes oxydatifs est plus élevée que chez l'adulte. Celle des enzymes glycolytiques est plus faible.
Ceci se traduit par une moindre sollicitation du métabolisme anaérobie.

## LE SEUIL ANAÉROBIE

Ce seuil se situe à des pourcentages de VMA supérieurs à ceux de l'adulte. L'enfant peut donc travailler à des intensités élevées sans pour autant solliciter son métabolisme lactique de façon importante.

## LA RÉCUPÉRATION

On sait que l'entraînement facilite la récupération des sujets. Des exercices d'intensité sous-maximale permettent d'accélérer l'élimination de l'acide lactique. Cependant l'enfant récupère plus vite que l'adulte et cette vitesse de récupération s'accroît avec l'âge de la pré-puberté à l'adolescence. Ce phénomène s'explique entre autres par une moindre participation de la glycolyse.

## CONCLUSION

**Un travail de type intermittent (10/10 ; 15/15 ; 30/30) à des intensités comprises entre 100% et 120% de VMA sera plus efficace et mieux accepté par les enfants car plus adapté à leurs caractéristiques physiologiques et psychologiques.**

**L'entraînement des jeunes devrait donc s'organiser, pendant la croissance, de la puissance vers la capacité et non l'inverse comme c'est encore souvent le cas.**

*TM*

**La plus grande prudence à l'égard des exercices dits «*lactiques*» avec les enfants est de mise pour la plupart des entraîneurs. En effet, plusieurs études suggèrent une immaturité de l'activité glycolytique chez l'enfant et déconseillent les exercices brefs et intenses avant la puberté.**

Pourtant des études plus récentes montrent que l'activité glycolytique des enfants de 12 ans est comparable à celle des adultes et qu'elle ne serait pas dépendante de la maturation.

Par conséquent, interdire la pratique des exercices intenses en raison d'un manque de maturité du processus de production d'énergie par l'activité glycolytique ne semble pas justifié.

Un chercheur déclare même *«qu'aucun argument scientifique ne confirme l'idée bien souvent avancée que l'exercice anaérobie est dangereux pour la santé des enfants».*

Ratel & Coll. *(2003)* vont plus loin en précisant que certains arguments physiologiques ne vont pas dans le sens d'une contre-indication de la pratique des exercices brefs et intenses chez les enfants. Des expériences ont montré que face à ce type d'exercices, la capacité de récupération est plus élevée chez les enfants que chez les adultes. Cette meilleure récupération peut être expliquée par une moindre acidose musculaire et /ou une plus forte activité du métabolisme aérobie permettant une resynthèse plus rapide de la phosphocréatine musculaire. De plus, il est intéressant de noter que pendant ce type d'exercice, les enfants sont capables de ventiler relativement plus que les adultes au cours des premiers intervalles de récupération pour abaisser plus facilement l'acidose sanguine et ainsi réguler plus rapidement l'équilibre acido-basique sanguin.

## L'ENFANT FACE AUX EXERCICES BREFS ET INTENSES

*Mais est-il vraiment possible d'améliorer les qualités de vitesse et l'explosivité chez les enfants ?*

Diverses expériences le montrent. Les différents protocoles s'appuient sur des entraînements de type vitesse ou pliométriques *(sauts, multi-bonds, etc.)* à raison de trois séances hebdomadaires pendant 6 à 10 semaines avec des groupes d'enfants de 11 à 13 ans.

Les résultats laissent apparaître des améliorations significatives. Pour les chercheurs, l'augmentation de la puissance musculaire constatée est plus liée à une adaptation neuromusculaire *(meilleur recrutement des fibres musculaires)* qu'à un accroissement de la masse musculaire *(ouf, on est soulagé)*. Les auteurs plaident donc pour une démystification des exercices brefs et intenses avec les enfants et pour une utilisation des exercices de sprint et de sauts dès le plus jeune âge.

Pour autant, il ne faudrait pas passer d'un excès à l'autre : sur le terrain, le bon sens et le dosage de l'entraînement restent de mise. En effet, il vaut mieux ***« un peu souvent que beaucoup de temps en temps »***. On peut progresser dans tous les domaines, mais il n'est pas nécessaire pour cela ***« d'en faire des tonnes »***.

Les mêmes constats ont été observés pour la filière aérobie. Ceci démontre la pertinence des exercices intermittents à haute intensité *(100% à 130% de VMA)* sur des temps courts *(10 à 20 secondes)* avec des temps de récupération équivalents aux temps d'efforts.

*TM*

## PREMIÈRE PHASE DE LA PUBERTÉ

Elle s'étend de l'age de 11 à 13 ans pour les filles et de 13 à 15 ans pour les garçons. On assiste à une importante poussée de croissance. Cette croissance s'achève lorsque les cartilages de conjugaison *(cartilages épiphysaires)* sont ossifiés, c'est-à-dire généralement 2 à 3 ans après la puberté. Il existe parfois des décalages par rapport à ce développement dit normal *(différence entre l'âge chronologique et l'âge biologique)*. Certains sujets ont un développement précoce, d'autres tardif. Les diverses parties du squelette subissent une poussée de croissance à des moments différents : les pieds et les mains d'abord puis les jambes et avant-bras puis les cuisses et les bras. On appelle ce phénomène ***« loi de la croissance centripète »***.

La croissance met en jeu un métabolisme de construction qui élève le métabolisme de base et qui peut diminuer la capacité à faire un effort. Les besoins en vitamines, minéraux et aliments sont augmentés, particulièrement pour les protéines.

La capacité de l'appareil osseux, tendineux et ligamentaire à supporter un effort est un facteur limitatif dans l'entraînement de l'enfant et de l'adolescent, car les structures du système locomoteur passif sont en pleine croissance et n'ont pas encore la résistance de celles des adultes. Cependant, dans l'ensemble, on constate qu'***un effort sous-maximal, adapté à la croissance, diversifié, ne sollicitant pas unilatéralement l'appareil locomoteur, représente un stimulus approprié tant pour la croissance que pour l'amélioration des structures passives*** *(os, cartilages, tendons, ligaments)*. Néanmoins, les adaptations de ces structures étant plus lentes que pour les structures musculaires, ***il est fondamental de respecter une progression rigoureuse dans le dosage de la charge de travail, et d'observer des temps de récupération suffisants entre les entraînements.*** Lors de cette phase de développement, l'enfant est sujet à une activité hormonale importante *(hormone de croissance, hormones sexuelles, testostérone notamment)*.

La différenciation entre les filles et les garçons s'opère sur le plan morphologique.

L'ensemble de ces modifications brutales est déstabilisant sur bien des points. La précision du contrôle gestuel diminue et sur le plan psychique, les intérêts sportifs peuvent être remis en cause. Pourtant ***cette première phase de la puberté représente la période où l'entraînabilité des déterminants*** *de la condition physique est maximale*. Ces données nouvelles exigent une orientation correspondante de l'entraînement dans les limites énoncées ci-dessus.

## DEUXIÈME PHASE DE LA PUBERTÉ

Durant cette phase, allant de 13 à 17-18 ans pour les filles et de 14 à 18-19 ans pour les garçons, on observe un ralentissement de tous les paramètres de la croissance et du développement. La rapide croissance en longueur est remplacée par une croissance plus marquée en largeur. Les proportions s'harmonisent et facilitent l'amélioration des coordinations. Ce nouvel équilibre, tant physique que psychique, la maturation intellectuelle et l'affinement de la capacité d'observation font de l'adolescence un deuxième âge d'or de l'apprentissage. L'augmentation de la capacité physique et psychique permettant de supporter de plus grandes charges d'entraînement et la grande plasticité du système nerveux central, typique de toute la période de croissance, permettent de soutenir un entraînement volumineux et intense.

## CONCLUSION

**L'adolescence doit être la période privilégiée pour le perfectionnement de la technique et pour l'acquisition de toutes les qualités physiques spécifiques à une discipline sportive.**

**Les différentes étapes du développement de l'enfant présentent des caractéristiques identifiées qui devraient orienter le contenu des entraînements. La phase de pré-puberté doit être consacrée avant tout à l'amélioration de la capacité de coordination et à l'extension du répertoire moteur. Durant la première phase de la puberté, c'est la condition physique qui doit être privilégiée alors que dans la seconde phase de la puberté (adolescence), l'entraînement peut progressivement prendre un caractère plus spécifique à la fois sur le plan technique et physique. Cependant, il faut préciser que la technique et la condition physique doivent être développées parallèlement tout en gardant à l'esprit qu'il peut y avoir une prédominance de l'une par rapport à l'autre, selon les objectifs de l'entraînement.**

*TM*

## LES GENOUX DES ADOLESCENTS : CARACTÉRISTIQUES ET CONSÉQUENCES PRATIQUES POUR LA PRÉPARATION PHYSIQUE

**Vers l'âge de 12 ans, le développement de l'enfant se caractérise par une poussée de croissance déséquilibrée : l'allongement des os précède toujours l'allongement musculaire.**

Le développement musculaire sera, entre autres, provoqué par cette mise en tension permanente qui va s'exercer sur le muscle. Ceci explique l'extrême raideur de certains adolescents. Des tractions importantes sont appliquées sur les zones d'insertion, rendant celles-ci plus fragiles.

De nombreux jeunes se plaignent de douleurs au niveau des genoux. L'allongement du fémur et la croissance de la rotule provoquent une tension parfois douloureuse due à des quadriceps trop raides et une rotule un peu haute.

Cette articulation est particulièrement sollicitée dans de nombreuses APS. Il convient donc de prendre un maximum de précautions afin de la préserver.

Dans cette perspective, certains exercices sont à éviter :

- les mouvements avec flexion complète *(marche en canard)* ou de flexion extension *(saut de grenouille)* : outre le fait que cette action n'est spécifique de quasiment aucune activité, elle peut provoquer des pincements préjudiciables au niveau des ménisques ;
- les mouvements exerçant une force dans l'axe latéral du genou peuvent aussi provoquer des pincements sur les ménisques *(position d'étirement jambes écartées, une jambe pliée, l'autre tendue sur le côté, pied en appui au sol sur le bord interne de la chaussure)*. Dans la mesure du possible, il faut s'efforcer de faire travailler le genou dans l'axe antéro-postérieur ;
- les déplacements à genoux : l'ensemble du poids du corps se retrouve en appui sur les 3 ou 4 $cm^2$ des rotules soumettant celles-ci à des pressions considérables.

### LES ACTIONS PRÉVENTIVES

- L'échauffement, car il provoque un épaississement de la poche synoviale et une amélioration de l'élasticité des ligaments et des tendons. L'articulation est en quelque sorte lubrifiée.
- Le renforcement des cuisses améliorera le maintien du genou. La plupart des insertions des muscles de la cuisse se trouvent en effet sous le genou : couturier, quadriceps *(via la rotule)*, adducteurs (droit interne, seul muscle adducteur à avoir une insertion sur le tibia au niveau de la patte d'oie,

les autres, grand adducteur, premier ou moyen adducteur, deuxième ou petit adducteur, pectiné, sont insérés au niveau du fémur) ; ischio-jambiers *(biceps crural, demi-tendineux, demi-membraneux, biceps crural courte portion)* et enfin fascia lata.

- Le travail de proprioception pour développer les réflexes protecteurs de contraction lorsque l'articulation part en porte-à-faux.
- Travailler sur des degrés de flexion utiles.
- Effectuer régulièrement des étirements contrôlés pour réduire les tensions.
- Boire (le cartilage articulaire se nourrit en puisant dans le liquide synovial. Ainsi une diminution de ce liquide, par déshydratation par exemple, peut avoir des conséquences sur l'intégrité du cartilage, particulièrement chez les jeunes).

*TM*

# Pour conclure ce chapitre

**Le squelette de l'enfant est particulièrement sensible aux contraintes mécaniques qu'il subit à l'entraînement sportif. Les risques de déformations existent et les minimiser est une priorité pour l'entraîneur.**

**Les risques sont moindres à l'adolescence mais pas nuls. Et à cette période de la vie, les bouleversements hormonaux et leurs conséquences métaboliques et morphologiques mais aussi psychologiques révèlent d'autres sources de vulnérabilité.**

*RZ*

Chapitre 12

# TRAUMATOLOGIE

Le sport est générateur de blessures et même de pathologies. Pour les éviter, l'entraîneur doit connaître les limites d'élasticité et plasticité au risque de s'acheminer vers la rupture.

Il doit aussi être capable :
- d'interpréter les bruits articulaires ;
- de connaître les différentes théories expliquant les crampes et le point de côté.

De nombreux autres traumatismes et les conduites à tenir doivent être connus de l'entraîneur :
- la bursite du sportif ;
- l'épaule gelée ;
- les périostites, etc.

Certaines ne relèvent que d'un traitement médical.

*RZ*

## ELASTICITÉ, PLASTICITÉ, RUPTURE

**Ces propriétés physiques doivent être connues de l'entraîneur. En effet, gérer l'entraînement, c'est chercher à induire certaines transformations et en éviter d'autres dont les blessures.**

Élasticité, plasticité et rupture dépendent à la fois de la nature des *« matériaux » (os, muscles...)* et de la grandeur des forces appliquées.

### ELASTICITÉ

C'est la *« propriété que certains matériaux ont de reprendre leur forme initiale dès que cessent de s'exercer sur eux des contraintes mécaniques »*. Les déformations sont alors réversibles. Par exemple :

- l'étirement des muscles, des tendons et des aponévroses ;
- la mise en tension des ligaments ;
- la compression des disques vertébraux ou des cartilages ;
- la *vasodilatation*(75) et la *vasoconstriction*(76).

### PLASTICITÉ

C'est la *« propriété d'une matière modelable »*. Ainsi, après avoir appliqué une force supérieure aux limites d'élasticité, une part des déformations est résiduelle ou permanente. Par exemple :

- l'hypertrophie des muscles suite à des séances de musculation ;
- l'allongement du tissu musculaire suite à des séances d'assouplissement ;
- la réorganisation du tissu osseux, la calcification des insertions et l'ostéochondrose ;
- l'usure, le fendillement ou la fragmentation des cartilages ;
- le glissement de vertèbres vers l'avant ou vers l'arrière ;
- la distension de ligaments lors de mouvements contrariant la stabilité articulaire *(entorse)*.

***(75) Vasodilatation : « Dilatation des vaisseaux sanguins ».***
***Elle permet aux organes (muscles, poumons, cœur) mis en jeu lors de la pratique d'activités physiques de bénéficier :***
- ***d'un apport accru de nutriments et d'O2 ;***
- ***d'une meilleure élimination du CO2 et des déchets métaboliques produits.***

***(76) Vasoconstriction : « Diminution du calibre des vaisseaux sanguins ».***
***Lors de la pratique d'activités physiques, la vasoconstriction a lieu au niveau d'organes au repos (tube digestif). Elle a pour conséquence d'accroître la quantité de sang dans les organes "en activité".***

D'autres stimulations révèlent des propriétés de plasticité : les connexions entre neurones induites par l'apprentissage et l'hypertrophie du cœur induite par l'entraînement en endurance aérobie.

## RUPTURE

Le terme est utilisé en médecine au sens de : *« solution de continuité*[77] *survenant brusquement dans un organe »*. Par exemple :

- fracture osseuse et fracture de fatigue ;
- claquage, section partielle ou totale du muscle ;
- tendinite ou rupture totale de tendon ;
- rupture partielle ou totale de ligament.

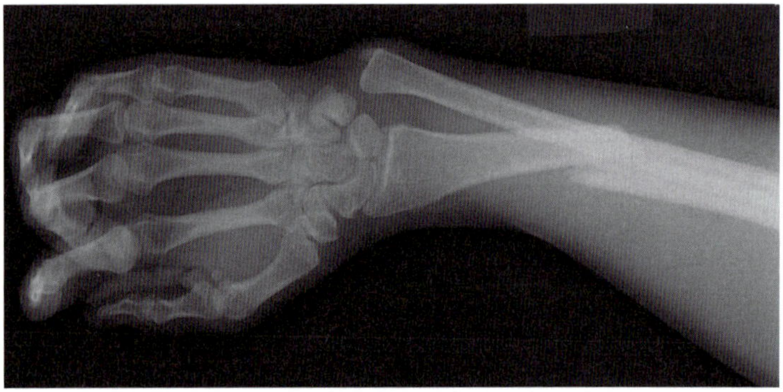

## REPRISES MÉTAPHORIQUES

Les termes *élasticité, plasticité et rupture* peuvent être repris métaphoriquement pour caractériser des états mentaux et des transformations de relations humaines :

- quelques accrochages ou malentendus peuvent être *« oubliés »* ;
- les conflits récurrents ou violents peuvent laisser des traces ;
- des *« évènements »* insupportables peuvent conduire à la rupture.

Ceci ne concerne pas seulement les relations conjugales, mais aussi les relations entraîneur-sportif ou encore professionnelles.

***(77) C'est-à-dire un arrachement, une séparation ou une interruption.***

## CONCLUSION

**Plusieurs éléments jouent des rôles prépondérants dans la diminution des risques de rupture :**

- **l'échauffement (baisse de la viscosité) ;**
- **la progressivité (reprise de l'entraînement, croissance des charges) ;**
- **la récupération (restauration des tissus).**

**Des signes doivent être pris en compte par l'entraîneur :**

- **douleurs annonciatrices de blessure ;**
- **postures de compensation.**

**L'entraîneur doit se construire des ordres de grandeur de la résistance des différentes parties du corps.**

*RZ*

# LES BRUITS ARTICULAIRES

**Qu'ils soient spontanés ou provoqués, les bruits articulaires sont de différents types.**
***Quels sont les phénomènes à l'origine de ces bruits ?***
***Comment interpréter ces bruits ?***

## LES BRUITS DE CARTILAGE

Ils sont souvent perceptibles au niveau des genoux, par exemple. Ils sont de deux types :

- les claquements : il s'agit de bruits brefs. Ils seraient dus à une subluxation *(hyperlaxité articulaire)* sans conséquence pathologique ;
- les crépitations : il s'agit de bruits plus prolongés qui évoquent celui du Velcro. Ces bruits seraient dus au frottement de pièces osseuses entre elles *(présence d'arthrose)*.

## LES BRUITS DE TENDON

Ils peuvent provenir par exemple d'une hanche, d'un genou ou encore d'une cheville. Ils sont reproductibles à volonté mais se produisent rarement des deux côtés.

Ces bruits seraient dus à la libération brusque, lors d'un mouvement, d'un tendon ou d'un ligament dont le passage était freiné.

Ces bruits ne sont pas l'expression d'un traumatisme articulaire.

## LES MANIPULATIONS OSSEUSES

En France, les médecins, les chiropracteurs, les kinésithérapeutes et les ostéopathes sont les seuls à être autorisés à réaliser des manipulations osseuses à visée thérapeutique.

L'un des principes des manipulations, vertébrales par exemple, est de provoquer une décoaptation *(déboîtement)* brusque de l'articulation pour entraîner, par voie réflexe *(récepteurs capsulaires de Ruffini)*, un relâchement de muscles périphériques crispés. Il ne s'agit pas de débloquer ou de remettre en place une vertèbre !

Les bruits articulaires n'ont aucune vertu thérapeutique ! Ils ne sont qu'une conséquence possible d'une manipulation osseuse réussie, c'est-à-dire qui a permis à l'articulation de retrouver sa mobilité. L'explication, la moins probable, du bruit articulaire, est celle de la formation ou de la compression d'une bulle d'azote. Cette explication n'a jamais été vérifiée.

## CONCLUSION

**Les explications des bruits articulaires sont hypothétiques.**
**En période de croissance (adolescence), les bruits multiples accompagnant les mouvements seraient dus à un jeu articulaire excessif sans qu'il y ait systématiquement de luxation.**
**Certaines personnes font régulièrement « craquer » leurs articulations (doigts, vertèbres). Cette habitude rend les articulations « hypermobiles » donc instables.**
**Les manipulations vertébrales représentent toujours un risque. Elles ne doivent être réalisées que par des professionnels habilités après un examen clinique et un diagnostic rigoureux.**

*RZ*

# LES CRAMPES

**Ce sont des contractions musculaires involontaires et douloureuses. La crampe est le plus souvent un signe de fatigue lors de l'effort ou un signe de mauvaise coordination musculaire, qui exige un effort accru de certains groupes musculaires. Mais elle peut survenir aussi en cas de déshydratation importante et elle est favorisée par certaines carences en sels minéraux.**

La crampe est aisément reconnaissable. Elle débute brutalement et oblige en général à l'arrêt de l'effort. La mise au repos est souvent suffisante pour l'atténuer. Le premier geste à faire est de se détendre le plus possible et d'étirer le muscle atteint dans le sens contraire à la contraction. Si vous avez une crampe du mollet, il faut vous asseoir sur le sol et tirer vos orteils vers vous, de façon à étirer le mollet. Vous observerez que la crampe s'atténue rapidement puis disparaît. En cas de crampes importantes ou persistantes, vous pouvez accélérer la guérison en massant légèrement la zone endolorie.
Échauffement, étirements, entraînement, respect des besoins de repos et notamment de sommeil, hydratation, alimentation équilibrée et variée *(donc suffisamment riche en macro et micronutriments)* permettent de limiter l'apparition des crampes.

En ce qui concerne les pertes minérales *(sodium, potassium, calcium, magnésium)* au travers de la sueur, la communauté scientifique ne semble pas leur accorder un rôle significatif dans l'apparition des crampes. Certaines études ont montré toutefois que les crampes survenant chez des joueurs de tennis soumis à une température ambiante élevée disparaissaient lorsqu'on instaurait une supplémentation en ***sodium***, témoignant par-là même de l'impact de la déplétion sodée sur la survenue de crampes liées à la chaleur. Bien entendu, les réserves de sodium sont généralement largement suffisantes compte tenu des quantités de chlorure de sodium fournies par notre alimentation. Une supplémentation en sodium est de ce fait déconseillée en dehors d'exercices très prolongés réalisés par une température ambiante élevée *(les pertes sudorales étant alors particulièrement importantes)*. Les boissons habituelles du sportif seront donc suffisantes pour fournir le sodium dont le corps a besoin.

Le ***calcium*** joue pour sa part un rôle prépondérant au niveau de la production par les synapses des neurotransmetteurs agissant sur la contraction et la relaxation musculaire. Une insuffisance d'apport calcique ainsi qu'un déséquilibre entre les apports de calcium et de magnésium peuvent donc être une des causes à la survenue de crampes. Les apports conseillés sont, chez le sportif, de 1500 mg de calcium par jour et 750 mg de magnésium.

Par ailleurs l'insuffisance de ***potassium*** dans les tissus est également une cause de crampes, la compensation des pertes potassiques s'impose donc en cas d'exercice intense se prolongeant plus de 3 heures, surtout si l'athlète est insuffisamment entraîné, son organisme étant alors moins tolérant face à ce déséquilibre électrolytique. La meilleure façon d'apporter à son organisme le potassium dont il a besoin est de manger suffisamment de fruits et légumes frais et secs, plutôt que de faire appel à la supplémentation sous forme médicamenteuse...

Un taux insuffisant de ***vitamine E*** semble également favoriser l'apparition de crampes. On veillera donc à consommer des lipides de bonne qualité, qui soient dans le même temps de bonnes sources de vitamine E. La consommation régulière de germes de blé est recommandée.

La ***vitamine B6*** qui intervient dans la dégradation du glycogène et aide à retenir le magnésium dans l'organisme, participe également à la prévention des crampes.

Enfin, certains chercheurs ont montré que la prise de 300 mg d'hydroquinine par jour est efficace pour prévenir les crampes musculaires récidivantes.

*TM*

# LE POINT DE CÔTÉ

**Le point douloureux parfois ressenti au niveau de l'abdomen à l'occasion d'un effort est communément appelé *« point de côté »*. Ses origines sont diverses et peuvent être identifiées en fonction d'une localisation plus exacte de la gêne. Qu'il soit situé à droite, à gauche ou au milieu, la compréhension de cette douleur nous renvoie à un éclaircissement particulier des réactions de notre organisme face à l'effort physique, mais également à la façon dont les individus s'investissent dans leur activité.**

La pratique d'une activité physique mobilisant un pourcentage important de la masse musculaire s'accompagne d'une augmentation substantielle de la dépense énergétique à laquelle l'organisme répond principalement par une élévation de ses débits respiratoire *(consommation d'oxygène)* et circulatoire *(transport de l'oxygène et des nutriments)*.

L'accroissement du débit respiratoire est obtenu par une activité plus importante du diaphragme *(muscle sous les poumons qui est en grande partie responsable des mouvements permettant l'inspiration et l'expiration)*. Comme pour les autres muscles non préparés à l'effort, l'augmentation brutale, intense et prolongée de l'activité du diaphragme peut se traduire par des crampes qui provoquent une douleur plutôt située dans la partie centrale du thorax. La douleur peut également être projetée au niveau des clavicules.

Par ailleurs, l'augmentation du débit de la circulation sanguine est destinée à répondre aux besoins des muscles qui travaillent. Lorsqu'il s'agit des muscles du train inférieur, la circulation veineuse fait remonter le sang vers le cœur en passant par le foie *(à droite)* et la rate *(à gauche)*. Un afflux de sang trop brutal au niveau de ces organes peut les rendre douloureux et être responsable des points ressentis à droite ou à gauche sous les côtes.

Enfin, les points de côté sont parfois dus à des conflits circulatoires lors d'efforts réalisés pendant la digestion. Ici, l'afflux de sang en direction des muscles sollicités se heurte à la mobilisation de la masse sanguine nécessaire à l'activation des processus digestifs. Le manque de sang *(ischémie)* au niveau du tube digestif engendre des douleurs dans la région de l'estomac.

Ces problèmes peuvent se superposer et provoquer des douleurs à plusieurs endroits simultanément. Néanmoins la gêne s'estompe assez vite après l'arrêt, ou simplement le ralentissement, de l'activité. Si l'on a toujours mal au repos, plusieurs hypothèses peuvent être avancées : inflammation d'un nerf intercostal, problèmes d'origine cardiaque, vasculaire ou pulmonaire. Le bon sens invite alors à la consultation d'un spécialiste afin de tirer l'affaire au clair.

Pour autant, le sportif ne doit pas subir cette douleur comme une fatalité. Pendant la pratique, un massage appuyé en passant les doigts sous les côtes à l'endroit de la gêne et une diminution de l'intensité de l'effort devraient déjà apporter un soulagement appréciable. En amont, un repas facile à digérer, le respect de la règle des trois heures nécessaires à la digestion, et une entrée progressive dans l'activité permettent souvent d'éviter ce genre de problèmes.

Enfin, sur le long terme, un entraînement adapté et une bonne condition physique sont les garants d'un meilleur dosage de son investissement au regard de ses possibilités du moment.

*TM*

# L'ACIDE LACTIQUE : DÉCHET, CARBURANT ET RÉGULATEUR À LA FOIS

**Que l'on s'intéresse ou non à la physiologie de l'effort, le fonctionnement des filières énergétiques du muscle squelettique reste une base sur laquelle les entraîneurs fondent plus ou moins consciemment leur pratique et leur discours. S'agissant de la filière anaérobie lactique(78), la frilosité d'hier quant au travail de ce type avec les jeunes sportifs était certainement exagérée. Les plus jeunes se caractérisent en effet par des spécificités qui leur permettent de ne pas avoir trop recours à cette filière, même en cas d'exercices intenses. Pour les autres, l'amélioration du fonctionnement de la glycolyse anaérobie(79) reste parfois incontournable.**

*Que se passe t-il réellement lorsqu'en cours d'effort, l'organisme produit de l'acide lactique ?*

## MÉCANISMES DE PRODUCTION ÉNERGÉTIQUE ANAÉROBIE LACTIQUE

Dans la filière anaérobie lactique, la production d'ATP est réalisée par la dégradation du glycogène stocké dans les muscles et le foie.

À la suite de stimulations destinées à répondre aux besoins de l'organisme, le glycogène est scindé en *« unités-glucose »*.

Une dizaine de réactions chimiques dégradent les unités glucose pour produire ainsi de l'ATP, mais aussi de l'hydrogène et de l'acide pyruvique(80).

L'acide pyruvique et l'hydrogène se combinent alors pour former l'acide lactique.

Une partie de l'acide lactique produit *(environ 20%)* est ensuite utilisée pour resynthétiser du glycogène, principalement au niveau du foie, mais aussi resynthétiser en acide pyruvique par le cœur.

---

***(78) L'énergie mécanique est obtenue par la dégradation d'une molécule : l'ATP (adénosine triphosphate).***
***Pour produire cette molécule, l'organisme doit parfois dégrader les produits de notre alimentation (glycogène et du glucose dans le cas présent). Lorsque cette dégradation se fait sans utiliser d'oxygène, la production d'énergie mécanique s'accompagne de production de déchets ; on parle de filière anaérobie lactique.***

***(79) Dégradation du glucose.***

***(80) Produit de la dégradation du glucose.***

## L'ACIDITÉ, UN RÉGULATEUR DE L'ACTIVITÉ MUSCULAIRE

Ce n'est pas l'accumulation d'acide lactique dans le sang qui est directement préjudiciable au maintien du fonctionnement de la filière anaérobie lactique. La dégradation du glycogène s'accompagne de la libération d'ions $H^+$ qui provoquent une acidité musculaire qui a pour effet :

- de perturber les qualités contractiles du muscle ;
- d'altérer les mécanismes de dégradation du glycogène ;
- d'engendrer des sensations douloureuses.

L'ensemble de ces effets oblige soit à arrêter, soit à réduire l'intensité de l'exercice. Sans cela, l'acidité continuerait à augmenter et atteindrait des taux incompatibles avec la vie cellulaire.

## LES AMÉLIORATIONS LIÉES À L'ENTRAÎNEMENT

Elles peuvent s'envisager selon deux voies complémentaires :

- prolonger la durée maximale du processus ;
- augmenter l'intensité du processus.

Dans le premier cas, on parle de capacité lactique. Il s'agira alors de réaliser des exercices à des intensités très élevées pendant une à deux minutes.
Dans le second cas, on parle de puissance lactique. Ici les exercices seront d'intensité maximale sur des durées allant de 15 secondes à une minute.

*TM*

# LA BURSITE DU SPORTIF

**Elle peut atteindre toutes les articulations mobiles et contraindre le sportif à arrêter l'entraînement.**

- *Qu'est-ce qu'une bursite ?*
- *La pratique sportive est-elle contre-indiquée ?*
- *Quels sont les principes de prévention et les traitements ?*

## QU'EST-CE QU'UNE BURSITE ?

C'est une inflammation d'une *bourse séreuse*.

Une *bourse séreuse* est un petit sac élastique contenant un liquide. Le rôle des bourses séreuses est de permettre le glissement ou de servir d'amortisseur à différents endroits du corps :

- sur une zone de pression *(talon)* ;
- près d'une articulation mobile *(coude, genou, épaule...)* ;
- près de l'insertion d'un tendon ;
- entre un os et un muscle ;
- entre deux plans musculaires.

Les bourses séreuses peuvent toutes être le siège d'une inflammation accompagnée de gonflement et de douleur : une bursite.

## BURSITES ET PRATIQUE SPORTIVE

Les bursites sont le plus souvent dues à la répétition ou l'administration prolongée, sur les articulations :

- de chocs *(course à pied, frappes à poings nus, coup de coude)* ;
- de pressions *(agenouillement*[81] *sur sol dur, accoudement)* ;
- de frottements *(manipulation ou port de charges)*.

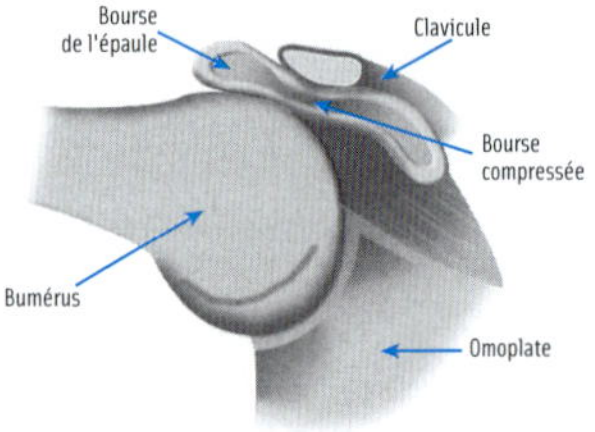


***(81) L'agenouillement prolongé et/ou répété sur sol dur peut entraîner un type de bursite appelée maladie du carreleur.***

## PRÉVENTION ET TRAITEMENTS

La prévention consiste à étudier et à rectifier :
- les gestes *(amortis, chutes)* et les postures techniques ;
- le réglage du matériel *(hauteur de selle, sangle de sac à dos, genouillères)* ;
- l'usure du matériel *(chaussures de course à pied, poignées, tapis)*.

Le traitement des bursites sans complication consiste :
- à mettre l'articulation concernée au repos ;
- à y appliquer de la glace ;
- à consulter un médecin ;
- à prendre les ***antalgiques***(82) et les anti-inflammatoires prescrits.

Quelques jours, voire quelques semaines suffisent le plus souvent à la guérison. D'autres traitements existent pour des cas plus graves :
- ponction ;
- injection locale de corticoïdes pour les inflammations les plus fortes mais sans infection ;
- prescription d'antibiotiques pour les bursites avec infection ;
- bursitectomie(83) en cas de bursite récidivante.

CONCLUSION

**La bursite est aussi appelée hygroma.**
**Le respect de la durée de la convalescence détermine le moment de la reprise de l'activité sportive. Ne pas la respecter, c'est s'exposer à des risques de complications, par exemple : une calcification.**

*RZ*

***(82) Antalgique : médicament calmant la douleur.***
***(83) Bursitectomie : opération chirurgicale consistant à retirer une bourse séreuse.***

# L'ÉPAULE GELÉE

**L'installation d'une raideur extrême de l'épaule, rendant les mouvements presque impossibles, doit faire penser à une épaule gelée.**

- *Qu'est-ce qu'une épaule gelée ?*
- *Quelles en sont les causes ?*
- *Quels sont les traitements ?*

## QU'EST-CE QU'UNE ÉPAULE GELÉE ?

C'est une inflammation douloureuse de la *capsule articulaire*(84) de l'articulation entre l'humérus *(os du bras)* et l'omoplate. Elle est également appelée *capsulite rétractile*. Son évolution se fait en trois phases :

1- Installation, au niveau de l'épaule, d'une douleur d'intensité variable évoluant pendant plusieurs semaines voire deux à trois mois.

2- La douleur tend à disparaître alors que l'épaule devient de plus en plus raide voire bloquée *(mouvements passifs et actifs)*.

3- La récupération de l'amplitude gestuelle peut être totale, mais durer plusieurs mois.

Dans les cas les plus graves, l'épaule peut être complètement bloquée et la douleur intense.

## CAUSES

Elle est due à un épaississement extrême de la capsule. Cet épaississement peut être déclenché par :

- un traumatisme : luxation *(gymnastique, haltérophilie)*, fracture *(cyclisme, ski)* ;
- une maladie : hémiplégie, infarctus, angine de poitrine, diabète ;
- une intervention chirurgicale au thorax.

Dans certains cas, la cause n'est pas connue. Pour certains auteurs cette affection peut être d'origine nerveuse. L'imagerie médicale *(radio, IRM)*,

***(84) Capsule articulaire : c'est une sorte de manchon fibreux hermétique qui s'insère au pourtour des surfaces articulaires. Elle est tapissée sur sa face interne d'une membrane, la synoviale, qui sécrète un liquide lubrifiant : la synovie.***

réalisée en fin de première phase, montre une déminéralisation de la tête de l'humérus et de la cavité de l'omoplate *(glène)*.

*Capsule de l'épaule normale* — *Capsulite rétractile de l'épaule*

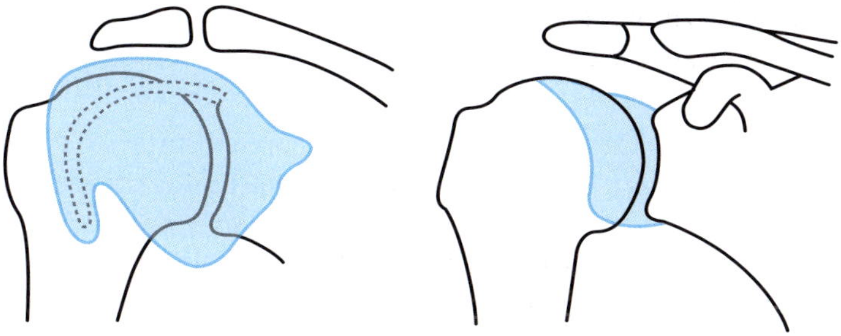

## TRAITEMENTS

Les cas sans gravité sont traités par des antalgiques, des anti-inflammatoires non-stéroïdiens *(AINS)* et par des séances de rééducation.
Les cas graves sont traités par des infiltrations de cortisone et par des séances de rééducation.
La guérison peut prendre quelques mois, voire quelques années. Mais une certaine raideur peut persister.

## CONCLUSION

**À titre préventif, l'apprentissage de technique de chute (judo, VTT) et le port d'équipements de protection (roller, motocyclisme) peuvent permettre de réduire les risques de traumatisme de l'épaule.**
**La capsulite rétractile ne concerne quasiment que les adultes, mais pas seulement l'épaule. La hanche, le coude et le genou peuvent également être le siège de cette pathologie.**

*RZ*

# LES PÉRIOSTITES

**Il s'agit d'un syndrome de surmenage microtraumatique dû à des contraintes anormales au niveau de l'os. Il en résulte un processus inflammatoire affectant le périoste *(tissu qui enveloppe l'os)*. Ce tissu fibreux est très vascularisé et contient des fibres nerveuses. La périostite survient dans les activités de course, de sauts ou de sautillements.**

Les périostites sont bilatérales dans 50 % des cas.
La cause principale de la périostite est mécanique : la périostose *(ou périostite)* est due aux tractions répétées du muscle jambier postérieur au niveau de ses insertions tibiales. L'hyperpronation du pied, le port de chaussures inadaptées, l'effort trop intense et trop répété, la course sur sols durs, en descente et terrain incliné *(dévers)* et l'absence d'étirements des muscles de la jambe représentent les principales causes de périostites. L'équilibre alimentaire et une hydratation insuffisante sont également invoqués. En réalité il n'existe pas une cause mais une série de facteurs auxquels les individus seront plus ou moins sensibles.

## QUELS SONT LES TRAITEMENTS LES PLUS EFFICACES ?

C'est la question qui est posée aux médecins par des sportifs qui la plupart du temps ne sont pas prêts à interrompre leur entraînement à l'approche d'un rendez-vous important. Face à une telle problématique, il nous semble intéressant de rappeler que :

- la prévention à l'entraînement est possible. Au-delà du dosage et des principes de bon sens que nous avons déjà évoqués, quelques exercices paraissent particulièrement adaptés : le travail d'équilibre sur une planche de proprioception, le renforcement du jambier antérieur *(muscle qui permet de remonter le pied vers le tibia)* et bien sûr l'élimination de la pratique sur sol dur ;
- le repos de longue durée *(2 à 6 semaines)* permettra généralement de faire disparaître la douleur, mais celle-ci risque fort de revenir à la reprise de l'activité si les causes ne sont pas traitées ;
- il existe des solutions ponctuelles qui autorisent la poursuite de l'activité moyennant des traitements localisés qui conviendront à certains mais pas à d'autres. Outre les anti-inflammatoires, citons les massages appuyés avec

des glaçons sur la zone sensible, la pose d'une bande extensible sur le centre de la douleur.

Il est ainsi possible de sauver une saison en attendant un moment plus propice pour prendre le temps de réellement traiter le problème. Citons à titre d'exemple l'expérience de Pascal SUREAU, entraîneur d'athlétisme à Maisons-Alfort :

*« La blessure n'est pas une fatalité ! En effet, comme tout bon argument, celui-là a son bon exemple.....*
*Aline, une athlète cadette deuxième année Val de Marnaise, un soir d'entraînement ressent une douleur au mollet. Celle-ci étant toujours présente à l'entraînement suivant, son entraîneur lui dit d'aller voir un médecin car les championnats départementaux approchent. Ne pouvant plus s'entraîner à cause de la douleur, elle va chez un médecin spécialisé qui lui découvre une périostite à la jambe gauche.*
*Le médecin lui indique un traitement très précis en lui disant que celui-ci lui permettra de courir sa fin de saison comme prévu. Elle devait appliquer du « ketum » trois fois par jour le long du tibia, et la nuit mettre une assez grosse quantité en entourant d'une bande. Et surtout, lorsqu'elle faisait un effort, elle devait disposer de « l'Elastoplaste » le long de son tibia, à cheval sur celui-ci à l'intérieur de la jambe.*

*Elle appliqua tout de suite les recommandations et poursuivit son entraînement deux jours plus tard avec quelques douleurs plus faibles quand même. Ce qui lui permit de participer aux championnats départementaux et régionaux sans problème, si bien qu'elle se qualifia aux Championnats de France à Dreux où elle participa au 800 m en approchant son record de trois dixièmes ! »*

Attention, ceci n'est qu'un témoignage d'un traitement qui a fonctionné dans un cas particulier. Il ne s'agit pas d'en faire une règle. Essayez, si cela ne produit aucun effet, passez à autre chose.

TM

# LES FRACTURES DE FATIGUE

**On peut avoir une fracture sans choc ni traumatisme violent : une fracture de fatigue.**

- ***Qu'est-ce qu'une fracture de fatigue ?***
- ***Comment arrivent-elles et comment les éviter ?***
- ***Quels sont les traitements ?***

## QU'EST-CE QU'UNE FRACTURE DE FATIGUE ?

Le tissu osseux est en constant remodelage. La pratique intensive d'activités physiques nécessite un remodelage plus important, ce qui n'est pas toujours possible.

Chez le sportif, même amateur, les fractures de fatigue surviennent le plus souvent après des efforts répétés ou prolongés. Il s'agit de lignes déminéralisées : des microfractures très douloureuses à l'effort ou à la palpation. Ces microfractures ne sont visibles à la radio qu'au bout de deux ou trois semaines !

Parce qu'ils sont encore en période de croissance, les adolescents et les jeunes adultes sont les plus touchés. Ceci concerne aussi bien les filles que les garçons.

## PRÉVENTION

Pour éviter les fractures de fatigue, la progressivité devra être une caractéristique de :

- la reprise de l'entraînement ;
- l'augmentation de la charge d'entraînement ;
- la modification d'un geste technique ;
- l'utilisation d'un nouveau matériel *(chaussures, engin).*

Enfin, toute douleur inhabituelle localisée sur un os devra inciter au repos et même à consulter un médecin.

Dans le cadre de l'entraînement cardio-vasculaire, les personnes sujettes aux fractures de fatigue devront pratiquer de préférence des activités en décharge *(cyclisme ou rameur vs course à pied).*

## TRAITEMENT

C'est d'abord et sans attendre, le repos et la décharge des articulations *(béquille)*. Après 4 à 6 semaines d'arrêt, la reprise de l'activité devra être très progressive. Il faudra attendre trois mois pour revenir à son meilleur niveau. Sans cela, le risque est l'apparition d'une fracture vraie ou d'un cal osseux nécessitant une intervention chirurgicale.

## CONCLUSION

**Les fractures de fatigue sont le résultat d'un trouble du remodelage osseux. Chez le sportif, elles sont le plus souvent produites par :**

- **une pratique excessive (surentraînement) ;**
- **une augmentation brutale de la charge d'entraînement ;**
- **une augmentation de la fréquence des compétitions ;**
- **une reprise trop brutale.**

**D'autres causes existent, comme un matériel inadapté (chaussures), un geste technique modifié ou encore des conditions de pratique inadéquates (jogging sur sol dur). Elles peuvent toucher n'importe quel os.**

**Ainsi, les douleurs post-entraînement ne sont pas toujours le signe d'un bon entraînement !**

*RZ*

# FRACTURES DE LA CLAVICULE : ANNEAUX, BROCHE OU PLAQUE ?

**Ce sont les fractures les plus fréquentes en sport *(vtt, gymnastique, karaté)*. Le délai de reprise de l'entraînement sportif dépend du type de fracture et du traitement appliqué *(anneaux, broche ou plaque)*.**

- ***Quels sont les types de fracture de la clavicule ?***
- ***Quels sont les traitements possibles et leurs conséquences sur la pratique sportive ?***

## FRACTURES DE LA CLAVICULE

Elles représentent 15% des fractures *(30% chez l'enfant)*. Elles se produisent le plus souvent lors d'une chute sur le moignon de l'épaule *(rugby)*, mais aussi sur les coudes *(judo)* et parfois même sur les mains *(roller)*.
Elles peuvent prendre différentes formes selon les dégâts sous-jacents :

- emplacement de la fracture *(proximal ou distal)* ;
- nombre de fragments *(deux ou plus)* ;
- avec ou sans déplacement osseux ;
- avec ou sans rupture ligamentaire...

Le plus souvent, le moignon de l'épaule qui n'est plus retenu est abaissé et la partie de la clavicule articulée au sternum rebique vers le haut.

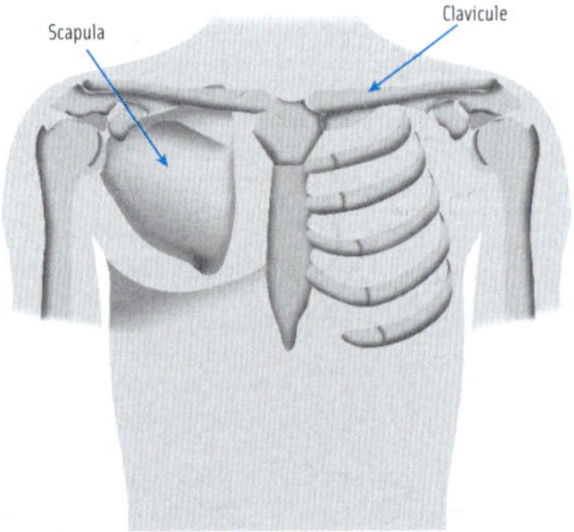


*Squelette du thorax*

Il existe différents types de traitements : anneaux, broche, plaque.

## ANNEAUX DE DELBET

C'est un bandage en forme de 8 réglable par une sangle.

Il permet le maintien de l'épaule en arrière et ainsi de réduire le chevauchement entre les fragments.
Ce traitement orthopédique est appliqué dans la plupart des cas. La consolidation s'obtient en quatre à six semaines[85]. Cependant, des traitements chirurgicaux *(plaque ou broche)* permettent une reprise plus rapide de l'activité sportive.

## BROCHE ET PLAQUE

En général, le traitement chirurgical est pratiqué :
- lorsque la peau risque d'être transpercée par le fragment d'os qui rebique ;
- lorsque le traitement orthopédique n'a pas permis la consolidation osseuse.

Cependant, les sportifs réclament souvent une telle solution pour reprendre l'entraînement le plus rapidement possible. La conséquence est une cicatrice inesthétique.

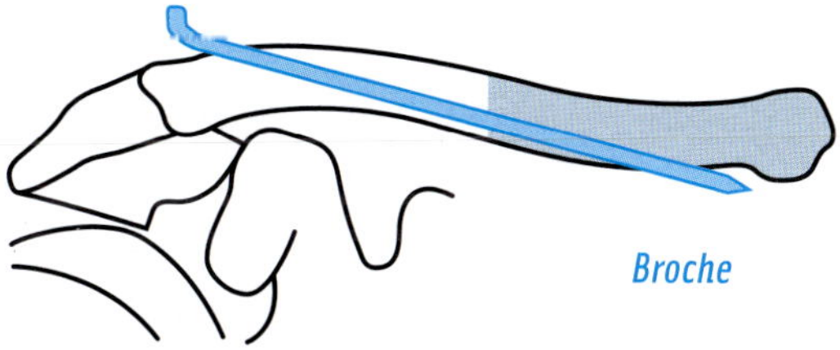


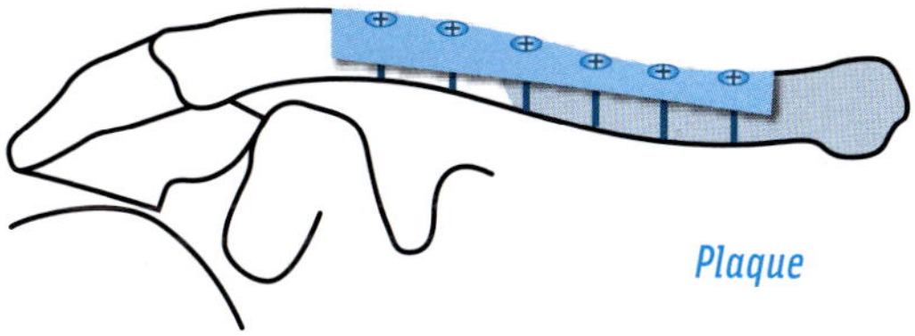


**(85) *Parfois jusqu'à 12 semaines.***

Bien que minimes, les risques de telles interventions chirurgicales sont :
- une *ostéite*(86) ;
- une lésion vasculaire ou nerveuse.

## CONCLUSION

**Bien que permettant une reprise rapide de l'activité sportive, les traitements chirurgicaux ne sont pas sans risque.**

**Le plus souvent une fracture de la clavicule est un traumatisme bénin. Cependant, des complications peuvent exister :**
- **lésion d'un nerf ;**
- **lésion d'un vaisseau sanguin (rupture de l'artère sous-clavière) ;**
- **perforation d'un poumon.**

*RZ*

***(86) Ostéite : affection inflammatoire du tissu osseux infecté. En effet, l'ouverture de la peau constitue une porte d'entrée pour les germes infectieux.***

**L'enfant et l'adolescent sont davantage exposés que l'adulte au risque de lésions par surcharge d'entraînement.**

• *Comment prévenir les lésions cartilagineuses chez l'enfant sportif ?*

# PRÉVENIR LES LÉSIONS CARTILAGINEUSES DE L'ENFANT SPORTIF

## CARTILAGE DE CROISSANCE ET EFFORTS PHYSIQUES

*« L'enfant est une mosaïque de cartilages de croissance ».*

Le cartilage de croissance est également appelé cartilage de conjugaison. C'est une région interne et profonde de l'os, responsable de sa croissance en longueur *(cf. Fig. 1)*.

Ce type de cartilage est détérioré en premier par un excès d'efforts. En effet, il est malléable, c'est-à-dire déformable sous contrainte mécanique avec risque de ***plasticité***(87) donc d'irréversibilité.

Aussi, les pressions *(port de charges)* ou les tractions exercées sur les cartilages de conjugaison peuvent également déformer le squelette. Et elles limitent la croissance *(« loi » de Delpech, 1850)*.

## L'OSTÉOCHONDROSE

C'est une affection inflammatoire et douloureuse des cartilages de croissance. La radiologie permet au médecin d'en confirmer le diagnostic.

Elle est la conséquence d'efforts excessifs en compression ou en traction. Elle représenterait 80% des microtraumatismes chroniques de l'enfant de sept à seize ans.

Il existe différents types d'ostéochondroses.

***(87) Caractéristique des déformations persistantes.***

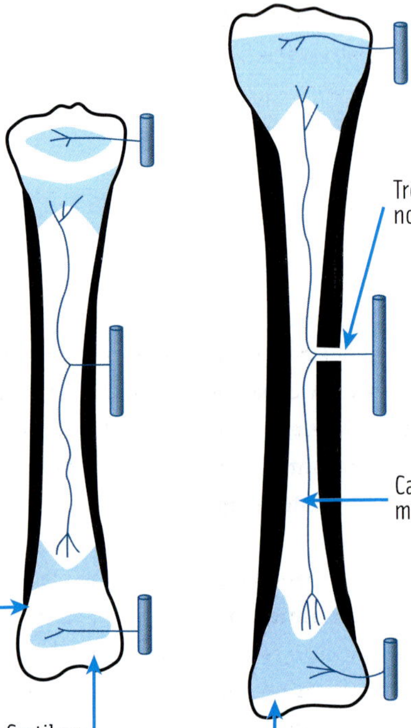


*Fig. 1 : os de l'enfant et os de l'adulte.*

## OSGOOD-SHLATTER, SHEUERMANN ET LES AUTRES...

La *maladie d'Osgood-Schlatter* est la plus fréquente des ostéochondroses de croissance. Elle touche la tubérosité tibiale *(bosse située juste sous le genou)* sous l'effet des contractions répétées du quadriceps. Elle atteint surtout les garçons de douze à quatorze ans.

Presque aussi fréquente, la *maladie de Sever* est une ostéochondrose du calcanéum *(os du talon)*. Elle est due aux impacts répétés du talon *(course sur sol dur)* et aux tractions. Elle atteint surtout les garçons de neuf à douze ans.

La *maladie de Scheuermann* est une ostéochondrose vertébrale. Son diagnostic repose sur des critères précis : douleur dorsale, cyphose *(dos bombé)*, déformation des corps vertébraux…

D'autres régions du corps peuvent être atteintes : bassin ou coude *(intra ou extra-articulaires avec une évolution parfois sévère)*.

## CONCLUSION

**Le surentraînement[88] est la principale cause de lésion cartilagineuse chez l'enfant sportif. La capacité des os, des cartilages, des tendons ou des ligaments à tolérer une charge, est l'un des facteurs limitant l'entraînement de l'enfant. La douleur, véritable signe annonciateur, doit toujours décider à interrompre l'effort voire à inciter les parents à consulter un médecin.**
**Les ordres de grandeur[89] relatifs aux charges prescrites (durée, fréquence, intensité) permettent d'anticiper sur l'apparition de traumatismes et de douleurs : l'entraîneur doit savoir ce qui est trop lourd pour un enfant ! L'entraîneur et les parents ne doivent jamais oublier que chez l'enfant, le sport doit rester ludique.**

*RZ*

***(88) Surentraînement : dépassement des facultés d'adaptation de l'organisme provoqué par des efforts trop longs, trop fréquents ou trop intenses.***

***(89) Ordre de grandeur : idée approximative mais cohérente d'une échelle de valeurs.***

# L'ENTORSE DE LA CHEVILLE DU FOOTBALLEUR

**La cheville est une articulation vulnérable. Les pathologies de la cheville les plus fréquentes sont les entorses.**

## RAPPELS ANATOMIQUES

Le modèle de *«tenon-mortaise»* *(Cf. Fig. 1)*, inspiré de la menuiserie, ne convient pas pour décrire la cheville humaine *(Cf. Fig. 2)*. En effet, les os de la cheville :

- ne sont pas emboîtés. Certains sont apposés, d'autres sont superposés ;
- sont mobiles, alors que le tenon et la mortaise sont fixés.

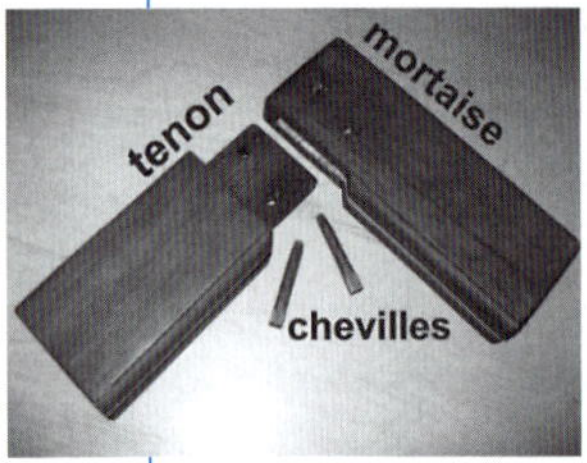


*Fig. 1. Exemple de tenon et de mortaise*

La cheville est davantage comparable à une *«pince à sucre»*, constituée par le tibia et le péroné, *«posée en équilibre»* sur le calcanéum. Cette *«pince»* est stabilisée par des ligaments, des muscles et leurs tendons. Les récepteurs situés dans les ligaments renseignent le système nerveux de la position de la cheville lors de mouvements *(proprioception)*. Pour stabiliser la cheville et éviter la déchirure des ligaments, la contraction des muscles périphériques se fait par voie réflexe.

## L'ENTORSE MAL CONNUE

L'entorse n'est pas qu'une distension ligamentaire brutale. Les médecins savent qu'il y a souvent un œdème, même invisible, donc une perturbation de la circulation sanguine locale.

La douleur n'est qu'une des conséquences. D'autres conséquences plus graves peuvent survenir : contracture, ***atrophie musculaire***(90), ***synovite***(91), voire ***ossification***(92) périarticulaire ou ligamentaire...

***(90) Atrophie musculaire : diminution de la masse musculaire.***

***(91) Synovite : inflammation de la membrane synoviale qui tapisse l'intérieur des capsules articulaires.***

***(92) Ossification : formation de tissu osseux.***

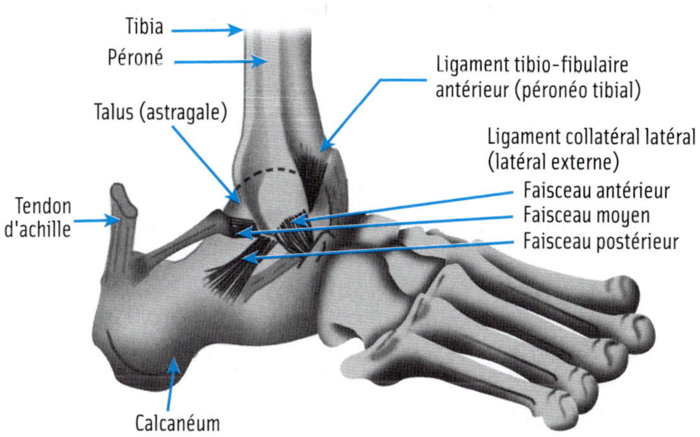


*Fig. 2. Os et ligaments de la cheville droite en vue latérale externe*

Les enjeux sportifs poussent certains à chercher la reprise quasi immédiate de l'activité, suite à une entorse. Pour cela, ils recourent aux crèmes anti-inflammatoires voire aux infiltrations. Mais, ne chercher qu'à faire disparaître la douleur peut être désastreux, notamment lorsqu'il faut immobiliser *(strapping)* ! En effet, l'absence de traitement approprié et de convalescence peut accentuer les dégâts sous-jacents *(déchirure ligamentaire, fissuration osseuse, fracture)* de façon irréversible, voire nécroser certains tissus.

## TACLES, SOLS ET CHAUSSURES CAUSES D'ENTORSES

Lorsqu'il est mal réalisé, le tacle entraîne un contact violent avec la cheville d'appui de l'adversaire. Ce qui peut entraîner une entorse voire une fracture.

*« L'interface sol-chaussure est un facteur fondamental de prévention des lésions » :*

- sur sols synthétiques, les chaussures doivent permettre une certaine glisse pour éviter les blocages à répétition ;
- sur le gazon sec, les crampons ne doivent pas être trop longs pour éviter les blocages en rotation, sources d'entorses et même de fractures.

Il existe d'autres causes d'entorses : les mauvaises réceptions de sauts et les torsions de la cheville pieds bloqués au sol. Ces causes ne sont pas spécifiques à la pratique du football.

## CONCLUSION

**Chez le footballeur, la cheville est l'articulation la plus fréquemment atteinte. Mais sa traumatologie ne se résume pas qu'aux entorses.**
**Le médecin est la seule personne habilitée et compétente pour établir un diagnostic et un traitement. La connaissance du traumatisme ne suffit pas toujours. L'imagerie (radio, IRM) est souvent nécessaire.**
**Aussi, les « diagnostics hasardeux » donc risqués de l'entraîneur doivent être remplacés par une orientation du sportif blessé vers un médecin. Cependant, l'entraîneur joue un rôle préventif déterminant à la fois comme conseiller (choix de chaussures et de terrain), mais aussi comme prescripteur d'exercices visant à développer la proprioception.**

*RZ*

**Il n'est pas rare qu'au cours de sa** ***« carrière sportive »*** **le pratiquant se plaigne de douleur au genou.**
**Le syndrome rotulien est l'un des premiers diagnostics à envisager en cas de douleurs spontanées au niveau de l'articulation entre le fémur et la rotule. Ce syndrome est souvent lié à un signe du rabot.**

# LE SYNDROME ROTULIEN ET LE SIGNE DU RABOT

- *Qu'est-ce que le syndrome rotulien ?*
- *Qu'est-ce que le signe du rabot ?*
- *Quelles sont les conduites à tenir en cas de syndrome rotulien ?*

## QU'EST-CE QUE LE SYNDROME ROTULIEN ?

Il s'agit d'abord d'une douleur antérieure du genou aggravée :
- par la montée d'escaliers et plus encore par la descente ;
- par l'accroupissement ;
- par la difficulté à reprendre une activité debout après être rester assis longtemps.

Ceci est souvent accompagné d'une instabilité du genou *(dérobement)* et de bruits articulaires lors de la marche.

Les femmes sont plus touchées par ce syndrome que les hommes. Les sportifs n'y échappent pas, bien au contraire.

## QU'EST-CE QUE LE SIGNE DU RABOT ?

Il apparaît lorsque le médecin *fait frotter*(93), jambe tendue, la rotule du sportif sur l'articulation entre le fémur et le tibia : le médecin sent alors une sorte de raclement sous la rotule. Dans ce cas cet examen est douloureux.

Ce signe apparaît souvent des deux côtés à la fois. Il est surtout fréquent chez les adolescents et les adultes jeunes.

Le raclement trahit la présence d'arthrose du cartilage rotulien.

***(93) Ce geste ressemble à celui du menuisier utilisant un rabot.***

## TRAITEMENTS

Ils varient en fonction des causes du syndrome rotulien :

- corrections de gestes techniques ;
- rééducation proprioceptive du genou ;
- repos relatif de l'articulation et même arrêt temporaire de l'activité sportive ;
- administration d'antalgiques ou d'anti-inflammatoires non-stéroïdiens ;
- kinésithérapie pour *réaxer*(94) la rotule ;
- semelles pour amortir ou pour compenser une différence de longueur de jambe, un *valgum*(95) ou un *varum*(96) de genou ;
- section chirurgicale du ligament aileron rotulien latéral.

## CONCLUSION

**Les exercices en flexion complète du genou (squat, marche en canard, leg-extension) ou à genoux en appui sur la rotule favorisent fortement le syndrome rotulien. Ces exercices sont à éviter.**

**Les dérangements internes du genou comprennent aussi : le syndrome méniscal, le syndrome ligamentaire et le syndrome synovial.**

*RZ*

***(94) Musculation du vaste interne et plus rarement du vaste externe.***

***(95) Genu valgum : désaxation des genoux en dehors.***

***(96) Genu varum : désaxation des genoux en dedans.***

# LE SYNDROME DES LOGES

**Lors de la pratique d'activités physiques, le sportif peut être victime du syndrome de compression des loges. Ce syndrome représente près de 10 % des blessures sportives d'origine non traumatique.**

- *Qu'est-ce que le syndrome des loges ?*
- *Quels sont les risques pour le sportif ?*

## QU'EST-CE QU'UN SYNDROME DES LOGES ?

Les fibres musculaires sont rassemblées en faisceaux. Chaque faisceau est entouré d'une *« membrane »* ou *« loge »*, aussi appelée aponévrose. Cette membrane est très peu extensible.

À l'effort, l'irrigation sanguine peut entraîner une augmentation importante du volume musculaire et de la pression à l'intérieur des loges. La pression peut être suffisamment élevée pour provoquer une *ischémie*(97) locale et une *« asphyxie »* du muscle.

Sur le terrain, le syndrome des loges laisse apparaître trois signes :
- une douleur précoce, intense et lancinante qui s'aggrave avec l'effort et à l'étirement passif ;
- la peau est rouge, luisante et chaude ;
- un œdème dur.

Ces signes permettent de le différencier d'une tendinite d'insertion ou d'une fracture de fatigue.

Au bout de 15 à 20 minutes d'effort, la douleur qui survient oblige à s'arrêter. Après 10 minutes de repos, si la circulation redevient normale, le sportif, tenté de reprendre son activité... se voit contraint de s'arrêter 15 minutes plus tard !

Au cours de la saison, les douleurs apparaissent de plus en plus tôt : l'activité devient alors impossible.

***(97) Ischémie : arrêt ou insuffisance de la circulation du sang dans un tissu ou un organe.***

## RISQUES ET TRAITEMENTS

Les anti-inflammatoires, les vasodilatateurs, la glace, les massages de drainage... ne produisent que peu d'effet. Le repos ne fait que repousser l'échéance d'une intervention chirurgicale.
Dans sa forme aiguë, le syndrome des loges entraîne une ischémie musculaire complète. L'intervention chirurgicale est alors une urgence. Elle consiste à entailler l'aponévrose pour restaurer la circulation sanguine et libérer le muscle comprimé.

Toute perte de temps peut entraîner une *nécrose tissulaire*(98) voire une perte fonctionnelle définitive.

## CONCLUSION

**Le syndrome de compression des loges concerne de nombreux sportifs, mais il est plus fréquent chez les coureurs de fond ou les marcheurs ainsi que chez les patineurs. Il s'installe le plus souvent au niveau d'un mollet mais peut atteindre tous les muscles.**
**Le diagnostic doit être précoce.**

*RZ*

***(98) Nécrose tissulaire : mort d'un tissu organique. On parle également d'infarctus.***

# LE K.-O. OU KNOCK-OUT

**Les boxeurs ne sont pas les seuls sportifs à risquer un K.-O. Expérience virile pour les uns, incontournable pour les autres, voire recommandée, le K.-O. n'est jamais sans conséquence.**

## QU'EST-CE QU'UN K.-O. ?

Il existe plusieurs types de K.-O. :

- Le *K.-O. réflexe* qui est une *syncope cardiaque*(99). Il peut être provoqué par un choc sur la carotide *(karaté, kung-fu)*, sous la mâchoire inférieure ou vers l'estomac *(boxes)*.
- La *commotion cérébrale violente*. Il s'agit d'un ébranlement des centres nerveux qui provoque une chute instantanée du tonus musculaire avec perte de conscience.
- Le *coup violent* au foie ou au plexus solaire *(boxes)*. Le K.-O. est provoqué par la douleur accompagnée de difficultés respiratoires. Mais dans la plupart des cas, le sportif reste conscient.
- Le *K.-O. par coups répétés*, qui est le plus dangereux et peut entraîner des microlésions cérébrales, des hémorragies et des oedèmes cérébraux voire la mort *(boxes)*. L'évolution, particulièrement chez les *« encaisseurs »*, se fait toujours vers la déchéance progressive avec perte de réflexes, trouble de l'équilibre, du tonus musculaire *(raideurs)*, de la conscience et de la mémoire.
- Le *K.-O. à retardement* est dû à un œdème ou à une *ischémie cérébrale*(100), avec perte de conscience mais conservation des fonctions végétatives *(respiration, circulation sanguine)*.

## PRÉVENTION

Dans ce cadre, le rôle de l'entraînement est d'automatiser l'application de techniques d'anticipation et de protection qui consistent à :

- esquiver *(aïkido, rugby)* ;
- parer *(karaté, kempo)* ;

***(99) Syncope : évanouissement causé par une insuffisance de la circulation cérébrale à la suite d'une chute de la pression sanguine.***

***(100) Ischémie cérébrale : irrigation sanguine insuffisante du cerveau à la suite d'une baisse du débit cardiaque.***

- encaisser des coups au niveau de la garde et non pas de la tête *(boxes, karaté)* ;
- chuter *(judo, cyclisme, vtt)*.

Il s'agit le plus souvent de protéger des organes vitaux *(cerveau, foie, cœur)* ou particulièrement fragiles et exposés *(œil, os du rocher, colonne vertébrale)*. Le rôle du matériel *(casque, plastron)* est primordial.

## TRAITEMENT

Tout K.-O., en particulier provoqué par un choc à la tête, doit amener le sportif à consulter un médecin. Ce dernier est le seul à pouvoir évaluer les dégâts sous-jacents. Les formules à l'emporte-pièce du type : *«... c'est rien, t'es un homme... »*, ne pourront que masquer ces dégâts et les complications. Le mois d'arrêt imposé par certaines fédérations sportives est une durée minimale.

## CONCLUSION

**Un coup violent à la tête (vélo, kayak, vtt) peut provoquer une fracture du crâne et/ou une lésion du cerveau. Les chocs répétés sur d'autres régions du corps ont aussi des conséquences destructrices. Il ne s'agit pas de supprimer toutes les activités physiques à risque, mais d'organiser leur pratique afin de les rendre durables et sources de progrès, et non pas un retour aux jeux du cirque.**

*RZ*

**L'être humain maintient sa température centrale autour de 37°C grâce à un équilibre dynamique entre sa production de chaleur et son environnement. Ceci lui permet la plupart du temps d'évacuer le surplus calorique.**

# THERMO-RÉGULATION OU CLIMATISATION AUTOMATIQUE !

## LES MÉCANISMES RÉGULATEURS

Ils fonctionnent globalement de la façon suivante :

- des thermorécepteurs enregistrent les variations de température centrale du corps, et envoient des messages ;
- les thermorégulateurs traitent ces informations et déclenchent les mécanismes correcteurs adéquats.

Deux situations peuvent se présenter :

1. La température centrale augmente, par exemple sous l'effet de l'exercice physique. Et l'organisme doit évacuer de la chaleur.
2. La température centrale baisse. L'organisme doit alors réagir pour se protéger du froid.

## EXCÈS DE CHALEUR

Pour empêcher la température centrale de s'élever, la chaleur est transférée à la périphérie du corps grâce à la circulation sanguine dont le flux peut être augmenté si nécessaire par vasodilatation *(augmentation du calibre des vaisseaux sanguins)*, apportant ainsi plus de chaleur au niveau de la peau. Le transfert de chaleur se fait alors principalement par convection entre la peau et l'air à condition que celui-ci soit plus froid que la peau. *(La convection se fait toujours du corps le plus chaud vers le plus froid)*. Si ce mécanisme n'est pas suffisant et que la température augmente toujours, un autre mécanisme de déperdition de chaleur est mis en place : la vaporisation de l'eau. La production de sueur est alors déclenchée. Cependant, pour que la chaleur soit extraite de l'organisme, il faut que la sueur soit évaporée au moment même où elle arrive à la surface de la peau. Les possibilités d'évaporation sont sous la dépendance de l'atmosphère environnante. Plus l'air est sec, plus les possibilités d'évaporation sont importantes.

La sueur qui a été évaporée correctement et qui a donc été efficace ne se voit pas, celle qui s'écoule sur la peau est celle qui a été inefficace.

## BAISSE DE LA TEMPÉRATURE

Pour empêcher la température centrale de baisser, l'organisme va réduire les transferts de chaleur vers la périphérie en opérant une vasoconstriction *(diminution du calibre des vaisseaux sanguins)* et va augmenter sa production de chaleur *(thermogenèse)* par des contractions musculaires involontaires *(frissons, tremblements)* plus ou moins importantes.

## SPÉCIFICITÉS DE LA THERMORÉGULATION DE L'ENFANT

Son métabolisme de base est plus élevé, en grande partie du fait des besoins énergétiques de la croissance.

Le coût énergétique lors d'une activité motrice est plus élevé chez l'enfant et donc la production de chaleur plus élevée que chez l'adulte pour la même activité.

Le rapport surface corporelle/masse est plus grand chez l'enfant. Les échanges thermiques *(déperdition ou charge)* sont donc plus importants. L'enfant est ainsi plus soumis aux conditions thermiques ambiantes, particulièrement dans la lutte contre le chaud.

La température centrale à laquelle se déclenche la sudation est plus élevée chez l'enfant que chez l'adulte.

## CONSÉQUENCES PRATIQUES

Lors de la pratique sportive, plus que l'adulte, l'enfant doit lutter contre l'élévation de sa température. Pour cela, il est impératif de lui permettre de se réhydrater afin de compenser les pertes sécrétées par voie sudorale et de lui éviter toute charge thermique radiante supplémentaire grâce à un vêtement *(pas de pratique torse nu au soleil)*.

*TM*

# CHALEUR ET PRATIQUES SPORTIVES

**Le retour de périodes de fortes chaleurs au mois de juin nous invite à prodiguer quelques rappels sur les mécanismes, les adaptations et les précautions à prendre lors de la pratique sportive par des températures élevées.**

Attendues avec impatience par les spécialistes de disciplines explosives comme le sprint, les compétitions, lorsqu'il fait chaud, permettent généralement de réaliser de meilleures performances à condition de prendre quelques précautions et d'offrir la possibilité à l'organisme de s'adapter à ce nouvel environnement.

Nous subissons généralement les premières chaleurs de façon négative en ressentant une impression d'apathie dont il semble parfois difficile de sortir. Il convient donc, dans un premier temps, de s'habituer à la chaleur à l'entraînement, mais aussi, particulièrement lors des compétitions, de se protéger du soleil.

## S'HABITUER À LA CHALEUR

Il faut environ une quinzaine de jours pour que l'organisme s'acclimate à la chaleur et aux conséquences des hautes pressions sur la pollution atmosphérique. C'est le temps nécessaire à l'activation d'un nombre plus important de glandes sudorales qui permettront une sudation plus précoce, plus régulière, moins chargée en électrolytes *(essentiellement en chlorure de sodium)*, et ainsi une thermorégulation plus efficace. Il se produira également une activation plus rapide des mécanismes de la soif permettant de maintenir les possibilités de régulation thermique à un niveau optimal car le meilleur équilibre des pertes d'eau facilite la poursuite de la sudation à un rythme constant.

Il est donc nécessaire de réaliser des entraînements par températures élevées en prenant le soin d'une part de s'hydrater correctement et suffisamment *(anticiper les apports hydriques avant l'entraînement et boire environ un verre d'eau plutôt fraîche toutes les 20 minutes pendant l'effort)* et d'autre part de ne pas négliger l'échauffement musculaire qui reste indispensable au-delà des sensations trompeuses induites par la température extérieure.

### SE PROTÉGER DU SOLEIL

L'élévation de la température du corps se fait également par radiation. Il est donc important de se protéger des rayons du soleil en se couvrant la tête et en portant au moins un t-shirt *(un effort torse nu en plein soleil est fortement déconseillé).* Avant une compétition, il faut s'efforcer de rester à l'ombre et si possible réaliser son échauffement en évitant de trop s'exposer.

## CONCLUSION

**La durée d'acclimatation est plus élevée chez l'enfant que chez l'adulte, ce qui invite les éducateurs à la plus grande vigilance au moment des premières chaleurs.**

*TM*

# LE COUP DE CHALEUR D'EXERCICE OU HYPERTHERMIE MALIGNE

**Les sportifs peuvent être soumis à de brusques changements de température, en très peu de temps et sur de grandes amplitudes *(météo « capricieuse », déplacement à l'étranger)*. Ceci peut surprendre leur organisme[101]. Dans ces conditions, les risques de refroidissement ou de coup de chaleur sont importants. Les sportifs, même à l'effort, ne sont pas épargnés.**

- *Qu'est-ce qu'un coup de chaleur ?*
- *Quels sont les signes et les risques du coup de chaleur ?*
- *Quels sont les principes de prévention et les traitements ?*

## QU'EST-CE QU'UN COUP DE CHALEUR ?

C'est un trouble potentiellement grave de la ***thermolyse***[102]. C'est le cas lorsque la température centrale de l'organisme dépasse 40°C.
Le plus souvent, le coup de chaleur est dû à l'exposition à une température externe élevée *(canicule)*. Les enfants, les personnes âgées ou malades et les femmes enceintes sont les sujets les plus exposés aux risques du coup de chaleur.

## SIGNES

Ils sont classés selon trois niveaux de gravité du coup de chaleur :

- *Alerte :* fatigue, maux de tête, nausées ou vomissements, ***dyspepsie***[103], irritabilité.
- *Sérieux :* malaise, pâleur, déshydratation.
- *Graves :* hyperthermie maligne *(température > 41°C)*, peau brûlante et sèche, avec troubles neuropsychiques *(stupeur, délires, convulsions)*, ***encéphalopathie***[104] brutale *(70% des cas)* pouvant aller jusqu'au coma…

Avant cela, d'autres signes doivent alerter :

- une soif intense ;
- une fréquence respiratoire et cardiaque anormalement élevées.

L'intervention doit être rapide car les risques sont élevés.

***(101) Il faut entre 8 et 15 jours pour s'adapter à un nouveau climat.***

***(102) Thermolyse : c'est un «mécanisme» d'évacuation de la chaleur qui met en jeu trois adaptations : la dilatation des vaisseaux sanguins, la sudation, la diminution de la production de chaleur.***

***(103) Dyspepsie : troubles de la digestion, sans lésions des organes.***

***(104) Encéphalopathie : affections non inflammatoires de l'encéphale.***

## RISQUES

L'élévation de la température centrale de l'organisme peut entraîner :

- des délires, des convulsions, une perte de connaissance, un coma ;
- un *syndrome de défaillance multiviscérale*(105) ;
- le décès.

Les survivants gardent souvent des séquelles neurologiques.
Il existe aussi un autre type de coup de chaleur : le coup de chaleur d'exercice.

## QU'EST-CE QU'UN COUP DE CHALEUR D'EXERCICE ?

C'est une élévation extrême de la température de l'organisme suite à un travail musculaire intense. La température ambiante n'est pas le facteur le plus important. Le coup de chaleur d'exercice peut se produire par temps froid. Le taux d'humidité *(hygrométrie)*, dont dépend l'efficacité du refroidissement par évaporation de la sueur, est plus influent.
La différence avec le coup de chaleur *« classique »* est que la peau de la victime n'est pas sèche et chaude ; au contraire la sudation est importante.

## PRÉVENTION ET TRAITEMENT

La prévention consiste à ne pas s'exposer au soleil sans quelques précautions :

- se couvrir la tête *(casquette)* et le corps *(t-shirt à manches longues)* ;
- consommer régulièrement une boisson non-alcoolisée, sans attendre d'avoir soif. L'idéal est de boire de l'eau fraîche ;
- ne pas faire d'efforts physiques à *« l'heure des diables »*(106) mais *« à la fraîche »*, c'est-à-dire tôt le matin mais aussi tard le soir.

---

*(105) Syndrome de défaillance multiviscérale :* ***association de troubles neurologiques, hépatiques, hématologiques, respiratoires et rénaux.***

***(106) En Afrique, cette expression fait référence à la période située entre midi et 15 h, mais on peut l'étendre de 10 h à 16 h par précaution. La consigne est de ne pas sortir et de ne pas faire d'effort physique.***

En cas de coup de chaleur, la prise en charge de la victime doit être rapide et efficace. Placée à l'ombre, elle devra subir un arrosage total et prolongé du corps à l'eau froide. Si la victime est consciente, il faudra lui donner à boire régulièrement. La prise en charge doit être poursuivie en milieu hospitalier et même en service de réanimation. L'appel des secours est donc indispensable.

## CONCLUSION

**Le coup de chaleur peut-être mortel et doit à ce titre être considéré comme une urgence. Il s'installe lorsque les mécanismes de dissipation de la chaleur de l'organisme sont dépassés par sa production ou par son accumulation.**
**La prévention du coup de chaleur d'exercice consiste à s'entraîner très progressivement dans des ambiances chaudes, avec une consommation d'eau importante et une tenue adaptée.**

*RZ*

# FROID, SANTÉ ET PRÉPARATION PHYSIQUE

**L'organisme s'adapte moins bien à l'exposition prolongée au froid qu'à l'exposition prolongée à la chaleur.**

- *Quels sont les risques de s'exposer au froid ?*
- *Quelle est la relation entre exposition au froid et maladies infectieuses ?*
- *Peut-on s'entraîner dehors lorsqu'il fait froid ?*

## QUELS SONT LES RISQUES DE S'EXPOSER AU FROID ?

Par temps très froid, la vasoconstriction périphérique peut être très intense. Dans ces conditions, la température des extrémités *(doigts, orteils, nez, oreilles)* peut s'abaisser à un niveau dangereux.
Le risque est celui d'une atteinte tissulaire appelée gelure. Dans les cas extrêmes, les dégâts sont irréversibles, voire les tissus nécrosés. L'ablation chirurgicale est alors la seule alternative.

## RELATION ENTRE FROID ET MALADIES INFECTIEUSES

Le froid ne crée pas directement de maladies infectieuses.
En revanche, le refroidissement de l'organisme, véritable stress, abaisse les défenses immunitaires. Ceci a pour effet de favoriser le développement de germes infectieux.
De nombreux germes sont présents en permanence dans l'organisme. Mais en bonne santé et en absence de stress, l'organisme en empêche la prolifération, donc le déclenchement d'une maladie.
Le surentraînement est aussi une forme de stress capable de fragiliser les défenses immunitaires. La pratique en environnement hostile accentue le phénomène.

## PRÉPARATION PHYSIQUE EN ENVIRONNEMENT FROID

Plus on se protège, plus on se fragilise. La première règle pour se renforcer est de s'exposer progressivement en intensité *(température ambiante)* et

en durée. Dans ces conditions et dans certaines limites, l'organisme peut développer des adaptations métaboliques et cardio-vasculaires.
S'entraîner en environnement froid est alors tout à fait possible, mais cela ne dispense pas de s'équiper avec des vêtements qui protègent :

- la tête(107) ;
- les extrémités *(doigts, orteils)* ;
- les organes nobles *(poumons, cœur...)*.

Le vent augmente la déperdition de chaleur dans de fortes proportions.

**TABLEAU DE CALCUL DU REFROIDISSEMENT ÉOLIEN**

| Vitesse du vent (km/h) | Température (°C) | | | | |
|---|---|---|---|---|---|
| | **5°C** | **0°C** | **-5°C** | **-10°C** | **-15°C** |
| **5 km/h** | 4 | -2 | -7 | -13 | -19 |
| **10 km/h** | 3 | -3 | -9 | -15 | -21 |
| **15 km/h** | 2 | -4 | -11 | -17 | -23 |
| **20 km/h** | 1 | -5 | -12 | -18 | -24 |

## CONCLUSION

**Le stress au froid dépend de la température ambiante, de l'intensité de l'exercice et de l'épaisseur de la graisse sous-cutanée.**
**La graisse sous-cutanée favorise la performance en ambiance froide, en particulier dans l'eau (natation). En effet, le sang, dirigé vers les extrémités est mieux isolé, ce qui réduit les pertes de chaleur. À l'inverse, dans l'eau froide les personnes les plus maigres ne produisent pas suffisamment de chaleur pour compenser les pertes : leur corps se refroidit alors inévitablement.**
**Se vêtir pour s'isoler du froid consiste à emprisonner une couche d'air dans un vêtement épais et à s'isoler du vent avec un vêtement coupe-vent.**

*RZ*

***(107) L'organisme perd environ 30 à 40 % de sa chaleur par la tête.***

# HYPOXÉMIE : DE L'EAU DANS LES POUMONS !

**La présence d'eau dans les poumons, chez des *« athlètes extrêmes »*[108], à l'effort, tels les marathoniens, les triathlètes, les skieurs de fond... est un facteur limitant de l'effort. En effet, la capacité respiratoire est alors diminuée au détriment de la performance.**

- *D'où vient cette eau ?*
- *D'autres sportifs peuvent-ils être concernés ?*

## LE PHÉNOMÈNE

Il a été mis en évidence au cours de tests de $\dot{V}O_2$ max. Ces athlètes ont présenté une *hypoxémie*[109] : c'est-à-dire une diminution de la quantité d'oxygène du sang. Normalement, ceci est rare même à l'effort ! On sait que les muscles ont un besoin accru d'oxygène pendant l'exercice et par conséquent toute hypoxémie limite la performance.

Pendant longtemps, la cause soupçonnée était la condensation due à l'hyperventilation.

Plus crédible, cette hypoxémie serait finalement due à un trouble de la diffusion de l'oxygène à travers la membrane qui sépare les alvéoles pulmonaires de la circulation sanguine. Ceci serait la conséquence du passage d'eau à travers cette membrane, gênant l'oxygénation du sang. La diminution de l'oxygénation du sang, due à la présence d'eau dans les alvéoles pulmonaires peut atteindre :

- 30 % à la fin d'un marathon, de 10 % 24 heures après ;
- 15% trois heures après l'arrivée d'un triathlon.

Ces valeurs sont très élevées et peuvent expliquer une baisse proportionnelle d'intensité de l'effort. Cependant, bien que ce phénomène ne soit pas systématique, il ne concerne pas seulement les athlètes extrêmes.

***(108) « ...athlète qui est capable de dépasser, par son entraînement, les limites d'une fonction... de telle manière que les limites d'une autre fonction... apparaissent » Préfaut (1995).***

***(109) Hypoxémie : diminution de la quantité d'oxygène du sang. Le plus souvent, l'hypoxémie à l'effort est due à une hypoventilation : le sportif à l'effort ne respire pas assez !***

## SPORTIFS CONCERNÉS

D'après Préfaut *(1995)* : *« Tous les athlètes pratiquant à haut niveau peuvent présenter une hypoxémie induite par l'exercice quel que soit leur âge ».*

L'âge est un facteur aggravant. Ainsi, ce phénomène a été observé chez *« des sujets de plus de 65 ans, pratiquant du cyclotourisme à raison de 6000 km/an, c'est-à-dire pratiquant un sport de loisir en quantité modérée »*. Tous les pratiquants d'activités physiques à dominante aérobie peuvent être touchés.

Pour l'entraîneur, un signe révélateur est un essoufflement anormal en l'absence de crise d'asthme ou de bronchite.

## CONCLUSION

**L'augmentation de la pression sanguine à l'effort induirait des lésions de la paroi des vaisseaux sanguins qui entourent les alvéoles pulmonaires. La présence d'eau dans les poumons serait alors due à une réaction inflammatoire, créant un œdème interstitiel. Il n'existe pas de prévention autre qu'un échauffement progressif.**
**Une autre cause d'hypoxémie existe chez certains sportifs : une hypoventilation relative d'exercice. Ces sportifs ne respirent pas assez à l'effort. En effet, lorsque la réduction du débit ventilatoire est importante, cela induit une hypoxémie.**

*RZ*

# Pour conclure ce chapitre

**Qu'ils soient induits par le sport ou non, les traumatismes ont leurs traitements médicaux et des adaptations de l'entraînement doivent être réalisées.**

**C'est très différent pour les pathologies dont certaines interdisent la pratique sportive. À l'inverse, d'autres sont minimisées par le sport.**

**Qu'il s'agisse de traumatismes sportifs ou de pathologies, la consultation médicale s'impose.**

*RZ*

Chapitre 13

# PATHOLOGIES

**L'entraîneur doit connaître les pathologies les plus courantes et les conduites à tenir. Il peut être amené à dispenser des conseils, mais ses limites professionnelles doivent le conduire à ne pas jouer au médecin et à orienter le sportif concerné vers un professionnel de la santé.**
**Les risques sont juridiques et aussi d'aggraver l'état de santé du sportif.**

*RZ*

# HYPERTENSION ARTÉRIELLE ET ACTIVITÉS PHYSIQUES

**Toute visite médicale conduite avec sérieux comprend une mesure de la tension. Le résultat seul fait l'effet d'une note d'écolier : sans interprétation, elle peut laisser amer.**

- *Qu'est-ce que la tension ?*
- *Quelle est la différence avec la pression sanguine ?*
- *Qu'est-ce que l'hypertension artérielle ?*
- *Quels sont ses causes et les risques pour l'organisme ?*
- *Quelle est la relation avec la pratique des activités physiques et sportives ?*

## TENSION PARIÉTALE ET PRESSION SANGUINE ARTÉRIELLE

Le terme de tension artérielle est employé à tort pour désigner la pression sanguine qui s'exerce dans les artères. Sa mesure, lors d'une visite médicale, aboutit à deux nombres *(ex. : 13/7)* :

- le premier correspond à la pression sanguine lorsque le cœur est en phase de contraction appelée diastole ;
- le second correspond à la pression sanguine lorsque le cœur est en phase de relâchement appelée systole.

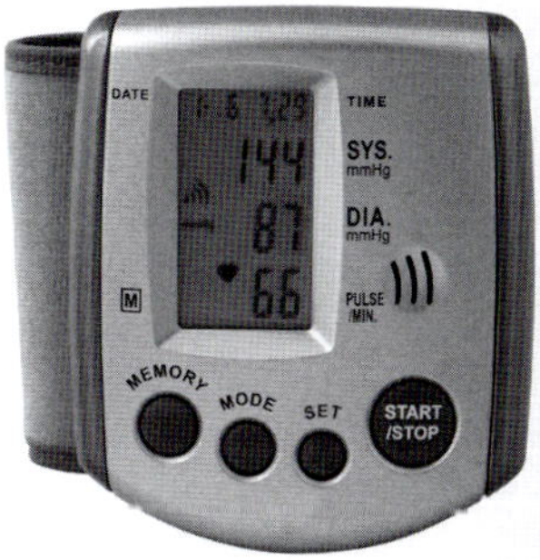


*Tensiomètre*[110].

## L'HYPERTENSION ARTÉRIELLE

C'est l'augmentation anormale de la pression sanguine au niveau des artères. Chez l'adulte, il y a hypertension lorsque la tension artérielle est supérieure à 16/9,5. Ces nombres n'ont pas la même signification chez les enfants et chez les personnes âgées. Il y a hypertension pour des valeurs :

- très inférieures chez les jeunes enfants,
- supérieures chez les personnes âgées.

***(110) Aussi appelé sphygmomanomètre.***

## CAUSES

L'augmentation de la pression sanguine peut être due à l'activité physique. Mais, lorsqu'elle est pathologique, l'hypertension artérielle est due :

- au stress ;
- à une maladie des reins ;
- à une maladie des glandes surrénales ;
- à un étrécissement de l'artère aorte ;
- au tabagisme, au diabète, à l'*hypercholestérolémie*(111) ;
- à des excès alimentaires *(sel, café ou thé, alcool, sucre et sucreries, graisses saturée*(112)*)* ;
- à la sédentarité, au vieillissement ;
- à l'obésité.

Ces causes sont à l'origine de divers phénomènes qui aboutissent à l'augmentation de la pression sanguine. Par exemple :

- lors d'épisodes de stress, les sécrétions de diverses hormones, dont d'adrénaline, stimulent l'activité du cœur, ce qui augmente la pression sanguine ;
- la consommation de tabac stimule aussi immédiatement la contraction du cœur ;
- les dépôts de graisses sur les parois des artères *(athérome)* en diminuent le diamètre, augmentant ainsi la pression sanguine ;
- le surpoids contraint le cœur à se contracter plus fort et plus souvent pour des efforts identiques.

Tous ces phénomènes produisent des effets délétères sur l'organisme.

## RISQUES POUR L'ORGANISME

Ces risques sont :

- une insuffisance cardiaque ;
- une rupture d'anévrisme ;

***(111) Hypercholestérolémie : excès de cholestérol.***

***(112) fromages, beurre, charcuteries, sauces, crèmes.***

- une attaque cérébrale ;
- une crise cardiaque ;
- le décès.

## HYPERTENSION ET ACTIVITÉS PHYSIQUES

La pratique d'une activité physique entraîne inévitablement une augmentation significative de la fréquence cardiaque et de la force des contractions du cœur et par voie de conséquence de la pression sanguine. Cependant, en sport, cette augmentation se produit dans des conditions favorables :

- suite à un échauffement ;
- avec progressivité ;
- simultanément à une vasodilatation ;
- de façon non-permanente.

Attention, certains exercices sportifs peuvent provoquer une augmentation dangereusement élevée de la pression sanguine :

- la musculation lourde *(plus encore assis ou allongé)* ;
- l'haltérophilie ;
- les positions tête en bas *(appui tendu renversé ou poirier)* ;
- l'apnée sans entraînement.

## CONCLUSION

**Les activités physiques et sportives, en particulier de longue durée (marche rapide, cyclisme, course à pied) sont des moyens efficaces de lutter contre l'hypertension. Les effets sont durables à condition que les séances soient régulières. Leur efficacité se combine à celle d'autres mesures hygiéniques : diététique, sommeil, gestion du stress.**

*RZ*

# LA MORT SUBITE EN SPORT : CAUSES ET PRÉVENTION

**La mort subite est 2,5 fois plus fréquente chez les sportifs que dans le reste de la population. Elle toucherait 1200 sportifs chaque année.**

- *Qu'est-ce que la mort subite ?*
- *Quelles en sont les causes ?*
- *Quelles sont les démarches de prévention ?*

## QU'EST-CE QUE LA MORT SUBITE ?

C'est un décès inattendu, car 24 heures avant, le cœur était supposé sain.
Elle est *« naturelle »*, c'est-à-dire qu'elle n'est pas due à un accident et ni provoquée en réaction à un traitement médical.
Elle peut se produire au cours de la pratique sportive et jusqu'à une heure après.

## CAUSES

Elles sont diverses. Mais dans plus de 95% des cas, la cause serait d'origine cardio-vasculaire, par exemple :

- une *fibrillation ventriculaire*(113), cause principale de mort subite *(près de 90% des cas)* ;
- une *coronopathie malformative*(114) chez les jeunes, souvent négligée car rare et mal connue ;
- un *choc hypovolvémique*(115) *(coup de chaleur, déshydratation, rupture d'anévrisme(116)).*

La fibrillation ventriculaire précède souvent un infarctus. En effet, les contractions désordonnées des ventricules rendent la circulation sanguine inefficace. Le risque de mort subite devient alors très élevé.

---

***(113) Fibrillation ventriculaire : contractions violentes et désordonnées de fibres musculaires du cœur. Elle est due à une désynchronisation de l'activité électrique du cœur.***

***(114) Coronopathie malformative : c'est une malformation des artères coronaires, qui amènent le sang au cœur.***

***(115) Choc hypovolvémique : c'est la conséquence d'une diminution de la masse sanguine circulante. La conséquence principale est une baisse du retour veineux et du débit cardiaque.***

***(116) Anévrisme : hernie d'une artère produite par la dilatation. Elle n'est pas forcément localisée dans la tête.***

La réanimation doit être entreprise dès les premières minutes : massage cardiaque, ventilation assistée, choc électrique externe.

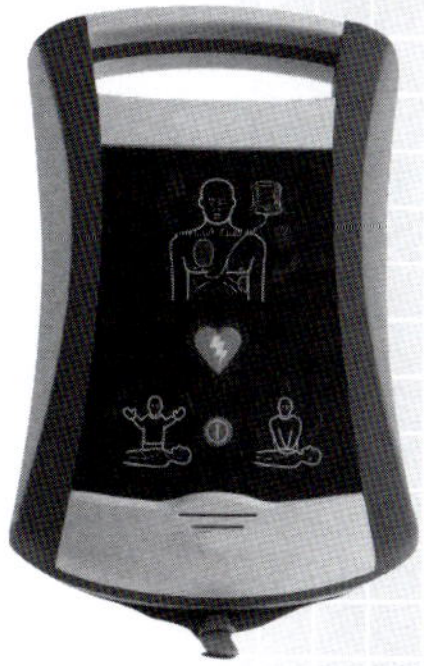

*Défibrillateur « grand public »*

Il est alors possible d'éviter les complications cérébrales par manque prolongé d'oxygène.
Il existe aussi des causes de mort subite autres que cardio-vasculaires : asthme, hémorragie, dopage.

## PRÉVENTION

La visite médicale d'aptitude à la pratique sportive doit être minutieuse. Elle doit comprendre une série de tests *(Ruffier-Dickson, Flack...)*. Les résultats doivent conduire, si nécessaire, à réaliser des examens plus approfondis *(échographie, électrocardiogramme)*.
L'interrogatoire, mené par le médecin, est primordial. Le médecin recherche des facteurs *« génétiques »* : antécédents familiaux d'angine de poitrine, d'infarctus du myocarde et même de mort subite.
Le suivi des sujets à risque est alors la meilleure prévention.

## CONCLUSION

**Chez les sportifs, la mort subite est le plus souvent le résultat d'affections cardio-vasculaires qui n'avaient pas été diagnostiquées.**
**Un des signes qui doit alerter est un épisode de syncope[117] d'effort. Ce signe doit amener le médecin à prescrire une batterie de tests d'exploration.**
**Enfin, il est toujours important de respecter une période de convalescence, donc sans entraînement, après une maladie infectieuse.**

*RZ*

(117) ***Syncope :** perte de conscience brutale mais brève, causée par une chute de la pression sanguine suivie d'une insuffisance de la circulation cérébrale.*

# LE LUMBAGO OU LOMBALGIE AIGUË

**La lombalgie est** *«une douleur lombo-sacrée médiane ou latéralisée avec possibilités d'irradiations ne dépassant pas le genou mais avec prédominance de la douleur dans la région lombo-sacrée»* **AFREK (1998).**

**La lombalgie touche chaque année 30 à 50% de la population. Les sportifs n'y échappent pas, le plus souvent avec des effets néfastes sur l'entraînement et la performance.**

## LOMBALGIE CHRONIQUE VS LOMBALGIE AIGUË

Il faut différencier la lombalgie chronique *(de plus de 3 mois)* de la lombalgie aiguë.

La lombalgie chronique *(7 à 10 % des cas)* est le plus souvent due soit :

- à une détérioration, avec arthrose, d'un ou des deux disques de la charnière L4-L5 et L5-S1 ;
- à une compression du nerf sciatique.

La lombalgie aiguë est une douleur localisée dans le bas du dos. 40 à 70 % des lombalgies aiguës disparaissent en moins d'une semaine.

## LOMBALGIE SPÉCIFIQUE VS LOMBALGIE NON SPÉCIFIQUE

Autre classification pertinente :

- les lombalgies spécifiques pour lesquelles la cause est connue et le traitement ciblé ;
- les lombalgies non spécifiques *(90% des cas)* dont l'origine reste non précisée et le traitement encore mal codifié.

## FACTEURS DE RISQUE

Les causes de la lombalgie sont mal connues, mais deux types de facteurs de risques ont été identifiés :

- physiques : contraintes biomécaniques, vibrations du corps entier, postures prolongées ;

- psychologiques et sociaux : charge mentale résultant de tâches monotones et impliquant une attention soutenue et des cadences imposées.

Des facteurs physio-pathologiques et comportementaux d'aggravation ont également été identifiés.

## ÉVOLUTION DU TRAITEMENT

Avant, le traitement portait sur les symptômes et le malade devait attendre le soulagement de la douleur avant d'envisager la reprise d'activités.
Depuis les années 90, on cherche à éviter l'installation d'une peur du mouvement qui restreint les activités et s'ajoute au déconditionnement. Aussi, la personne lombalgique est encouragée à maintenir ses activités. Mais le mouvement étant souvent perturbé par la douleur, soulager reste une priorité. Les progrès portent surtout sur l'enseignement de techniques *(placements et mouvements)* et de comportements *(appréciations des charges et de ses limites)* de protection de la colonne vertébrale. Le développement de la proprioception joue également un rôle très important.

## CONCLUSION

**L'un des enjeux de la prévention des récidives est d'éviter l'évolution vers l'état chronique et les conséquences aux plans : personnel, familial et professionnel. Les risques, de récidives et d'évolution vers l'état chronique, diminuent lorsque la personne lombalgique prend une part active à l'apprentissage de techniques et de comportements protecteurs de sa colonne vertébrale.**

*RZ*

# SCOLIOSE, ATTITUDE SCOLIOTIQUE ET ACTIVITÉS PHYSIQUES

**Le diagnostic tombe souvent comme un couperet, offrant peu de perspective. L'adolescent n'est pas épargné.**

- *Qu'est-ce qu'une scoliose ?*
- *Quelle est la différence entre une scoliose et une attitude scoliotique ?*
- *La pratique sportive est-elle contre-indiquée ?*

## SCOLIOSE VRAIE

Elle débute le plus souvent au cours de l'enfance ou de *l'adolescence*[118]. Elle est cinq à six fois plus fréquente chez les filles que chez les garçons.

C'est une triple déformation évolutive de la colonne vertébrale :

- une déviation sur un côté *(incurvation latérale)* ;
- une rotation des vertèbres autour de l'axe vertical *(torsion)* ;
- une flexion vers l'avant *(incurvation frontale)*.

Elle est souvent accompagnée d'une déformation du thorax et/ou de l'abdomen.

La scoliose peut toucher toute la colonne vertébrale ou une seule zone *(scoliose segmentaire)* : dorsale, lombaire et plus rarement cervicale. La bosse ou gibbosité est d'origine costale ou parfois une omoplate qui rebique.

Il existe différentes causes spécifiques de la scoliose : trouble neurologique, maladie, tumeur, paralysie ou faiblesse musculaire, malformation *(maladie de Scheuermann)*. On parle alors de scoliose secondaire. Mais 70% des scolioses sont dites *« idiopathiques »*, c'est-à-dire sans qu'aucune cause spécifique n'ait été trouvée.

Une scoliose vraie associe toujours une incurvation frontale à une rotation des vertèbres ; c'est ce qui la différencie de l'attitude scoliotique.
L'attitude scoliotique est souvent annoncée comme une scoliose vraie !

***(118) Déformation des corps vertébraux sous l'effet des hormones sexuelles.***

## ATTITUDE SCOLIOTIQUE

Il s'agit d'une flexion latérale de la colonne vertébrale, sans torsion, ni déformation asymétrique du tronc. Elle est le plus souvent sans gravité et peut être, par exemple, due à une différence de longueur des membres inférieurs(119).
Cependant, d'autres causes sont à rechercher : malformation, infection, tumeur, paralysie...

Contrairement aux personnes atteintes de scoliose vraie, celles atteintes d'une attitude scoliotique peuvent se redresser à la demande. C'est le manque de force et d'endurance musculaire et la raideur musculaire qui empêchent le maintien de la posture corrigée.

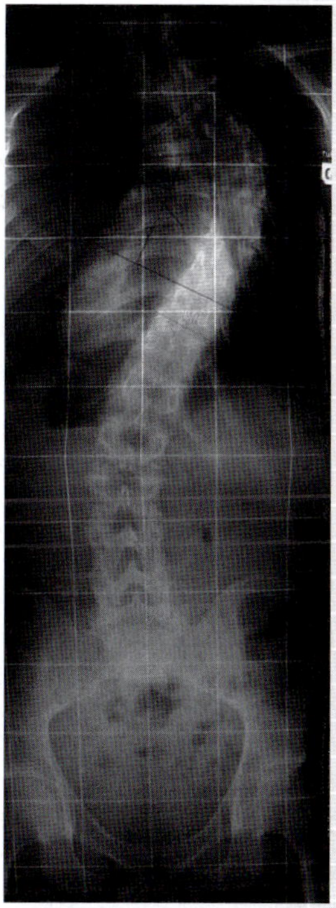

*Scoliose dorsale vraie*

## ÉVOLUTION

Aux différentes formes de scolioses correspondent différentes possibilités d'évolution :

- les scolioses segmentaires ont une évolution limitée ;
- les scolioses à double courbures peuvent entraîner de graves déformations.

Les risques ne sont pas qu'esthétiques, mais surtout fonctionnels. Ils sont accrus avec la précocité d'apparition de la scoliose : la maturité osseuse conditionnant l'évolutivité.

Certaines scolioses offrent un pronostic pessimiste. Ce sont celles qui augmentent de plus d'un degré par mois, durant la période de croissance accélérée du rachis *(poussée pubertaire)* :

- entre 11 ans et 13 ans d'âge osseux chez la fille ;
- entre 13 ans et 15 ans d'âge osseux chez le garçon.

Ces scolioses nécessitent une surveillance étroite et un traitement adapté.

---

***(119) Quand cette différence de longueur dépasse un certain seuil, elle peut nécessiter la prescription de talonnettes à placer dans les chaussures.***

## TRAITEMENT

Les scolioses vraies sont traitées selon leur gravité par :

- kinésithérapie *(angulation > à 15°)*, gymnastique corrective intensive ;
- traitement orthopédique, un corset et plusieurs séances hebdomadaires de rééducation *(angulation > à 20°)* ;
- électrostimulation externe nocturne *(angulation < à 30°)* ;
- chirurgie de la colonne vertébrale.

## CONCLUSION

**« Une attitude scoliotique est une courbure qui n'est pas fixée, donc réductible, lorsque la cause est supprimée. Une scoliose est une courbure fixée, non réductible... » Lerat (2005).**

**Scoliose : Après traitement, la pratique modérée de certains sports (volley-ball) est fortement recommandée. La natation y compris compétitive est envisageable, mais plus tardivement et sous surveillance.**

**Attitude scoliotique : Après suppression de la cause, on conseillera de préférence des activités sportives sollicitant le corps de façon symétrique : natation, musculation (tirage nuque, tirage bas) et des étirements visant à redresser et « ouvrir » la cage thoracique (pull-over).**

*RZ*

**L'expression est surprenante voire à peine crédible. Pourtant le rhume de hanche est une pathologie bien connue du milieu médical.**

# LE RHUME DE HANCHE

- ***Qu'est-ce qu'un rhume de hanche ?***
- ***Quelles sont ses conséquences sur la pratique sportive ?***
- ***Quels sont les traitements ?***

## QU'EST-CE QU'UN RHUME DE HANCHE ?

Le rhume de hanche est caractérisé par une douleur unilatérale à la marche, obligeant à boiter, accompagnée d'une petite fièvre. La douleur peut s'étendre jusqu'au genou. Elle peut être précédée de quelques jours par une infection *ORL*(120) ou digestive.

Le rhume de hanche est une *arthrite*(121) réactionnelle le plus souvent d'origine virale. C'est plus précisément une *synovite aiguë*(122) transitoire, c'est-à-dire une inflammation de la membrane :
- qui tapisse l'intérieur de la capsule articulaire *(la synoviale)* ;
- qui produit le liquide lubrifiant appelé synovie.

Le rhume de hanche concerne le plus souvent des enfants de 3 à 10 ans. Les garçons sont plus concernés que les filles.

## TRAITEMENT

Il consiste quasi inévitablement en un repos alité pendant une semaine pour décharger le membre inférieur. Un anti-inflammatoire non-stéroïdien peut être prescrit *(aspirine, paracétamol...)*.

Les cas les plus graves peuvent être traités par :
- une immobilisation du membre inférieur par traction ;
- une ponction du liquide intra-articulaire avec examen bactériologique.

***(120) ORL : oto-rhino-laryngologie (oreille, nez, gorge).***

***(121) Arthrite : inflammation aiguë ou chronique des articulations dont l'origine est rhumatismale ou infectieuse.***

***(122) Aiguë : dont l'évolution est rapide.***

Au bout de six semaines, la guérison doit être vérifiée par un examen clinique et une radio. Cette maladie ne laisse pas de séquelle, sauf dans 10% des cas, une *coxa-magna* : un développement disproportionné de la tête du fémur.

### RHUME DE HANCHE ET PRATIQUE SPORTIVE

La pratique est impossible durant la maladie car la douleur empêche de solliciter la hanche atteinte et même de poser le pied au sol.
La reprise des activités physiques devra être progressive et commencer par la marche.

## CONCLUSION

**Le diagnostic correct est réalisé à partir d'une radiographie ou une échographie, voire une scintigraphie et en dernier recours par une ponction, donc par un médecin.**
**Comme pour de nombreuses maladies, les symptômes peuvent être communs à d'autres maladies. Ceux du rhume de hanche peuvent aussi faire penser à :**
- **une ostéoarthrite de hanche ;**
- **une épiphysiolyse de hanche ;**
- **la maladie de Legg-Calve-Perthes.**

*RZ*

**Lors d'une visite médicale, la détection d'un souffle au cœur est souvent révélée avec peu d'explications. Aussi, dans l'incertitude, le souffle au cœur peut être interprété par l'entourage comme le signe d'une maladie grave.**

# LE SOUFFLE AU CŒUR DU JEUNE SPORTIF

- *Qu'est-ce qu'un souffle au cœur ?*
- *Quelles précautions prendre pour pratiquer un sport ?*

## QU'EST-CE QU'UN SOUFFLE AU CŒUR ?

C'est un des bruits *« anormaux »* que le médecin peut entendre dans son *stéthoscope*(123) en écoutant le cœur.

Les battements font *« poum-pich »* au lieu de *« poum-ta »*...
Il existe plusieurs types de souffle au cœur :

- Le *souffle systolique*(124), perçu à la pointe du cœur, à gauche du thorax. Il révèle une fermeture incomplète de la valvule mitrale qui laisse passer un filet de sang. Fréquent chez l'adolescent longiligne, maigre et sportif, il est discret, variable et non pathologique.

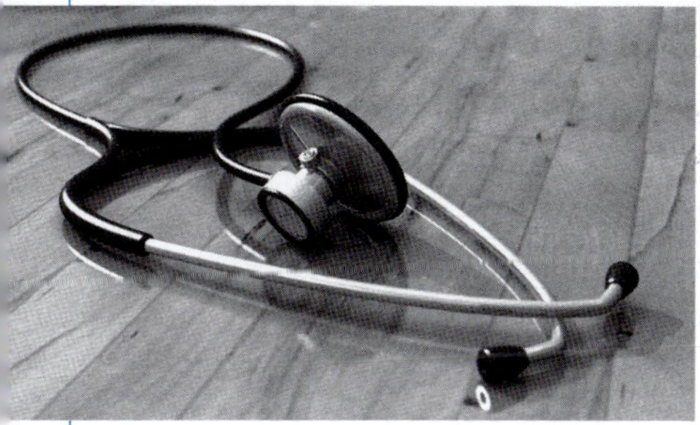

- Le *souffle diastolique*(125), révèle un reflux de sang. Ce souffle est audible après le deuxième bruit du cœur.
- Le souffle anémique apparaît à l'auscultation du cœur chez une personne atteinte d'une anémie.

Le bruit est l'expression d'un écoulement turbulent du sang. Le souffle cardiaque est évalué de 1/6 à 6/6 en fonction de sa gravité.

---

*(123) **Stéthoscope :** instrument utilisé pour écouter des sons internes au corps humain (Cf. : Photo ci-dessus).*

*(124) **Souffle systolique :** il se produit lors de la contraction du cœur.*

*(125) **Souffle diastolique :** il se produit lors du remplissage des cavités du cœur.*

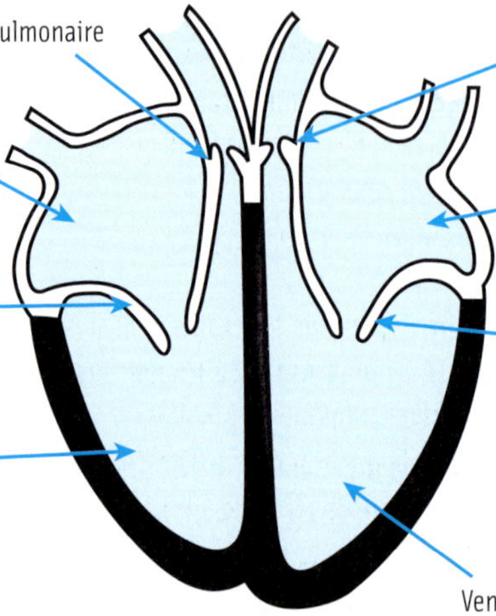


## PRÉCAUTIONS

La découverte d'un souffle au cœur doit inciter à être prudent. Le médecin doit s'assurer que ce bruit est anorganique, c'est-à-dire qu'il n'est pas du à une lésion du cœur : une communication entre les oreillettes ou entre les ventricules. Pour cela, un cardiologue doit être consulté afin de réaliser une *échographie doppler cardiaque*. Il s'agit d'un examen non douloureux. Lorsque les résultats de cet examen sont normaux, le souffle n'est qu'un bruit parasite sans conséquence. Mais il est parfois indispensable de réaliser un électrocardiogramme.

## CONCLUSION

**La pratique sportive peut être dangereuse dans certains cas de souffle au cœur dus à un fonctionnement anormal de cet organe. Ceci est également valable chez les enfants. L'inaptitude à la pratique d'un sport ou l'aptitude et ses conditions doivent alors être déclarées par un médecin cardiologue.**
**Une angine mal soignée peut entraîner un souffle au cœur.**

*RZ*

# LE RHUME : MÉSAVENTURE HIVERNALE DU SPORTIF

**Il est également appelé *coryza* ou encore *rhino-pharyngite*. Il peut être provoqué par plus de 200 types de virus et s'étendre du nez à la gorge. Les symptômes peuvent durer de 2 à 15 jours. En gênant la respiration, le rhume peut pénaliser le sportif à l'entraînement et nuire fortement à la performance.**

## SYMPTÔMES

La plupart des rhumes provoquent de légers symptômes, mais les rhumes les plus graves peuvent aussi retenir au lit. Le rhume peut déclencher : toux et éternuements, maux de tête et même des malaises. La fièvre est absente ou modérée, ce qui permet de le différencier de la grippe. Souvent, l'écoulement nasal est assez important pour gêner la respiration ; le nez peut même être bouché. Le rhume peut être accompagné :

- d'une laryngite *(inflammation du larynx)* ;
- d'une trachéite *(inflammation de la trachée)* ;
- d'une bronchite *(inflammation des bronches)*.

Les complications peuvent être graves : sinusite, otite, pneumonie. Mais, on peut aussi être exposé aux virus du rhume sans être contaminé ou être contaminé et ne pas développer de symptômes.

## CONTAMINATION, CONTAGION ET INFECTION

Le rhume n'est pas une maladie très contagieuse. Pour contaminer une personne, les virus doivent pénétrer dans le nez ou les yeux, y infecter les muqueuses et se multiplier. Ceci peut arriver par exemple en étant à proximité d'une personne enrhumée qui éternue. On peut aussi être contaminé en se frottant les yeux après avoir serré la main d'une personne enrhumée.

L'exposition au froid ne provoque pas directement de rhume. Mais, comme d'autres formes de stress, le refroidissement prolongé du corps affaiblit les défenses immunitaires.

Les climatiseurs, en desséchant l'air et en asséchant les muqueuses nasales, rendent plus vulnérable aux virus causant le rhume.

## PRÉVENTION

Plusieurs moyens permettent de prévenir l'infection ou d'accélérer la guérison.

L'utilisation de mouchoirs jetables à usage unique, bien plus hygiéniques que ceux en tissu, permet de ne pas réinfecter le nez.
Se laver les mains fréquemment au cours de la journée, notamment après le mouchage, contribue à réduire fortement les risques d'infection.
Le *sérum physiologique*(126), utilisé pour nettoyer le nez des nourrissons, peut être utilisé par les adultes. Il favorise l'élimination des impuretés et des germes infectieux en forçant les cellules de la muqueuse nasale à sécréter du mucus. Son utilisation doit être suivie d'une série de mouchages. L'opération peut être répétée plusieurs fois par jour tout au long de l'année.

Chercher à se protéger exagérément de toute exposition, notamment en s'isolant, ne fait qu'affaiblir le système immunitaire. Dans le cas du rhume, c'est une série d'infections qui permet à l'organisme de reconnaître et de combattre les différents virus(127).

Pour éviter les complications et accélérer la guérison, le sportif évitera de s'exposer longtemps aux courants d'air *(cyclisme)* et au froid.

## CONCLUSION

**L'application de quelques principes et l'utilisation de sérum physiologique permettront le plus souvent au sportif d'éviter de s'enrhumer.**
**Le coryza ne doit pas être confondu avec le rhume des foins ou d'autres réactions allergiques.**

*RZ*

***(126) Il s'agit d'une solution de chlorure de sodium dilué dans de l'eau purifiée.***
***(127) Ce principe n'est absolument pas valable pour le VIH à l'origine du SIDA.***

**Plus communément appelée «*rhume des foins*», il s'agit d'une allergie au *pollen*[128]. Il existe plusieurs types de pollinoses qui correspondent aux effets induits par chaque espèce de pollen.**

# POLLINOSE ET PRATIQUE SPORTIVE

## PHÉNOMÈNE

Les grains de pollens lourds sont transportés par les oiseaux et les insectes. Les plus légers et les plus abondants sont transportés... par le vent. La concentration dans l'air de ces pollens dépend :

- des régions du monde *(faible en milieu tropical)* ;
- des zones géographiques *(rurales vs urbaines ; terrestres vs maritimes)* ;
- des saisons *(période de pollinisation[129])* ;
- du degré d'hygrométrie *(l'air sec transporte mieux le pollen ; l'humidité le «colle» et la pluie le rabat au sol)* ;
- de la force du vent.

Lorsque les grains de pollen rencontrent une surface humide *(fleurs, muqueuses des yeux, du nez ou des poumons)*, ils libèrent des substances solubles. Chez les personnes allergiques, ces substances induisent une réaction de rejet *(réponse immunitaire)* disproportionnée sous forme de production massive d'*histamine*[130]. Cette réaction conduit à un état aigu inflammatoire des yeux et des voies respiratoires, pouvant générer un ou plusieurs des symptômes suivants :

- éternuements ;
- nez bouché *(obstruction)* et nez qui coule ;
- conjonctivite avec larmoiement ;
- trachéite spasmodique voire asthme *(spasme bronchique)* ;
- urticaire ou eczéma...

---

***(128) Le pollen est la semence mâle produite par les étamines des fleurs.***

***(129) On distingue trois grandes périodes de pollinisations :***
***les arbres, de janvier à juin,***
***les graminées et céréales, d'avril-mai à août-septembre,***
***les herbacées, de juin à octobre.***
***Certaines plantes, comme le pissenlit, peuvent avoir une durée de pollinisation de 8 ou 9 mois.***

***(130) Histamine : médiateur chimique fabriqué par certains globules blancs. Elle joue un rôle important lors des réactions allergiques en provoquant : une dilatation des vaisseaux sanguins, une constriction des bronches voire des œdèmes.***

Ces symptômes ne sont que la partie apparente d'un désordre plus général. Les pollinoses ne s'accompagnent pas en général de fièvre.

## EFFETS DE L'ALLERGIE AU POLLEN SUR LA PRATIQUE SPORTIVE

L'hyperventilation qui accompagne l'activité sportive peut induire une inhalation plus massive du pollen présent dans l'air et accentuer les symptômes.

L'obstruction nasale et le spasme bronchique induisent une gêne à l'effort qu'on peut mesurer par des tests respiratoires.
Les démangeaisons intenses aux zones d'inflammations *(peau, yeux, nez*[131], *palais, gorge et même oreilles)* peuvent perturber l'attention.
L'état allergique est fatigant et peut même induire des malaises.

## TRAITEMENTS MÉDICAUX ET PRATIQUE SPORTIVE

Les traitements symptomatiques font appel à des antihistaminiques *(de plus en plus efficaces et sans effets secondaires)*, des cromones[132], des bronchodilatateurs *(en cas d'asthme)* et/ou des corticostéroïdes. Les corticostéroïdes peuvent être administrés de deux façons :

- par voie générale *(comprimés ou injection* ***« retard »****)* ;
- par voie locale *(inhalateur, spray, collyre)*.

La première place toujours le sportif en situation de dopage. Il en est de même pour le recours aux bronchodilatateurs en vue de traiter ***« l'asthme des foins »***.
L'usage de ces produits constitue un risque pour la santé.

Une désensibilisation est envisageable à certaines conditions :

- peu d'agents allergènes ;
- allergie de longue durée ;

***(131) L'inflammation de la muqueuse du nez due à un allergène est aussi appelée rhinite allergique.***

***(132) Cromones : molécules anti-allergiques mais non anti-inflammatoires. Le médicament existe sous forme de spray nasal et de collyre.***

- mauvais contrôle par les traitements symptomatiques et/ou mauvais suivi des ces traitements.

Une désensibilisation n'est possible qu'après un bilan allergologique *(tests cutanés)*. Ce bilan vise à identifier les pollens et autres agents *(acariens, poils de chats)* qui provoquent l'allergie chez le patient. La désensibilisation est efficace dans 75% des cas.

## CONCLUSION

**La désensibilisation constitue un traitement des causes et non pas simplement des symptômes. C'est aussi la seule possibilité de traitement durable.**
**Le sportif allergique au pollen peut consulter une météo des pollens diffusée quotidiennement sur internet par le Réseau National de Surveillance Aérobiologique (RNSA).**
**L'allergie au pollen peut s'accompagner d'allergie alimentaire croisée : pollen de bouleau / pomme ; pollen d'armoise / persil, céleri, fenouil, cumin, aneth ; pollen d'ambroisie / melon.**

*RZ*

# CONSTIPATION FONCTIONNELLE ET ACTIVITÉS PHYSIQUES

**Elle peut être induite par les déplacements (compétition), les changements brutaux d'alimentation ou simplement par le stress. Les sportifs, en période de compétition, sont particulièrement concernés.**

- *Qu'est-ce que la constipation ?*
- *Quelles en sont les causes ?*
- *Quelles sont les relations entre constipation et activités physiques ?*
- *Quels sont les principes de prévention et les traitements ?*

## QU'EST-CE QUE LA CONSTIPATION ?

Il s'agit à la fois :
- d'un ralentissement du transit intestinal ;
- d'une diminution de la quantité de selles émises ;
- d'une faible fréquence de la vidange intestinale.

Dans la majorité des cas, les selles sont déshydratées.
Une personne est constipée lorsqu'elle n'est pas allée à la selle depuis au moins trois jours.

## CAUSES

*Exemples d'aliments riches en fibres*

Dans les pays occidentaux :
- La constipation concerne 20% de la population. Elle est plus fréquente chez les femmes et les personnes âgées ;
- la cause la plus fréquente est le manque de *fibres*(133) et d'eau dans l'alimentation.

Les fibres alimentaires ne peuvent jouer leur rôle de laxatif naturel qu'en présence de suffisamment d'eau.

(133) *Fibres alimentaires* : ***ce sont des substances résiduelles d'aliments d'origine végétale. Elles ne sont pas digérées mais sont indispensables au bon fonctionnement du transit intestinal.***

## CONSTIPATION ET ACTIVITÉS PHYSIQUES

La constipation peut perturber l'appétit au détriment de l'hygiène alimentaire et de la performance. La constipation peut aussi entraîner :
- des désagréments *(ballonnements...)* ;
- des troubles psychiques *(irascibilité)* ;
- des douleurs intenses.

Dans ces conditions, le sportif plus que gêné peut même se trouver dans l'incapacité de pratiquer une activité physique.

À l'inverse, l'activité physique peut jouer un rôle préventif. En effet, l'activité physique, en particulier abdominale, favorise le transit intestinal. Ceci est efficace surtout si elle est associée à des mesures diététiques et hygiéniques.

## PRÉVENTION ET TRAITEMENT

Au plan diététique, il s'agit de :
- consommer davantage de fruits et de légumes qui sont riches en fibres ;
- boire suffisamment d'eau, éventuellement riche en magnésium *(Hépar™)* ;
- remplacer le pain blanc par du pain complet ;
- éviter le riz blanc, les carottes, les coings et les bananes

Au plan hygiénique, il faut se conditionner à aller à la selle tous les jours et à la même heure.

Les laxatifs ne doivent être utilisés qu'en derniers recours et sur prescription médicale.

# CONCLUSION

**Associées à suffisamment d'eau, les fibres alimentaires jouent un rôle préventif contre la constipation. Elles contribueraient également à lutter contre le cancer du côlon.**

**La déshydratation (chaleur, fièvre) favorise la constipation. Mais la constipation peut aussi être due à une maladie :**

- **hypothyroïdie[134] ;**
- **diabète ;**
- **maladie de Crohn[135] ;**
- **sigmoïdite[136], etc...**

**Il s'agit alors de constipation « organique ».**

**La prise de certains médicaments (anxiolytiques, antidépresseurs) peut aussi provoquer des constipations.**

*RZ*

***(134) Hypothyroïdie : il s'agit d'une trop faible production d'hormones thyroïdiennes. La conséquence est que le métabolisme des personnes hypothyroïdiennes est ralenti.***

***(135) Maladie de Crohn : c'est une affection inflammatoire chronique qui peut atteindre tous les segments du tube digestif et en particulier les intestins. La cause de cette maladie est inconnue.***

***(136) Sigmoïdite : c'est une inflammation chronique de la dernière partie (segment sigmoïde) du gros intestin (colon).***

**Il ne s'agit ni d'un type de pied *(pied grec, pied égyptien*[137]*)*, ni d'un mal spécifique au sportif !**
**Il s'agit d'une maladie aussi appelée dermatomycose[138].**

# LE PIED D'ATHLÈTE

- *Quels en sont les symptômes ?*
- *Quels principes de prévention appliquer ?*
- *Quels sont les traitements ?*

## SYMPTÔMES

Il s'agit d'une infection de la peau des pieds ; une forme de teigne. Les symptômes sont :
- une desquamation *(morceaux de peau sèche qui se détachent)* ;
- des démangeaisons ou des sensations de brûlure ;
- une odeur désagréable.

Cette maladie de peau est due à des ***dermatophytes*** : des champignons parasites de taille microscopique. Les sportifs en sont plus atteints. Cette maladie est contagieuse. Les champignons peuvent être transmis d'une personne à l'autre :
- en marchant sur le même sol pieds nus ***(vestiaire, douche, bord de piscine, tatamis*[139]*)*** ;
- en se prêtant des chaussures.

## PRÉVENTION

L'humidité des pieds, due à la transpiration, à un sol humide ou à un séchage peu soigneux des pieds, favorise le développement des champignons. Aussi, quelques principes peuvent être appliqués à titre préventif :
- se laver les pieds au moins une fois par jour ;
- après le bain ou la douche, il faut bien se sécher les pieds, en particulier entre les orteils ;
- garder les pieds secs, propres et frais ;

***(137) Pied égyptien : le gros orteil est plus long que les autres. Pied grec : le deuxième orteil est plus long que les autres.***

***(138) Dermatomycose : colonisation de la peau par des champignons microscopiques.***

***(139) Ces sols doivent être nettoyés quotidiennement et même désinfectés.***

- aérer les pieds le plus souvent possible ;
- ne pas porter de chaussures fermées sans chaussettes ;
- n'utiliser que des chaussettes absorbantes *(coton)* ;
- les remplacer au moins tous les jours, plus si nécessaire *(activités physiques)* ;
- nettoyer les chaussettes à 60° ;
- porter le plus souvent possible des chaussures ouvertes ;
- ne jamais utiliser les chaussures d'une autre personne... et surtout pas ses chaussettes !

Il est aussi recommandé de ne pas porter deux jours de suite la même paire de chaussures et d'éviter le port de chaussures serrées, peu ventilées ou en matériau peu absorbant *(bottes en caoutchouc)*.

## TRAITEMENTS

Il existe des pommades ***antifongiques***[140] vendues en pharmacie avec ou sans ordonnance. Ces pommades sont efficaces s'il n'y a pas de complications *(surinfection bactérienne)*. Dans le cas contraire, le médecin peut être amené à prescrire un antifongique en comprimés et même un antibiotique.

## CONCLUSION

**Le pied d'athlète n'a rien à voir avec un manque d'hygiène. Cependant, ce type d'infection peut se propager à d'autres régions du corps... par l'intermédiaire des mains !**
**Il existe d'autres sortes de mycoses des pieds. Il existe aussi d'autres affections produisant une desquamation de la peau : l'eczéma, le psoriasis, etc.**

*RZ*

***(140) Antifongique : médicaments prescrits pour traiter les infections provoquées par les champignons.***

# LA SPASMOPHILIE : MYTHE OU RÉALITÉ ?

**En France, près de 10 millions de personnes souffriraient de spasmophilie, principalement des femmes.**

- ***Qu'est-ce que la spasmophilie ?***
- ***Les activités physiques et sportives sont-elles recommandées aux personnes spasmophiles ?***

## QU'EST-CE QUE LA SPASMOPHILIE ?

C'est un syndrome fait de deux types de crises :
- des crises mineures *(palpitations, crampes, douleurs abdominales, pertes de connaissance)* ;
- des crises majeures *(attaques de tétanie).*

Ce syndrome se développe le plus souvent chez des personnes nerveuses et anxieuses.

*« C'est certainement la description relativement récente des « attaques de panique » qui se rapproche le plus de la spasmophilie ; pendant les attaques, en effet, on observe les signes suivants : dyspnée*[141]*, palpitations, gêne thoracique, sensation d'étouffement ou d'étranglement, vertiges, paresthésies*[142] *des extrémités, tremblement, impression d'évanouissement... l'origine émotive est habituelle* » Simonin (2004).

## TRAITEMENTS

Les traitements antispasmophilie ne sont pas tous aussi efficaces. À l'échec des supplémentations en calcium, en magnésium et/ou en vitamines, s'oppose l'efficacité du repos, de la relaxation, des tranquillisants, des bêtabloquants voire des antidépresseurs.

(141) **Dyspnée : difficultés de respiration, sentiment d'oppression.**

(142) **Paresthésie : trouble de la sensibilité, caractérisé par des sensations anormales telles que des fourmillements ou des picotements.**

## ACTIVITÉ PHYSIQUE ET SPASMOPHILIE

Il semble qu'avec des techniques dérivées de la relaxation, les spasmophiles peuvent éviter les crises et retrouver leur autonomie. Pour les aider à contrôler leurs *« attaques de panique »*, il leur faut apprendre à ralentir leur rythme respiratoire et à retrouver une respiration abdominale plutôt qu'une respiration thoracique.

L'hygiène de vie a également son importance *(alimentation, sommeil, se relaxer, dédramatiser)*.

## CONCLUSION

**La spasmophilie est un problème inconnu hors de nos frontières(143) !**
**Plusieurs recherches ont montré que la spasmophilie n'a pas pour origine un manque de calcium ou de magnésium. « Il semble En revanche que ce soit aux confins de la pathologie psychiatrique qu'il faille placer les manifestations de spasmophilie dont la réalité est indéniable et la fréquence extrême »**
**Simonin (2004).**

*RZ*

---

*(143) « Il n'y a pas de différence notable entre la description clinique des crises de spasmophilie par l'école française et celle des attaques de panique par l'école américaine » Simonin (2004).*

**L'anxiété est un des troubles les plus fréquents. Elle est très souvent accompagnée d'une sensation de fatigue.**

- ***Qu'est-ce que l'anxiété ?***
- ***Qu'est-ce que la fatigue ?***
- ***Quelles sont les relations entre anxiété, fatigue et performance ?***

# ANXIÉTÉ, FATIGUE ET PERFORMANCE SPORTIVE

## QU'EST-CE QUE L'ANXIÉTÉ ?

C'est un état d'alerte, de tension psychologique et *somatique*[144], accompagné d'inquiétude voire de peur, souvent disproportionnée ou sans objet.
Les symptômes de l'anxiété sont à la fois physiologiques et psychologiques, objectifs *(observables)* et subjectifs *(ressentis)* :

- palpitations, incapacité d'inspirer suffisamment, contractures, tremblements, troubles digestifs... ;
- agitation, impossibilité de se détendre, impression de constriction, étourdissements...

Les personnes anxieuses ont le sentiment que quelque chose de grave est sur le point de se produire, ce qui peut les rendre irritables. Les psychologues comportementalistes considèrent que l'anxiété est un conditionnement résultant de souffrances ou de malaises psychiques.

L'anxiété est coûteuse en énergie et peut entraîner une grande fatigue.

## QU'EST-CE QUE LA FATIGUE ?

C'est un état de lassitude accompagné d'une baisse des capacités physiques ou mentales.

La fatigue peut prendre différentes formes, mais le résultat est le même : l'incapacité de poursuivre l'activité avec la même intensité.

La fatigue subjective est une sensation perçue.

***(144) Somatique : qui concerne le corps.***

## RELATIONS ENTRE ANXIÉTÉ, FATIGUE ET PERFORMANCE SPORTIVE

L'anxiété des compétiteurs est une sensation de malaise liée à l'appréhension ou la peur d'échouer. Mais, il n'y aurait pas de relation systématique entre l'anxiété, la fatigue perçue et la baisse de performance. En effet, selon une étude menée par Millet & al. (1995) : *« une élévation de la fatigue perçue est anxiogène... même si cette fatigue ne se traduit pas par une baisse des performances » !*

À l'entraînement, l'anxiété, utilisée comme outil de motivation et même de manipulation, peut parfois améliorer l'apprentissage et la performance. Mais, à terme, elle devient une habitude incontrôlable qui produit l'effet inverse.

## CONCLUSION

**Pour certains sportifs, les situations de compétition sont très anxiogènes.**
**À l'inverse, une équipe médicale belge considère que « le sport est un outil thérapeutique naturel très efficace pour les patients souffrant d'anxiété pathologique ».**
**Ceci montre qu'il faut différencier l'anxiété normale de l'anxiété pathologique.**

*RZ*

**Spectaculaire, bien que rarement mortelle, la crise d'épilepsie impressionne toujours.**

- *Qu'est-ce que l'épilepsie ?*
- *Comment prendre en charge les personnes épileptiques dans le cadre des activités physiques ?*

# MIEUX CONNAÎTRE ET PRENDRE EN CHARGE LES PERSONNES SPORTIVES ÉPILEPTIQUES

## QU'EST-CE QUE L'ÉPILEPSIE ?

Il s'agit d'une maladie neurologique se manifestant par *des crises*(145). Elle est l'expression d'un fonctionnement anormal, aigu mais transitoire de l'activité électrique du cerveau : une décharge électrique chaotique.
Il existe plusieurs causes possibles à l'épilepsie :

- une prédisposition héréditaire ;
- une infection cérébrale *(méningite, encéphalite)* ;
- une lésion *(traumatisme crânien)* ;
- une tumeur au cerveau ;
- un accident vasculaire cérébral ;
- une intoxication médicamenteuse ;
- un trouble du métabolisme ;
- un sevrage de drogue ou d'alcool...

Dans certains cas, la cause n'est pas connue. Les crises débutent le plus souvent durant l'enfance ou l'adolescence.

## PETIT MAL ET GRAND MAL

Les crises généralisées sont de deux types :

- Les crises de *«grand mal»*, durant lesquelles la personne pousse un cri, perd connaissance, se raidit et est animée par des secousses saccadées et incontrôlables *(convulsions)*. Le relâchement musculaire qui suit peut entraîner miction et/ou défécation.
- Les crises de *«petit mal»* ou absences, qui surviennent surtout chez les enfants. La personne alors inattentive semble rêver. Ces crises durent moins

***(145) Lorsqu'une crise reste unique, on ne parle pas d'épilepsie. En effet, l'épilepsie est définie par la répétition des crises pendant un certain temps de la vie d'un individu.***

d'une minute et ne sont pas accompagnées de mouvements anormaux. Pouvant se produire plusieurs dizaines de fois par jour et passer inaperçues, ces crises peuvent nuire significativement à la scolarité.

Il existe également des crises partielles : *« simples »* ou *« complexes »*....

## CONDUITE À TENIR EN CAS DE CRISE DE « GRAND MAL »

Les crises de *« grand mal »* durent le plus souvent deux à trois minutes et ne nécessitent pas d'aide. Il faut s'assurer que la personne ne court aucun danger et qu'elle peut respirer, mais il ne faut pas chercher à l'immobiliser. On cherchera simplement à :

- la protéger d'un choc violent ou d'une chute ;
- supprimer ce qui peut gêner la respiration *(col serré)* ;
- placer un coussin ou un vêtement roulé sous la tête.

Après la crise, la personne doit être placée en position latérale de sécurité.

Il faut appeler des secours *(pompiers)* lorsque la crise dure plus de *cinq minutes*[146] ou si elle se répète.

## PRÉVENTION

La fatigue et le stress sous différentes formes *(lumière scintillante, efforts violents ou épuisants, maladie)* peuvent déclencher des crises. La prévention consiste alors à éviter ces *« agents déclencheurs »* mais aussi à prendre régulièrement les médicaments prescrits.

## PRATIQUES SPORTIVES

La personne épileptique peut pratiquer des activités physiques et sportives à condition d'éviter :

- les situations stressantes ;

***(146) Les crises prolongées peuvent être mortelles si elles ne sont pas traitées dans l'urgence.***

- les efforts épuisants *(croisières, raids et randonnées)* ;
- les voyages fatigants *(grands déplacements compétitifs)*.

Il lui est fortement recommandé d'éviter les sports à risques *(par ex. : sports nautiques, sports de combat, escalade, parachutisme)*.

## CONCLUSION

**La prise en charge, au plan sportif, d'une personne épileptique est une « lourde » responsabilité. Toutes les activités physiques peuvent présenter un risque pour ces personnes, celui d'une crise. Or, les conditions mêmes de ces pratiques peuvent rendre ces crises mortelles (ex. : piscine).**

**La perte de contrôle de soi qui accompagne les crises de grand mal et les états qu'elle induit sont souvent accompagnés d'un sentiment de honte.**

*RZ*

# DIABÈTE INSULINO-DÉPENDANT ET SPORT : COMPATIBLES, MAIS À QUELLES CONDITIONS ?

**Diabète et sport ont longtemps été considérés comme incompatibles. Mais, dans les années 50, le joueur de tennis *Bill Talbert*(147) a montré la voie de la compatibilité.**

- ***Qu'est-ce que le diabète insulinodépendant ?***
- ***Quels sont les complications et les traitements ?***
- ***Quels sont les effets de la pratique d'activités physiques sur le diabète ?***

## QU'EST-CE QUE LE DIABÈTE INSULINODÉPENDANT ?

Chez les personnes en bonne santé :

- lorsque le taux de sucre dans le sang est trop bas *(hypoglycémie)*, le *pancréas*(148) sécrète du glucagon. Cette hormone entraîne une libération de sucre dans le sang, par conversion du glycogène hépatique et musculaire ou des graisses de réserve ;
- lorsque le taux de sucre dans le sang est trop élevé *(hyperglycémie)*, le pancréas sécrète de l'insuline. Cette hormone rend les cellules adipeuses perméables au sucre, qu'elles mettent en réserve sous forme de graisse.

Chez les personnes souffrant de *diabète sucré*(149) insulinodépendant, le pancréas n'est plus capable de sécréter suffisamment d'insuline pour abaisser le taux de sucre dans le sang.

## TRAITEMENTS ET COMPLICATIONS

Dans ce cas, l'élévation anormale de la glycémie doit être ajustée par une injection d'insuline. C'est vital. Mais, des crises d'hypoglycémie peuvent se produire à cause :

---

***(147) Bill Talbert : (1918-1999) a figuré 13 fois au top 10 USA entre 1941 et 1954. Vainqueur de la coupe Davis dans les années 50, il est le premier sportif de haut niveau diabétique à avoir montré comment cette maladie pouvait être « surmontée ».***

***(148) Pancréas : c'est une glande située derrière l'estomac. Elle participe :***
***à la digestion en sécrétant le suc pancréatique dans l'intestin grêle,***
***à la régulation de la glycémie par la sécrétion de deux hormones antagonistes, l'insuline (hypoglycémiante) et le glucagon (hyperglycémiante).***

***(149) Diabète sucré : il en existe deux types :***
***type I ou diabète insulinodépendant. Il concerne plutôt les enfants et les jeunes.***
***type II, dit non-insulinodépendant, également appelé diabète gras (excès de poids).***

- d'une erreur diététique *(part insuffisante de glucides)* ;
- d'une prise excessive d'insuline ;
- d'un effort physique épuisant.

À terme, le diabète méconnu ou mal soigné peut entraîner des complications :
- perte de la vue par atteinte de la rétine ;
- neurologiques *(convulsions, confusion mentale, épisode de paralysie, coma)* ;
- insuffisance rénale ;
- altérations macro et microvasculaires *(lésions des extrémités dont les orteils(150))*.

Actuellement, la pompe à insuline permet d'obtenir un bon contrôle de la glycémie. Elle est considérée comme la meilleure défense contre les complications à long terme.

## EFFET DE LA PRATIQUE D'ACTIVITÉS PHYSIQUES

La pratique d'activités physiques :
- augmente considérablement le besoin en sucre des cellules, provoquant une baisse de la glycémie ;
- permet ainsi de diminuer les doses d'insuline.

La pratique d'une activité physique peut ainsi être une aide quotidienne du diabétique. C'est à partir de cette idée que Bill Talbert a su maîtriser son diabète.

Les exercices réalisés en endurance aérobie seraient les plus efficaces. L'activité physique retarderait et même empêcherait l'apparition de certains diabètes non-insulinodépendants.

***(150) Ces lésions s'accompagnent alors d'un risque élevé de gangrène, dont l'issue est l'amputation.***

## RESTRICTIONS

La pratique d'activités physiques nécessite impérativement un suivi médical et un autocontrôle de la glycémie avant et après l'exercice pour éviter les crises d'hypoglycémie.
Certains sports ne doivent pas être pratiqués : les sports violents *(sport de combat, rugby)*, ceux pratiqués en compétition, en altitude *(alpinisme)* ou en profondeur *(plongée)*. L'idéal est une activité d'endurance pratiquée de façon régulière en termes d'horaire, de durée et d'intensité : cyclisme, course à pied, ski de fond. Ceci permet de mieux connaître et gérer ses réactions à l'effort.

## DIÉTÉTIQUE DU DIABÉTIQUE

Elle consiste entre autres en une quasi éviction des aliments susceptibles d'entraîner une hyperglycémie, c'est-à-dire ceux dont l'***index glycémique*** est élevé : sucre, sucrerie, gâteaux, sodas. Mais, chez les diabétiques, les glucides à faible index glycémique doivent quand même représenter 45 à 50% des calories apportées par l'alimentation.

## CONCLUSION

**La pratique d'activités physiques diminue fortement les besoins en insuline des personnes diabétiques. Une musculature entraînée et développée est significativement plus apte à consommer et à stocker du glucose en cas d'hyperglycémie et à en libérer en cas d'hypoglycémie. Les diabétologues préconisent la pratique, trois fois par semaine, de 30 à 45 minutes d'activités d'endurance : vélo, natation, course à pied.**
**L'entraîneur sportif doit s'attendre à ce qu'un jour ou l'autre un élève diabétique fasse une crise d'hypoglycémie. Les signes sont une sudation importante, un malaise voire des convulsions. Aussi, l'entraîneur doit s'assurer que de tels pratiquants ont sur eux le morceau de sucre qui pourra les sauver.**

*RZ*

# CANCER(S) ET ACTIVITÉS PHYSIQUES

**Le cancer : un type de maladie qui défraie la chronique et effraie les plus combatifs. Les sportifs ne sont pas épargnés. Pour la plupart, des questions essentielles restent sans réponses précises :**

- *Qu'est-ce qu'un cancer ?*
- *Les risques de développer un cancer sont-ils minorés par la pratique d'activités physiques et sportives ?*
- *Guérit-on mieux d'un cancer en pratiquant une activité physique ?*

## QU'EST-CE QU'UN CANCER ?

C'est une affection pathologique : la multiplication anormale de cellules d'un tissu, formant des tuméfactions, des nodules ou des tumeurs malignes dans un organe *(poumon, foie, sein...)*.

Le développement du cancer peut se faire :
- localement : dans l'organe où il a émergé ;
- à distance : les cellules cancéreuses peuvent migrer vers un autre organe, s'y multiplier et former des métastases.

En France, 25% des décès sont dus à un cancer. Pourtant 50% des personnes cancéreuses sont guéries.

## LE SPORT, PRÉVENTIF DU CANCER

Il semblerait qu'une demi-heure d'activité physique quotidienne réduise les risques de tumeurs, notamment du côlon et du sein.

De récentes études montrent que la diminution du risque de développer un cancer du sein est proportionnelle au nombre d'heures d'entraînement hebdomadaires.

Surpoids et obésité produiraient l'effet inverse(151).

***(151) Selon l'étude européene Epic. Il s'agit de la plus grande étude réalisée sur les relations entre l'alimentation et le cancer : suivi de 500.000 hommes et femmes, d'Europe centrale, du nord et du sud. Cette étude est coordonnée par le Centre International de Recherches sur le Cancer (CRIC).***

## ACTIVITÉS PHYSIQUES ET RÉMISSION

L'apparition d'un cancer rend difficile voire impossible la pratique d'un sport pendant le traitement, bien que cela dépende :

- du type de cancer ;
- du traitement ;
- de l'activité physique envisagée.

C'est plus encore l'état du malade qui est déterminant.
La natation sans recherche de performance peut être pratiquée dans de nombreux cas. Mais il ne faut pas en attendre de *rémission*(152) ; c'est essentiellement le suivi rigoureux du traitement qui augmente les chances de survie.

Le cycliste Lance Armstrong : victime d'un cancer en 1996, puis sept fois vainqueur du Tour de France de 1999 à 2005, a créé sa propre fondation pour la recherche contre le cancer.

La reprise d'un sport peut aider les personnes guéries à se reconstruire physiquement et mentalement. Cependant, certaines séquelles liées au traitement *(curetage ganglionnaire, ablation, amputation)* peuvent limiter le choix de pratique sportive.

## CONCLUSION

**Le sport peut jouer un rôle non négligeable de prévention du cancer. En effet, la dépense énergétique qu'il occasionne, la sollicitation saine de nombreux organes et plus généralement l'hygiène de vie qu'il impose (alimentaire, respiratoire...) jouent en faveur de la santé.**
**Cela ne dispense pas pour autant d'éviter de s'exposer aux autres facteurs à risque (soleil, amiante, alcool, produits chimiques...).**
**Il est très rare qu'une personne guérie soit inapte à l'ensemble des activités physiques et sportives.**

*RZ*

***(152) Rémission : diminution des symptômes d'une maladie.***

# Pour conclure ce chapitre

**Toutes les pathologies n'ont pas la même gravité.**

**Respecter les limites du sportif, dispenser des conseils et adapter l'entraînement sont de la responsabilité de l'entraîneur. Aussi, le plus souvent, l'entraîneur doit disposer d'un avis médical pour ne pas faire courir de risque inutile au sportif et répondre au mieux à ses attentes.**

*RZ*

Chapitre 14

# DOPAGE ET ADDICTIONS

Il est de notoriété publique que le dopage n'est pas l'apanage des sportifs de haut niveau. Une étude européenne révèle que 6% des usagers des centres de fitness reconnaissent utiliser régulièrement des médicaments pour améliorer leurs performances. Un colossal marché noir existe avec plus de 100 millions d'euros de vente d'anabolisants ou hormones de croissance rien que pour l'Allemagne.

Face à cela, les entraîneurs ont un rôle fondamental qui s'articule principalement autour de deux axes : l'éducation et l'information.

Au-delà du cadre législatif, le dopage peut être considéré comme une démarche dont le premier pas consiste à remplacer l'orange pressée par un comprimé de vitamine C avant un effort alors qu'il n'y pas de carence avérée, puis par du Guronsan™, et ainsi au fil des compétitions le jeune athlète passe plus naturellement à l'injection de solutions polyvitaminées. Il n'est alors plus très loin de sauter le pas vers les produits autorisés en deçà d'un certain seuil. Le passage du licite à l'illicite est l'ultime palier, avec tous les dangers sanitaires qui en résultent. Cet engrenage est décrit selon les termes employés par Bruno Roussel, ancien directeur sportif de l'équipe Festina, dans son livre intitulé ***« Tour de vices ».***

L'éducation passerait donc par l'inculcation d'une conduite qui refuserait les solutions de facilité et le contournement des obstacles, amenant le sportif à affronter les difficultés et à trouver en lui les réponses aux problèmes rencontrés *(dosage de l'entraînement, alimentation, hygiène de vie, équilibre, maîtrise de ses émotions...)*. L'information implique pour chacun une connaissance de plus en plus fine de ce qui existe et des risques encourus. C'est la raison pour laquelle nous avons choisi de vous apporter petit à petit quelques éléments sur cette question. Nous savons que vous en ferez bon usage.

*TM*

# DOPAGE ET CONDUITES DOPANTES

**Bien plus qu'une simple définition du dopage en référence à la prise de produits figurant sur une liste, le docteur Patrick Laure propose depuis quelques années la notion de conduite dopante qu'il définit comme un comportement de consommation de produits (pas forcément interdits) pour affronter un obstacle aux fins de performance. Dès lors, l'étudiant qui prend un produit avant un examen, l'homme public qui prend un calmant avant un discours ou le sportif fatigué qui se gave de vitamines sont concernés !**

Et si toutes les conduites dopantes n'étaient que des conduites de prévention de l'échec !
Les discussions récurrentes pour définir les frontières du dopage sont dépassées ; la démarche du recours à un produit comme solution de facilité interpelle le sportif et son entourage dans leur réalité quotidienne. Et si finalement moi aussi je contribuais à... !

Contrairement à ce que l'on pourrait penser, il n'y a pas que le sport de haut niveau qui est touché. De plus en plus de cas sont rapportés dans des manifestations de masse. Les études montrent qu'en France, un adolescent sur 20 pratiquant un sport est concerné. De nombreux éducateurs auraient donc des jeunes touchés par le dopage sans le savoir !

Patrick LAURE distingue trois stades de consommation : l'usage *(sans danger pour la santé)*, l'abus *(usage dangereux pour la santé)* et la dépendance *(perte de la liberté de s'abstenir du produit)*.

Les mécanismes du passage à l'acte sont complexes. À un moment donné, il y a la rencontre d'une personne, d'un environnement et d'un produit. La plupart du temps, il semble que l'individu ne cherche pas lui-même volontairement le produit interdit, c'est souvent une ***« bonne âme »*** qui vient le lui proposer.
La recherche de la performance est en cause tout comme la pression exercée par l'entourage *(famille, entraîneur, copains, public...)*.

Pourquoi faut-il lutter contre le dopage ? L'éthique bien sûr, mais pas seulement. Il y a aussi la santé des individus qui est en jeu.
La prévention des conduites dopantes passerait donc par une éducation et une information du sportif et des ses proches. Ainsi l'autodétermination du jeune

sportif est un élément non négligeable. Le choix de la pratique : qui l'a fait ? l'enfant lui-même ou les parents ? Parents et entraîneurs ne souhaitent-ils pas pour leur enfant la carrière dont ils rêvaient pour eux-mêmes ?

Nous pensons aussi que le contenu de l'entraînement est, d'une certaine façon, une réponse au dopage s'il traque les signes de surentraînement, s'il s'ajuste aux réactions des sportifs et s'il associe la prévention des blessures aux objectifs de performance.
La formation devrait également intégrer la possibilité de l'échec, le droit à l'erreur et valoriser l'effort que chacun a consenti pour tendre vers ses propres limites.

*TM*

**Les réactions physiologiques et psychologiques à l'entraînement et aux substances dopantes ne sont pas constantes. En effet, contrairement à la plupart des *phénomènes physiques*(153), les *phénomènes physiologiques*(154) et plus encore ceux *psychologiques*(155) présentent de grandes variations. L'assuétude et l'accoutumance en sont deux exemples :**

- ***Que signifient ces deux termes ?***
- ***Comment prendre en compte les variations de réactions pour adapter et planifier l'entraînement ?***

# ASSUÉTUDE ET ACCOUTUMANCE À L'ENTRAÎNEMENT ET AUX SUBSTANCES DOPANTES

## ASSUÉTUDE ET ACCOUTUMANCE

Deux points de vue au moins peuvent servir à l'entraîneur.

Le terme d'**assuétude** signifie :

1. en psychologie : *tendance irrépressible à recommencer un acte.*
2. en physiologie : *dépendance à l'égard d'une drogue*.

Le terme d'**accoutumance** signifie :

1. en psychologie : *habitude progressive.*
2. en physiologie : *adaptation de l'organisme à une substance toxique.*

La dépendance est l'état résultant d'une accoutumance à un produit toxique.

## ASSUÉTUDE ET ACCOUTUMANCE AUX SUBSTANCES DOPANTES

L'accoutumance à une *substance*(156) est la diminution plus ou moins progressive de ses effets sur l'organisme, par exemple :

- l'accoutumance aux produits dopants ;
- l'accoutumance aux toxiques légaux *(café, tabac, médicaments prescrits)* ;
- l'accoutumance aux toxiques illégaux *(cocaïne, LSD, ecstasy...)*.

***(153) Par exemple : la chute des corps, les déformations sous contraintes.***

***(154) Par exemple : les ajustements nerveux et hormonaux, les métabolismes énergétiques.***

***(155) Par exemple : l'apprentissage, les émotions.***

***(156) La diminution de l'efficacité des antibiotiques n'est pas un phénomène d'accoutumance, mais de sélection naturelle : un tri des individus les plus aptes à survivre et à se reproduire.***

L'assuétude et l'accoutumance conduisent à augmenter les doses de produits dopants consommés quotidiennement en vue :

- d'obtenir les mêmes effets ;
- de faire face à une charge croissante d'entraînement.

Cette « *spirale* » sans fin doit être assimilée à une toxicomanie. Accoutumance et assuétude sont accompagnées d'effets secondaires versatiles *(variations importantes des états de forme, des humeurs et des performances)*. Ceux-ci troublent la lisibilité des effets de l'entraînement. Le sportif dopé devient rapidement ingérable.

## ASSUÉTUDE ET ACCOUTUMANCE À L'ENTRAÎNEMENT

S'entraîner, c'est soumettre son organisme à un stress. Ce stress contraint l'organisme à s'adapter pour faire face à des contraintes à venir.
Cependant, si les tâches et les charges d'entraînement ne sont pas variées, la lassitude et l'accoutumance peuvent s'installer malgré l'assuétude. Peu stimulé, le sportif s'habitue et ses performances stagnent voire régressent.

Prévenir ainsi l'accoutumance du sportif à l'entraînement implique de se démarquer de *la culture de la répétition* à l'infini d'exercices et de charges : un problème de créativité.

## ADAPTATION À L'ENTRAÎNEMENT ET PLANIFICATION

Il s'agit alors de surprendre les sportifs pour les stimuler :

- en augmentant progressivement les charges de travail *(durées, intensités, nombre de séries, de répétitions, charges à soulever et/ou distances à parcourir)* ;
- en diminuant les temps de repos *(entre les séries, entre les exercices, entre les séances)* ;
- en augmentant la fréquence des séances ;
- en faisant varier les formes de travail *(course continue, en côte, variation d'allure, contraste de phases, fractionné...)* ;

- en complexifiant les tâches *(changements de buts, de* **matériels**[157]*, de partenaire ou d'environnement de pratique)* ;
- en associant les contraintes *(durée-équilibre, durée-adresse, intempéries-nature du terrain).*

Le niveau de difficulté des tâches proposées doit être légèrement supérieur aux capacités du sportif, de sorte qu'il puisse réussir en produisant suffisamment d'efforts. Les caractéristiques de référence vers lesquelles doivent tendre les exercices sont celles de la compétition.

## CONCLUSION

**Les réactions physiologiques et psychologiques varient dans le temps, chez une même personne et d'une personne à l'autre. Les sportifs ne font pas exception.**
**Faire varier l'entraînement peut être une alternative au dopage.**

*RZ*

***(157) Chaussures de running, rollers, vélo, footbike...***

# LES ANABOLISANTS

**Le terme anabolisant fait référence à toute substance qui stimule l'anabolisme (phénomène d'assimilation) et entraîne, notamment, l'accroissement du système musculaire.**

Dans le monde du sport, ce terme désigne généralement les *« stéroïdes »,* dérivés d'une hormone mâle *(la testostérone)*. Ces anabolisants de synthèse, administrés à un adulte sous forme de comprimés ou d'injections, produisent le même effet que la testostérone naturelle sécrétée chez l'adolescent entre 12 et 18 ans : virilisation, masculinisation, augmentation du volume musculaire et osseux. Or, la prescription de la testostérone et de ses nombreux dérivés se limite, uniquement, aux jeunes dépourvus de puberté spontanée. Le dosage normal, administré médicalement dans ces cas-là, est de 250 mg par mois, alors que les athlètes et les sportifs en absorbent, illégalement, la même dose toutes les 24 ou 48 heures!

Prohibés à la consommation pour leurs effets nocifs et souvent meurtriers, les anabolisants demeurent, toutefois, à la portée de tout un chacun, dans les clubs commerciaux, auprès de pharmaciens ou de certains médecins dénués de tout scrupule. Un autre genre de fournisseurs alimente, également, ce marché noir : les vétérinaires. En effet, ces stéroïdes existaient à l'origine en tant que produits vétérinaires destinés à engraisser le bétail pour la boucherie ! En outre, des laboratoires, installés un peu partout dans le monde, produisent des stéroïdes anabolisants frelatés et de très mauvaise qualité.
Outre la testostérone, les anabolisants les plus connus sont la nandrolone, l'oxandrolone, la métandiénone et le stanozolol.

## TROUBLES PHYSIQUES ET PSYCHIQUES LIÉS AUX ANABOLISANTS

L'usage des stéroïdes anabolisants, consommés à faible ou forte dose, entraîne inéluctablement des perturbations métaboliques dont la gravité varie selon les cas.

Au niveau du foie, l'hépatite est l'un des effets secondaires les plus importants. Arnold Schwarzenegger, idole des jeunes, aurait eu une expérience malheureuse de ce type. Selon M. Alaywan, ce dernier aurait déclaré souffrir d'une cirrhose hépatique, suite à la consommation d'anabolisants.

Le foie peut, également, développer des tumeurs bénignes ou malignes. L'apparition du cancer ne se limite pas au foie. Ainsi, le ***« body builder »*** Hacik Beyaz, de nationalité turque, s'éteint en 1983, à 24 ans, après avoir lutté contre un cancer généralisé ayant eu un point de départ génital. Son père a révélé, par la suite, qu'il consommait des produits anabolisants.

L'épouse du discobole hongrois Janos Farago a révélé que son mari, mort en 1995 d'un cancer du rein, était parvenu à augmenter son poids de 35 kilos grâce aux anabolisants.

Dans le sang, les lipides et le mauvais cholestérol *(LDL)* augmentent sensiblement, provoquant obstructions vasculaires et troubles cardiaques. Pour ces mêmes raisons, décèdent, en 1975, l'haltérophile belge Serge Reding *(Super lourds - 130 kg)* et en 1982, le culturiste autrichien Heinz Sallmayer, champion du monde pour 1980, suite à leur consommation constante d'hormones.

Le corps de l'homme, saturé d'hormones mâles synthétiques, ne donne plus l'ordre aux testicules de fonctionner afin de sécréter la testostérone naturelle.

## RÉSULTATS

Ces glandes diminuent leur productivité et s'atrophient, induisant la stérilité de l'homme.

Les femmes athlètes utilisant les stéroïdes pour améliorer leur performance souffrent de dérèglements menstruels et même de stérilité.

L'aspect physique des consommateurs d'anabolisants subit certains changements et perturbations disgracieux : développement exagéré du squelette osseux, exophtalmie *(saillie anormale du globe oculaire de l'orbite)*, apparition d'acné et de séborrhée, perte de cheveux partielle ou totale...

On dénote également chez les hommes une augmentation anormale du volume des seins *(gynécomastie)*. Ce phénomène s'explique par le fait que, en temps normal, une partie des testostérones sécrétées naturellement par les testicules se transforme en ostradiole, hormone féminine responsable du volume des seins. Proportionnellement, une plus grande quantité des testostérones administrée artificiellement subira cette transformation, provoquant un développement accru des glandes mammaires. L'apparition de taches sur la peau a été de même répertoriée.

Chez la gente féminine, on observe l'action virilisante des stéroïdes : épaules carrées et saillantes, développement de la pomme d'Adam, voix grave, atrophie des seins et hirsutisme *(développement excessif du système pileux).*

Outre ces contre-indications, l'emploi prolongé de ces anabolisants crée des êtres monstrueux, faits de bourrelets de muscles disgracieux.

En contrepartie, l'arrêt de ces substances se traduit par un ***« dégonflement »*** des muscles et une baisse rapide des performances physiques.

Des troubles psychiques viennent clôturer cette liste bien longue. Les stéroïdes provoquent, parfois, des déviances mentales *(rage des anabolisants)* apparaissant sous différentes formes : forte irritabilité, hostilité, agression d'autrui ou comportement suicidaire.

Serait-ce le cas du boxeur Mike Tyson qui a mordu et arraché, au cours d'un combat en 1997, un bout d'oreille à Evander Holyfield ?

Le suicide, c'est le discobole danois Kaj Andersen qui l'a choisi. Son usage immodéré des anabolisants l'avait conduit à se faire traiter dans un hôpital psychiatrique. Il se jette, en 1973, du haut de la tour de la cathédrale de Copenhague, après son échec aux Jeux olympiques de Munich.

*TM*

***D'après un article original de Lina Asfar***

# LES HORMONES DE CROISSANCE

**Sécrétée par la glande hypophyse, l'hormone naturelle de croissance est responsable du développement osseux et musculaire de l'enfant. Elle est distillée notamment durant les phases de sommeil profond.**

En cas de retard de croissance, dû à un manque de sécrétion hormonale naturelle, cette substance est administrée, artificiellement, par injection quotidienne. Le diagnostic se fait généralement à partir de 5 ans et le traitement se poursuit jusqu'à ce que l'enfant atteigne ***« l'âge osseux »***, stade où les os cessent de grandir.

Cette thérapie médicalement reconnue et admise s'avère très onéreuse, le coût d'une seule injection variant, selon les cas, entre 30 et 40 euros !

L'hormone de croissance contribue à conserver chez l'adulte le tonus de ses muscles et ne joue plus de rôle essentiel dans l'augmentation de leur volume.

Le Dr Ibrahim Salti, chef du département d'endocrinologie de l'hôpital américain de Beyrouth, précise que l'utilisation médicale de l'hormone de croissance chez l'adulte se limite aux pathologies responsables de perte musculaire et osseuse. Citons, à titre d'exemple, les maladies chroniques *(cancer)*, une très forte malnutrition et le SIDA induisant parfois une extrême maigreur. Certains sportifs, de constitution saine, se sont injectés cette hormone afin de développer leur musculature. Ils ont vite déchanté : outre le coût exorbitant de cette substance, ils n'ont pas tardé à constater les effets secondaires indésirables qu'elle provoque.

Le Dr Saria Wakim, endocrinologue, cite les principaux méfaits : augmentation de la taille des mains et des pieds en largeur, du volume des organes internes *(foie, rate...)*, allongement de la mâchoire inférieure vers l'avant...

*TM*

# LA CRÉATINE

**La créatine se retrouve dans l'organisme dans les muscles squelettiques. Combinée au phosphate sous forme de phosphocréatine, elle présente une source anaérobie disponible immédiatement dans le muscle. Elle joue un rôle clé dans le stockage et la libération de l'énergie. La créatine est apportée soit par des phénomènes de synthèse, soit par l'alimentation. Les sources principales d'apport en créatine sont les viandes, les volailles et les poissons qui, dans une alimentation normalement équilibrée, fournissent quotidiennement entre 1 et 2 grammes de créatine.**

De nombreuses données de biochimie et de physiologie établissent que des apports alimentaires importants de créatine ne permettent nullement un stockage de cette molécule dans le tissu musculaire.

Il existe en effet, au sein des cellules qui constituent les muscles, divers mécanismes enzymatiques de régulation et de rétrocontrôle qui s'opposent à un tel stockage. Contrairement à ce que peuvent affirmer les fabricants de créatine ou ceux qui en conseillent l'usage, de tels apports ne sont pas absorbés par l'organisme et sont éliminés par voie urinaire.

À ce jour, il n'existe aucun élément scientifique permettant d'affirmer que la consommation de créatine seule favoriserait l'augmentation de la masse musculaire des sportifs. Si certains effets existent, ils ne peuvent qu'être très modestes car l'apport synthétique de créatine a tendance à s'éliminer systématiquement par voie urinaire.

Selon les sources du Ministère jeunesse et sport, 50 à 70 % des lots de créatine saisis en France, dans les magasins et aux frontières, contiennent des anabolisants.

Ce constat pourrait expliquer que certains sportifs prennent rapidement du muscle : associée aux anabolisants, la créatine optimiserait les effets de ces derniers qui sont déjà très puissants. Ce constat pourrait également expliquer que certains sportifs soient déclarés positifs aux anabolisants alors qu'ils pensaient ne pas en avoir consommé.

En fait, selon certaines études, il semblerait que le véritable effet dopant de la créatine soit de favoriser la récupération de l'athlète de haut niveau.

Étant donné que la créatine est fortement médiatisée, on ne peut toutefois pas exclure qu'elle puisse avoir chez certains sportifs un fort effet placebo.

La créatine n'étant pas à l'origine d'un phénomène de dilution des urines, elle ne peut pas masquer la prise de substances illicites.

On peut toutefois parler de ***« masquant médiatique »*** de la part de certains athlètes qui focalisent l'attention des journalistes sur la créatine qui est autorisée et qui justifierait à elle seule leur progression fulgurante !

Les doses actuelles proposées aux sportifs de 20 à 25 grammes par jour représentent un équivalent de consommation de 4 à 5 kilos de viande rouge par jour.

Les effets à long terme de la créatine sont inconnus même si certaines observations montrent que son utilisation peut entraîner chez certains consommateurs des problèmes de déchirures musculaires, de rétention d'eau, de diabètes *(dus aux compositions fortement enrichies en glucose censées optimiser les qualités de la créatine)*, de problèmes cardiaques et d'atteintes hépatiques.

D'autre part, une possible origine animale de certaines créatines disponibles sur le marché n'autorise pas à exclure totalement un risque de contamination par le prion de l'ESB *(encéphalopathie spongiforme bovine)*. Un principe de précaution élémentaire doit donc inciter quiconque à ne pas en conseiller l'usage.

La créatine pourrait aussi favoriser le développement de cancers. La créatine est un produit qui n'a pas d'existence légale en France. Elle n'est pas considérée comme un complément nutritionnel ni comme un aliment.

La créatine est en fait classée par la ***Direction Générale de la Concurrence, de la Consommation et de la Répression des Fraudes*** *(DGCCRF)* dans la catégorie des ***« substances non traditionnelles »***. À ce titre, la DGCCRF informe qu'aucune autorisation d'emploi de la créatine en France n'a été accordée et qu'il est de ce fait interdit de mettre en vente ou de vendre des aliments ou des compléments alimentaires contenant cette substance.

*TM*

# L'EPO OU ÉRYTHROPOÏÉTINE

**C'est une hormone naturelle produite essentiellement par les reins et plus accessoirement par le foie. Elle a pour effet d'augmenter le nombre de globules rouges dans le sang, jouant ainsi un rôle capital dans l'oxygénation des muscles. Depuis le début des années 80, cette hormone est obtenue artificiellement par génie génétique et est utilisée en médecine pour traiter les anémies des dialysés ou bien en cas d'anémie de l'insuffisance rénale chronique. Cette EPO est un médicament qui est aussi utilisé par des sportifs en bonne santé à des fins dopantes, particulièrement dans les sports d'endurance où la consommation maximale d'oxygène est un facteur limitant.**

Cependant l'utilisation de ce produit présente un certain nombre de risques non négligeables pour la santé de l'individu :

En augmentant le nombre de globules rouges, on rend le sang plus visqueux, plus épais, des caillots peuvent se former, risquant ainsi de boucher de petites artères comme les artérioles qui alimentent le cerveau, le cœur, les poumons, et de provoquer des lésions de ces organes vitaux *(infarctus cérébraux, infarctus du myocarde, embolie pulmonaire)*. Les risques de mort subite sont réels.

On a récemment découvert que des patients soignés à l'EPO de synthèse avaient développés des anticorps inhibant la production de globules rouges par les cellules de la moelle osseuse, favorisant ainsi l'apparition d'une anémie plus grave que l'anémie rénale à l'origine du traitement.

À long terme, des risques de maladies auto-immunes, de cancer de la moelle osseuse et d'hypertension artérielle sont suspectés.

La lutte antidopage progresse doucement face à l'utilisation de l'EPO. Ce médicament disparaît dans les urines après quelques jours. Des tests inopinés mis en place par certaines fédérations internationales ont permis d'épingler quelques tricheurs.

La viscosité du sang peut néanmoins être un indice de son utilisation. Cette viscosité peut être appréciée par le taux d'hématocrite *(pourcentage de globules rouges sur 100 ml de plasma)*. Une hématocrite normale est d'environ 45%. Le taux admissible pour un contrôle antidopage est 50%. On sait malgré tout qu'il est possible de contrôler son taux d'hématocrite et de le baisser le cas échéant par l'injection de solutions salines. Demain, des produits encore plus performants, encore moins décelables, seront sur le marché. Le garde-fou que nous devons proposer se situe donc au niveau de l'information, de l'éducation et de la formation.

*TM*

# LE SALBUTAMOL

**C'est une substance qui provoque une dilatation des bronches. Elle est utilisée pour le traitement de l'asthme et de l'asthme à l'effort. On retrouve cette substance dans de nombreux médicaments agissant sur les bronches dont le plus connu est la Ventoline.**

Ce produit peut dans certains cas provoquer de l'hypertension artérielle ou bien des troubles du rythme cardiaque. Il faut savoir que ce médicament est interdit au sportif *(loi du 23 mars 1999 sur la protection de la santé des sportifs et de la lutte antidopage)*, sauf si son utilisation a été préalablement notifiée par écrit par un pneumologue, établissant que l'athlète souffre d'asthme ou d'asthme à l'effort. La plupart du temps, les sportifs doivent conserver ce document sur eux et, à l'occasion de certaines compétitions internationales, il est aujourd'hui nécessaire de demander l'autorisation d'utiliser ce médicament à une autorité médicale compétente.

Pour la petite histoire, il y avait avant 2002 un nombre croissant de demandes d'athlètes de haut niveau pour un traitement contre l'asthme *(deux fois plus de demandes aux JO de Sydney qu'aux JO d'Atlanta)*. Maintenant, la réglementation est très stricte.

En tout état de cause, lorsqu'un compétiteur se rend chez un médecin pour se faire soigner, il ne doit jamais oublier de préciser son statut de sportif. C'est une preuve de responsabilisation et de lucidité.

*TM*

# LES AMPHÉTAMINES

**Ce sont des substances qui pour la plupart étaient produites par synthèse à des fins thérapeutiques. Ces drogues étaient utilisées au départ pour soigner des troubles de l'attention. Durant la seconde guerre mondiale, les amphétamines ont été prescrites aux pilotes de chasse et à tous ceux qui devaient rester éveillés et en pleine possession de leurs moyens. Elles ont vite été détournées de leurs applications médicales licites et ont été prescrites de façon excessive.**

Les amphétamines sont des substances qui libèrent des produits chimiques qui excitent le système nerveux central agissant sur le cerveau et les glandes surrénales *(situées au-dessus des reins)*. Cela provoque un rétrécissement des vaisseaux sanguins, une augmentation de la fréquence cardiaque et de la pression artérielle. Il en résulte un état d'hyperexcitation physique et psychique. L'utilisateur se sent plein d'énergie, confiant voire euphorique. La fatigue est oubliée et on se sent prêt à soulever des montagnes.

Les amphétamines et leurs dérivés sont souvent ingérés, parfois injectés ou même fumés. Ils se présentent le plus souvent sous la forme de comprimés ou de gélules aux formes et aux couleurs attrayantes. Après l'absorption de ces substances par voie orale, les effets sur le système nerveux central se font sentir au bout d'une demi-heure. Une injection par voie intraveineuse entraîne une action quasi immédiate et beaucoup plus puissante.

Les dérivés des amphétamines portent des noms très branchés : Ecstasy, X, Adam, Ice, Love Drug, Eve, Eden.

Mais les amphétamines et leurs dérivés engendrent comme toutes les drogues, un état de dépendance, puis peuvent entraîner une tolérance. On se retrouve dans ce cas dans un état d'adaptation pharmacologique qui nécessite l'augmentation des doses pour obtenir les effets initiaux.

Les effets secondaires de ces produits ne sont pas négligeables : problèmes cardiaques, hypertension artérielle, convulsions, les sujets deviennent anxieux, agités voire paranoïaques, leur capacité de jugement est altérée. L'histoire du sport nous renvoie à de nombreux accidents, notamment des ***«coups de chaleur»*** mortels chez des sportifs sous amphétamines. Ces drogues diminuent en effet l'apport de sang à la peau, ce qui perturbe la régulation naturelle de la température du corps et peut donc entraîner une hyperthermie.

Bien évidemment, l'usage de tels stupéfiants est interdit et puni par la loi.

*TM*

# CAFÉ, CAFÉINE ET PERFORMANCE

**Pour certains, le café est un simple stimulant. Pour d'autres, il s'agit d'un produit dopant.**

- ***Quels sont les effets de la consommation de café sur l'organisme ?***
- ***Quels sont ses effets sur les performances sportives ?***

## EFFETS SUR L'ORGANISME

Les grains de café contiennent un excitant naturel, la *caféine*(158). La caféine figure sur la liste des produits dopants du *CIO*(159) et de l'*UCI*(160).
La consommation de café induit plusieurs effets :

- psychostimulant ;
- tonicardiaque ;
- diurétique ;
- bronchodilatateur ;
- antalgique ;
- renforcement du *péristaltisme intestinal*(161).

Le café accentue la mobilisation de glycérol et d'acides gras du tissu adipeux. Cet effet reconnu peut intéresser le sportif, d'autant qu'il s'accompagne d'une économie des réserves de glycogène.
Cependant, la consommation importante et régulière de café peut induire une *accoutumance*(162) voire une *dépendance*(163).

## EFFETS SUR LES PERFORMANCES

La caféine n'améliore pas la force musculaire, ni les efforts d'intensité maximale de courte durée *(lancers, sauts)*.

---

***(158) Caféine : elle est aussi présente dans les feuilles de thé, les graines de cacao et les noix de kola.***

***(159) CIO : Comité International Olympique.***

***(160) UCI : Union Cycliste Internationale.***

***(161) Péristaltisme intestinal : mouvements ondulatoires automatiques par contraction des muscles intestinaux.***

***(162) Accoutumance : adaptation de l'organisme à une substance toxique, incitant à consommer des quantités de plus en plus importantes pour obtenir le même effet.***

***(163) Dépendance : besoin intense de consommer un produit pour obtenir un ou des effets agréables ou pour supprimer les sensations désagréables dues à son manque.***

La consommation de café entraîne une élévation du taux d'acide lactique dans le sang au cours d'efforts de longue durée *(marche de 40 km)*.

Il a été démontré que le café augmente significativement l'endurance lors d'efforts d'intensité modérée mais aussi d'intensité supérieure à 70% de la $\dot{V}O_2$ max. Cet effet est accompagné d'une impression de ***« travail plus facile »***. Cependant, la $\dot{V}O_2$ max n'est pas modifiée.

## CONCLUSION

**À petite dose, le café peut être intéressant pour les sportifs. Mais il ne faut pas pour autant en attendre des effets miraculeux. De plus, la consommation de caféine n'est pas totalement sans danger, en particulier pour les personnes qui n'y sont pas habituées.**

*RZ*

**Certains entraîneurs et sportifs sont réputés pour... leur consommation de tabac ! Leur exemple sert d'excuse pour certains qui prétendent que** *« logiquement, le sport nettoie les poumons et permet de fumer sans risque ».*
**D'autres pensent qu'un footing en ville est** *« mieux que de ne rien faire ».*

# TABAC, POLLUTION ET PRATIQUE SPORTIVE

## LE POUMON, UN ORGANE AUTONETTOYANT

Chaque poumon adulte contient environ 300 millions d'alvéoles qui sont le lieu des échanges gazeux avec le sang ($CO_2$ et $O_2$). Du nez aux petites bronches, les voies respiratoires sont tapissées par :

- des cellules ciliées *(80%)*, qui filtrent les particules dont la taille est supérieure à 2 microns[164] ;
- des cellules caliciformes *(20%)* qui sécrètent un mucus.

Le mucus englobe les particules. Les cils vibratiles font remonter le mucus chargé de particules jusqu'au pharynx où il est éliminé par voie digestive. Ce système ne permet pas de filtrer les gaz de combustion *(tabac, gaz d'échappement)* et les vapeurs chimiques qui atteignent directement les alvéoles.

## EFFET DE LA POLLUTION SUR LES POUMONS

Il semblerait que ***« l'absence d'activité physique est plus néfaste pour la santé que l'activité en milieu pollué, sauf dans les situations où le degré de pollution est très élevé »*** *(zones industrielles rejetant des fumée, circulation automobile, pics de pollution).*

L'organisme à l'effort y est plus sensible car l'inhalation des polluants est beaucoup plus importante et profonde. La pollution agresse les muqueuses respiratoires provoquant une inflammation. Elle favorise une hyperréactivité bronchique et augmente la sensibilité aux allergènes et aux infections.

Pratiquer une activité physique en salle ne met pas à l'abri de la pollution.

***(164)** Les particules de taille inférieure à 2 microns s'accumulent au niveau des alvéoles et peuvent y résider pendant plusieurs mois.*

En effet, la *pollution domestique*[165] est parfois plus élevée et nocive que la pollution atmosphérique.

## EFFET DU TABAC SUR LES POUMONS

Cœur et poumons participent de concert à la production de performances qui dépendent pour beaucoup de leur état.

La fumée provenant de la combustion du tabac *(850°C)* contient des substances très cancérigènes[166].

Fumer une cigarette suffit à stopper le filtrage par les cils vibratiles pendant plusieurs heures. À moyen terme, la fumée du tabac élimine les cils vibratiles. L'évacuation des particules polluantes, des germes *(virus, bactéries)* et du mucus devient impossible. L'accumulation de mucus et l'irritation réduit la capacité respiratoire et favorise les infections pulmonaires. À long terme, l'irritation va modifier profondément le revêtement muqueux bronchique, ce qui va constituer alors la base du cancer.

Pire, le risque de mortalité par maladie cardiaque est deux à trois fois plus élevé que le risque de mortalité par cancer des poumons !

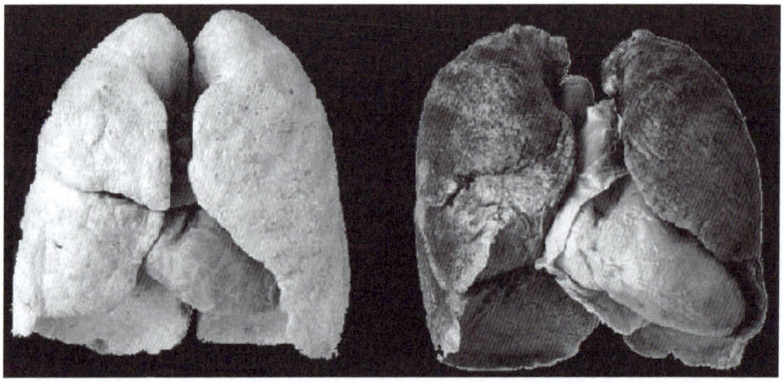

*Poumons d'un non fumeur* — *Poumons d'un fumeur*

(165) ***Elle provient de certains produits ménagers (aérosols), isolants, revêtements (moquettes, sol plastique), colles, peintures, systèmes de climatisation, chaudière et cuisinière au gaz, imprimante et photocopieuse (poussière d'encre et solvants).***

(166) ***90% des cancers du poumon sont dus au tabac soit 17% des décès par cancer.***

## CONCLUSION

Il est plus facile de se représenter un accident de la route qu'un accident de tabac. Pourtant, le tabac fait plus de 60.000 morts par an en France ; la route, moins de 8.000 !

Souvent évoqué par les jeunes : « Le grand oncle ou le voisin de 85 ans qui fume depuis l'age de 10 ans... » est l'exception qui confirme la règle : le tabac tue, sans discrimination de niveau sportif. Le cancer des bronches est le seul qui soit en augmentation en France. 15% des victimes sont des fumeurs passifs(167).

« Les traitements ne permettent de guérir qu'un malade sur 10, la disparition du tabagisme permettrait d'éviter 9 cancers du poumon sur 10 ! ».

*RZ*

*(167) Fumeur passif : non-fumeur exposé à la fumée des autres. Le risque est accru en milieu clos (voiture, bureau).*

# CHIQUER, PRISER ET PRATIQUER UN SPORT

**Le tabac peut être fumé, prisé ou chiqué. Chiquer est une pratique courante chez les adolescents sportifs américains. Il existe peu de données sur cette pratique en France, mais certains jeunes s'inspirent fortement de ce qui se fait outre-Atlantique.**

- *Priser ou chiquer du tabac est-il moins dangereux que de le fumer ?*

## CHIQUER ET PRISER DU TABAC

Chiquer, c'est mâcher du tabac en feuilles, en palettes ou tressé *(chew)* puis le placer entre la gencive et la joue pour laisser pénétrer son contenu dans le sang. Une dose de tabac, conservée dans la bouche 30 minutes, procure autant de nicotine que quatre cigarettes.

Priser, c'est sniffer, c'est-à-dire aspirer par le nez du tabac humecté ou sec et haché très finement *(snuff)*.

Le tabac sans fumée contient des substances toxiques et cancérigènes également contenues dans la fumée de cigarettes : ***nitrosamines***, ***polonium radioactif***, ***cyanure*** et ***arsenic***... Ces substances sont absorbées par la muqueuse de la bouche ou du nez.

## EN SPORT

Il semblerait que le tabac à chiquer ou à priser ait fait son apparition dans le milieu sportif en Scandinavie. Il serait ensuite devenu populaire auprès des sportifs d'élite en hockey sur glace, tennis, tennis de table, ski, golf, course d'orientation. Les joueurs de baseball auraient commencé à mâcher du tabac, il y a près d'un siècle.

Actuellement, le tabac sans fumée est consommé à l'entraînement et en compétition.

## RISQUES

Il existe un lien de causalité fort entre l'utilisation du tabac sans fumée et l'apparition de cancers de la bouche.

Chez la moitié des utilisateurs, il suffit de trois ans pour qu'apparaissent sur la joue, la gencive ou la langue *(voir ci-dessous)* des plaques blanches appelées ***leucoplasies***[168]. 3 à 5 % de ces plaques blanches sont cancéreuses.

## CONCLUSION

**Chiquer ou priser du tabac est encore plus dangereux que de le fumer. 80 à 90 % des cancers de la bouche sont dus au tabac. Cinq ans après la découverte d'un cancer de la bouche, seuls deux tiers des patients sont encore en vie.**

**Qu'il soit fumé, prisé ou chiqué, le tabac est le seul produit de consommation courante qui tue la moitié de ses utilisateurs. Les sportifs ne sont pas épargnés !**

*RZ*

***(168) Leucoplasies : lésion précancéreuse blanchâtre liée à des modifications de la muqueuse buccale.***

# CORTISONE, CORTISOL : PRESCRIPTION MÉDICALE ET DOPAGE

**Découverte en 1935, la cortisone est un puissant anti-inflammatoire stéroïdien utilisé en médecine et... en sport !**

- *Qu'est-ce que la cortisone ?*
- *Dans quels cas est-elle prescrite ?*
- *Quels sont ses effets sur l'organisme ?*
- *S'agit-il d'un produit dopant ?*

## CORTISONE ET CORTISOL

La cortisone est une *hormone*[169] sécrétée par les *glandes surrénales*[170]. Elle appartient au groupe des hormones *corticostéroïdes*[171]. C'est un anti-inflammatoire stéroïdien. Sa production par l'organisme est forte le matin, puis diminue au cours de la journée.

La cortisone est un *précurseur*[172] du *cortisol*[173] : une enzyme particulière transforme la cortisone en cortisol. La réaction est réversible.
Pour permettre à l'organisme de faire face au stress, le cortisol libère l'énergie à partir des réserves de l'organisme. Le cortisol joue ainsi un rôle vis-à-vis du métabolisme, en stimulant :

- la libération de glucose par le foie ;
- la dégradation des graisses ;
- la déstructuration des protéines qui sont ensuite converties en glucose.

## PRESCRIPTION MÉDICALE

La cortisone est employée en médecine pour ses propriétés anti-inflammatoires, dans les cas suivants :

- maladies rhumatismales ;
- *maladie de Crohn*[174] ;

(169) **Hormone :** *substance organique élaborée par une glande et agissant sur un processus biochimique.*
(170) **Glandes surrénales :** *glandes situées au-dessus des reins.*
(171) **Corticostéroïdes :** *molécules sécrétées par les glandes corticosurrénales.*
(172) **Précurseur :** *qui précède.*
(173) **Cortisol :** *hormone corticostéroïde sécrétée par le cortex de la glande surrénale à partir du cholestérol, principalement pour faire face au stress physique ou psychique.*
(174) **Maladie de Crohn :** *affection inflammatoire et chronique qui peut atteindre tous les segments du tube digestif. Sa cause est inconnue.*

- certaines allergies *(pollinose)* ;
- certaines maladies de peau *(eczéma, piqûre d'insecte).*

Selon le cas, la cortisone est administrée par voie générale *(buccale ou injectable)* ou locale *(crème, infiltration, injection)*. La diffusion dans l'organisme et les effets secondaires délétères sont moins élevés, mais pas nuls, par voie locale. Aussi, même administré localement, le traitement à la cortisone doit respecter des règles afin d'éviter des effets indésirables.

## EFFETS SUR L'ORGANISME ET DOPAGE

La cortisone est un puissant anti-inflammatoire stéroïdien qui ne doit être délivré que sur prescription médicale. Son utilisation en sport est strictement interdite ; il s'agit d'un produit dopant qui peut entraîner de nombreux effets secondaires :

- rétention de sodium et excrétion de potassium ;
- rétention d'eau *(œdème)* ;
- destruction des protéines musculaires ;
- décalcification du squelette ;
- troubles du comportement *(irascibilité, agressivité, déprime)* ;
- hypertension artérielle ;
- inhibition de la croissance *(chez l'enfant)* ;
- réduction des défenses immunitaires *(globules blancs)* ;
- diabète sucré ;
- ulcère gastro-duodénal ;
- cancer.

Il ne s'agit pas d'un ***« menu à la carte »*** : les effets bénéfiques recherchés et les effets secondaires délétères coexistent.

CONCLUSION

**L'arrêt brutal d'un traitement général à la cortisone peut provoquer des troubles graves et même la mort.**
**Le stress (surentraînement, compétition) augmente la libération de cortisol au détriment des défenses immunitaires et de la masse musculaire. À terme, les conséquences sont une plus grande sensibilité aux germes (virus, bactérie) et une baisse des performances.**

*RZ*

# Pour conclure ce chapitre

**Pour certains le dopage commence lorsque l'on consomme des produits qui figurent sur une liste officielle. En réalité, les conduites addictives s'installent bien avant, avec la consommation progressive mais régulière de produits toxiques parfois ordinaires : café, tabac, alcool, médicaments... Les ambitions sportives et les exigences qui y sont liées peuvent conduire certains à s'orienter vers des produits toxiques non légaux. Le risque de tricherie n'est pas le plus grave. Les vrais risques sont de développer des pathologies irréversibles voire mortelles.**

*RZ*

Chapitre 15

# MÉDECINES DOUCES ET PRATIQUES PARAMÉDICALES

Les médecines douces et autres pratiques paramédicales satisfont un nombre non-négligeable de sportifs. Ces derniers et leurs entraîneurs se posent pourtant des questions essentielles à leur sujet. Par exemple :

- ***Quels sont les fondements de l'acupuncture ?***
- ***Quels sont les champs d'application de la fasciathérapie ?***
- ***Quelle peut-être la contribution de l'ostéopathie à la pratique sportive ?***
- ***Existe t-il des procédés de médecine chinoise pour soulager des douleurs d'effort ?***

Certains se limitent prudemment à l'application de la chaleur et du froid :

- ***Quels sont les effets de l'application de la chaleur et du froid sur l'organisme ?***
- ***Comment cela fonctionne t-il ?***

*RZ*

**L'acupuncture ou acuponcture, est une médecine chinoise utilisée depuis plus de 5000 ans dans les pays orientaux.**

# L'ACUPUNCTURE

## PRINCIPES FONDAMENTAUX

L'acupuncture est fondée sur deux grands principes :

**1.** Le principe du *Yin* et du *Yang* : ceux-ci symbolisent deux parties opposées existant dans tous les phénomènes et objets en relation réciproque dans le milieu naturel. Par exemple, la femme est *Yin* et l'homme est *Yang*, l'eau est *Yin* et le feu est *Yang*. Le *Yin* et le *Yang* s'opposent, se complètent, s'engendrent l'un et l'autre et ne peuvent exister l'un sans l'autre.

**2.** Le principe des cinq éléments : l'univers serait formé par le mouvement et la transformation de cinq éléments représentés par : le *Bois*, le *Feu*, la *Terre*, le *Métal* et l'*Eau*. En acupuncture, cette théorie est utilisée pour expliquer la physiologie et la pathologie ainsi que les relations entre l'organisme et le milieu environnant.

La médecine chinoise traditionnelle est basée sur un modèle énergique en comparaison au modèle biochimique de médecine occidentale.

## MÉRIDIENS ET ACUPUNCTURE

Les acupuncteurs ont découvert que l'énergie circule le long de sentiers spécifiques appelés *« méridiens »*.

Chaque méridien est associé à un système physiologique particulier et à l'organe interne. La maladie surgit en raison d'un manque ou d'un excès d'énergie dans les méridiens et leurs systèmes physiologiques associés.

Les points d'acuponcture sont des sites spécifiques le long des méridiens. Chaque point a un effet prévisible sur l'énergie essentielle. La science moderne a mesuré la charge électrique à ces points, corroborant les emplacements de méridiens.

## LE CORPS VU COMME UN SYSTÈME GLOBAL

L'acupuncture considère le corps dans son ensemble. C'est-à-dire, que non seulement les symptômes de la maladie sont étudiés, mais aussi tout le reste du corps. Une bonne évaluation peut prendre jusqu'à une heure trente et inclut un questionnement détaillé de chaque aspect de la santé, une observation de la langue et du corps, la prise des différents pouls et la palpation de certains points stratégiques du corps, situés sur les méridiens. Cette démarche vise la détermination de la cause initiale du problème pour le traiter à la source et éviter qu'il ne se reproduise.

De nombreux praticiens rapportent que lorsque l'on traite un problème par l'acupuncture, il n'est pas rare de constater que plusieurs autres symptômes s'estompent graduellement, confortant l'idée que la source du problème initial est souvent la source d'autres maux.

Les acupuncteurs seraient capables d'identifier plusieurs liens entre chacun des symptômes que présente une personne et réussir à régler plusieurs problèmes par une seule série de traitements.

## CONCLUSION

**Les applications de l'acupuncture seraient multiples : fatigue, stress, perturbations de l'appareil digestif, atteintes du système respiratoire, rhumatisme, arthrite, lumbago, tendinite, traumatismes sportifs ... Classée dans la catégorie des médecines douces, elle pourrait donc être une alternative à ne pas écarter.**

*TM*

# LA FASCIATHÉRAPIE

**Créée, il y a une vingtaine d'années, par Danis Bois, la fasciathérapie est une thérapie manuelle et corporelle totalement novatrice. Elle doit son nom aux fascias qui enveloppent toutes les grandes structures du corps *(os, muscles, organes,...).***

Mais cette pratique concerne aussi toutes les structures et grands systèmes du corps et surtout, elle s'adresse à une partie de nous inconnue jusqu'alors : le mouvement sensoriel.

Ce mouvement interne participe à l'équilibre général du corps et s'avère être une véritable force de vitalité et de santé.
Dès lors, il offre de nouvelles perspectives tant dans l'approche thérapeutique des troubles physiques que psychologiques.
Les domaines d'application de la fasciathérapie sont variés : problèmes de dos divers *(sciatique, lumbago-cervicalgie-torticolis)*, maux de tête, migraines, troubles du sommeil, sensations d'oppression, anxiété, déprime, accompagnement de la grossesse, reflux gastro-oesophagien du nouveau-né, préparation physique du sportif,...

Dans le domaine du sport, trois niveaux sont envisagés :

**1. L'aspect curatif concerne les blessures du sportif :** pubalgies, sciatiques, entorses, tendinites, douleurs articulaires, douleurs dorsales et fatigue.
En général, trois séances rapprochées sur une pathologie aiguë suffisent pour soulager le sportif. Quand les troubles sont chroniques, le traitement est plus long car il suppose de relancer la vitalité et de résoudre un ensemble de compensations. Sur les pathologies graves, les traitements associés aux soins classiques permettent de réduire la durée de la convalescence par une récupération plus rapide.

Le corps constamment exposé aux chocs physiques et sollicité dans des situations extrêmes, emmagasine dans ses structures de nombreuses tensions. Face à ces exigences, le geste thérapeutique est global, et permet dans le même temps une normalisation musculaire, fasciale, articulaire, liquidienne, viscérale et crânienne.

Il libère les structures densifiées, les articulations nouées et la vitalité. De plus, une attention permanente est portée sur cette dernière que l'on doit maintenir à son potentiel maximum.

La gymnastique sensorielle est utilisée dans le but de répartir les contraintes de façon plus équilibrée dans l'ensemble des tissus. Elle permet, grâce à la lenteur et au relâchement musculaire, de mobiliser avec respect et douceur les os, les muscles, les tendons et les fascias ; et de libérer les tensions provoquées par l 'effort.

Après une blessure, elle permet d'effectuer la rééducation proprioceptive afin de récupérer la sensibilité et le potentiel de la zone blessée.

**2. L'aspect préventif,** qui devrait être beaucoup plus développé chez les sportifs de haut niveau, nécessite un traitement régulier, tous les deux mois environ, afin d'éliminer les stress tissulaires, les blocages éventuels et d'entretenir la vitalité à son potentiel maximum.

Cette phase est essentielle et permet de suivre l'athlète de façon très précise quant à son état de forme, sa capacité d'absorption des chocs et des contraintes. De nombreux sportifs de haut niveau suivent ces traitements et constatent une nette régression, voire une disparition des blessures.

**3. Pour la préparation physique,** l'objectif est de développer de nouvelles capacités sensorielles et motrices et d'entretenir un état de forme maximum en vue des compétitions.

Les étirements proposés sont spécifiques, ils se font dans le relâchement, la globalité et créent une réharmonisation tensionnelle des fascias et des muscles.

L'accent est porté sur un travail global dans le but d'éviter les gestes asymétriques dont la répétition est souvent à l'origine de problèmes musculaires et ostéoarticulaires.

La spécialisation, le surmenage, la fatigue et les blessures diminuent le potentiel sensitif et sensoriel du sportif. En réhabilitant les sensations et en reconstruisant des repères intérieurs, la fasciathérapie affine le schéma corporel et les capacités motrices. La puissance et l'efficacité du geste sont améliorées alors que les blessures sont en grande partie évitées.

Cette approche pourrait donc être un apport majeur pour les sportifs dont le niveau de sollicitation est très intense.

*TM*

# L'OSTÉOPATHIE AU SERVICE DU $\dot{V}O_2$ MAX !

*Les possibilités fonctionnelles individuelles ne seraient-elles pas entravées par un certain nombre de blocages ?*

**Si la consommation maximale d'oxygène est reliée au fonctionnement des systèmes cardio-vasculaire et pulmonaire, alors des restrictions de mobilité de la cage thoracique pourraient constituer un facteur limitant.**

C'est cette hypothèse que Sandrine Brignat, dans son mémoire de fin d'étude intitulé : *« Influence d'un traitement ostéopathique sur les coureurs de fond et de demi-fond en athlétisme »*, a tenté de vérifier.

Le fonctionnement des systèmes cardio-vasculaire et pulmonaire peut être optimisé par des techniques ostéopathiques au niveau :

- du diaphragme thoracique ;
- du médiastin ;
- de la mobilité de la cage thoracique.

Le diaphragme thoracique est le muscle principal de la respiration, car en se contractant lors de l'inspiration, il permet d'augmenter les volumes respiratoires de la cage thoracique. Le but de la technique étant de relâcher les tensions musculaires pour optimiser la physiologie respiratoire.

Le médiastin est la partie centrale de la cage thoracique et renferme des organes dont le plus important, le cœur avec ses gros vaisseaux. La technique ostéopathique a pour but d'équilibrer les tissus *(fascias)* et systèmes d'attaches englobant le cœur pour avoir une action sur la fonction cardio-vasculaire. En effet, en agissant sur la structure d'un organe, on influence sa fonction. A. T. Still *(fondateur de l'Ostéopathie)* disait : ***« la structure gouverne la fonction et la fonction influence la structure. »***

Enfin, une série de techniques articulaires au niveau des côtes, du sternum, des vertèbres thoraciques, aura pour principe d'ôter toutes les restrictions de mobilité de l'ensemble de la cage thoracique qui pourraient entraver l'aisance respiratoire.

Dans cette expérimentation, un groupe témoin de coureurs a subi un traitement ostéopathique directement sur le terrain après un échauffement et un test sur 2000 mètres. Puis après un nouvel échauffement plus léger, un deuxième 2000 mètres est réalisé. Lors de ce second test, le groupe traité a amélioré sa performance de 1,44 km/h en moyenne alors que le groupe non traité a réalisé une moins bonne prestation correspondant à une baisse moyenne de 3,34 km/h.
En outre, les athlètes traités évoquent de meilleures sensations pendant le deuxième effort, une plus grande aisance respiratoire, une certaine souplesse au niveau de la cage thoracique et un relâchement général.

Des études complémentaires restent nécessaires afin de valider ces résultats et d'en mesurer la portée à plus long terme. Il serait également intéressant de connaître les origines de ces blocages, ne serait-ce que pour permettre aux entraîneurs et aux sportifs de les prévenir.

*TM*

# EFFET D'UN TRAITEMENT OSTÉOPATHIQUE SUR LA DÉTENTE VERTICALE DE VOLLEYEUSES

**Le couple quadriceps/ischio-jambiers ne serait pas le seul déterminant de la détente verticale *(DV)*. Les qualités biomécaniques de l'ensemble des articulations périphériques seraient aussi impliquées dans le mouvement global, si bien que la moindre douleur ou restriction de mobilité pourrait avoir des conséquences négatives sur la performance.**

Pour valider cette hypothèse, Julien Legeron, ostéopathe diplômé de l'*ESO*[175], a voulu mesurer les effets d'un traitement ostéopathique complet sur la détente verticale. L'étude réalisée en 2003 portait sur un suivi de vingt-trois volleyeuses appartenant à deux équipes évoluant en national 1.

## LE PROTOCOLE

Des mesures de la détente verticale *(DV)* grâce au Sargent Test[176] ont été réalisées lors de deux séries de trois séances consécutives à une semaine d'intervalle.

Pour les trois premières séances, les mesures étaient effectuées au début puis après 45 minutes d'entraînement. Pour ces séances témoins, il n'y avait pas de traitement ostéopathique.

Pour la deuxième série de trois séances consécutives, les mesures étaient effectuées au début de l'entraînement comme précédemment puis après un traitement ostéopathique de 45 minutes.

## LE TRAITEMENT OSTÉOPATHIQUE

Le praticien a procédé à une *anamnèse*[177] complète sur les antécédents médicaux et traumatiques du sujet. Il a ensuite effectué des tests puis un traitement ostéopathique adapté à l'anamnèse préalablement recueillie. Pour

*(175) École Supérieure d'Ostéopathie, Paris- Marne la Vallée.*

*(176) Le test de Sargent et Lewis consiste à toucher avec la main, le plus haut possible, une règle graduée sur un mur. Les mesures peuvent être réalisées départ pieds joints et avec quelques pas d'élan. La détente verticale correspond à la différence entre les hauteurs atteintes sans sauter et avec saut. L'indice de détente correspond à l'addition des résultats obtenus avec et sans élan.*

*(177) Ensemble des renseignements que le praticien recueille en interrogeant la personne traitée sur l'histoire de ses douleurs.*

finir, l'ostéopathe a testé à nouveau les structures qu'il venait de corriger pour s'assurer de l'efficacité de son traitement.

## LES RÉSULTATS

Les sujets semblent maintenir une détente verticale relativement stable lors des séances témoins, aussi bien à l'intérieur de la séance que d'une séance à l'autre.

Les entraînements classiques non spécifiquement dédiés à l'amélioration de la détente ne semblent donc ici n'avoir aucun impact sur celle-ci, tout au moins sur le court terme.

Pour les séances accompagnées d'un traitement ostéopathique, on constate d'abord une diminution des performances lors de la séance elle-même, peut-être liée au refroidissement généré par le traitement.
En revanche, il existe une amélioration significative de la DV d'une séance traitée à l'autre.

Les gains entre la première séance traitée et la troisième séance traitée sont en moyenne de 7,26 %, pour l'indice de détente.

## CONCLUSION

**Ces résultats confirment que la DV n'est pas seulement le produit d'une bonne mobilité locale des membres inférieurs propulseurs, mais la somme des micro-mobilités de l'ensemble des structures du corps du sportif participant au mouvement.**
**Des études complémentaires restent nécessaires pour confirmer ces premiers résultats sur un éventail de population plus important. Il serait aussi certainement judicieux de déterminer le délai optimal entre le traitement ostéopathique et la performance.**
**Quoi qu'il en soit, cette conception de l'individu comme un ensemble composé d'unités liées entre elles, doit engager la réflexion de chacun bien au-delà du simple cadre de l'ostéopathie.**

*TM*

# LE POINT ASPIRINE

**Les organes internes se *« projettent »* et peuvent être soignés depuis la peau par des techniques qui ont leur source dans une médecine vieille de 5 000 ans : la médecine chinoise. La technique la plus connue est l'acupuncture, elle ne peut être pratiquée que par des spécialistes. Cependant il est possible de soigner des désordres vertébraux et des contractures musculaires par massage sur les points utilisés en acupuncture.**

Appelé en France *« micro-massage »* et en Amérique *« acupressure »*, il s'agit de masser *(selon la tradition chinoise)* avec le pouce ou avec le plat de l'ongle de l'index fléchi.

À l'exception de quelques points interdits que l'on ne masse jamais, ce massage est sans danger. Il est important cependant de ne jamais masser sur une peau enduite d'un corps gras qui est un isolant, ce qui rendrait le travail inefficace ; ne jamais masser non plus s'il y a lésion de la peau.
On trouve actuellement de nombreux petits manuels d'acupressure destinés à un public de non professionnels. Si les micro-massages donnent des résultats spectaculaires, ils demandent une connaissance parfaite de l'anatomie et une extrême précision dans le repérage des points pour atteindre la racine du mal et guérir durablement.

Si vous êtes intéressé, essayez le point *« aspirine »* pour soulager toutes les douleurs où qu'elles se situent. Il se trouve sur la face externe du pied, au-dessus de l'os calcanéum entre la malléole externe *(os de la cheville)* et le tendon d'Achille. Massez ce point avec l'ongle en appuyant assez fortement et en réalisant une rotation dans le sens des aiguilles d'une montre, jusqu'à obtention du résultat.

*TM*

# LE FROID POUR SOIGNER, LE FROID POUR RÉCUPÉRER

Appliquer du froid sur une blessure ou un traumatisme est presque un réflexe dans les milieux sportifs. Au-delà du soulagement et de *« l'effet magique »* de l'éponge glacée :

***Quels sont les mécanismes, les limites et les perspectives de la cryothérapie ?***

## LES EFFETS POSITIFS DU FROID

Le froid est efficace en phase aiguë d'une blessure. Il favorise une diminution de l'hémorragie et de l'œdème suite à un traumatisme. L'application de glace provoque :

- une vasoconstriction des vaisseaux sanguins ;
- un ralentissement du métabolisme cellulaire ;
- une baisse de la production de déchets métaboliques et autres toxines.

Le froid protège les tissus des effets produits par la réaction inflammatoire. Enfin l'abaissement de la température provoque localement une sorte d'anesthésie qui explique le soulagement ressenti lors du glaçage de la partie endolorie.

En revanche, le froid n'est pas recommandé lors d'inflammations chroniques.

## LES EFFETS SECONDAIRES DU FROID ET LES PRÉCAUTIONS À PRENDRE

En premier lieu, il existe des risques d'engelures de la peau et de lésions nerveuses superficielles lorsque l'application de glace est trop prolongée ou qu'elle se fait directement au contact de la peau. Il convient d'utiliser un linge humide et de procéder par glaçages successifs de 7 à 8 minutes. *(Le froid ne doit pas être appliqué directement sur une plaie ouverte car la cicatrisation nécessite un apport sanguin régulier).*

D'autre part, le froid ne doit pas être utilisé trop longtemps après le traumatisme ou l'inflammation. En effet, dans un second temps la zone endommagée a besoin de nutriments pour travailler à sa reconstruction. Le froid n'est donc plus approprié à ce moment-là.

Enfin, après l'application de glace, l'articulation est plus raide, les mouvements perdent en précision et en coordination, si bien que le sportif ne contrôle plus complètement ses gestes. Reprendre son activité à cet instant présente un risque de blessure plus important.

## UTILISATION DE LA TECHNIQUE D'IMMERSION PARTIELLE APRÈS UN EFFORT TRÈS ÉPROUVANT

Depuis quelques années, des sportifs de haut niveau utilisent parfois cette technique pour mieux *« encaisser »* les microtraumatismes engendrés par des séances d'entraînement difficiles, notamment lors de séances particulièrement longues, intenses et comportant une quantité importante de contractions musculaires excentriques.

La technique consiste à immerger un ou plusieurs membres *(en général les membres inférieurs)* dans un mélange d'eau du robinet et de glace, la température de l'eau se situant entre 2 et 10 degrés. La durée de l'immersion *(qui est d'abord progressive)* dépend de la tolérance du sujet et de la température de l'eau. En général, on procède par une succession d'immersions d'environ 30 secondes sur une durée totale de 5 à 10 minutes.

Ce procédé nécessite une grande motivation et ne doit être utilisé que s'il est indispensable d'accélérer les processus de récupération lorsque la charge d'entraînement est très importante. D'autre part, le sportif doit progressivement tester ses réactions aux immersions en eaux froides et s'entourer d'un certain nombre de précautions.

La première d'entres elles est de faire attention à ne pas attraper froid. L'état de fatigue avancé dans lequel se trouve le sportif après un entraînement difficile le rend particulièrement sensible et vulnérable. Si l'on a déjà froid avant de rentrer dans l'eau, ce n'est pas la peine d'aller plus loin. Il est aussi souhaitable d'abaisser la température de l'eau progressivement, en rajoutant les glaçons après s'être installé dans l'eau. De plus, il est préférable d'être assisté lors d'un tel traitement.

Si, par curiosité, vous souhaitez essayer l'immersion partielle en eau froide après une grosse fatigue *(et que vous n'avez pas de problème cardiaque)*, il va sans dire que cela sera plus facile l'été. Les sensations qui suivront seront appréciables, mais serez-vous assez motivé pour recommencer en décembre ?

*TM*

# LA CHALEUR POUR SOIGNER

**À l'instar de l'utilisation du froid à la suite d'un traumatisme consécutif à la pratique sportive, la chaleur peut aussi être utilisée pour soigner à condition de respecter certains principes et surtout de l'utiliser au bon moment.**

Selon la source de chaleur, l'élévation de la température peut être superficielle ou profonde. Dans le premier cas, seuls la peau et les tissus sous-cutanés, jusqu'à une profondeur de 0,5 centimètre, sont touchés. Les sources traditionnelles sont les baumes analgésiques, les bains chauds, les bouillottes...

Dans le second cas, l'élévation de température va concerner les tissus jusqu'à une profondeur d'environ 3,5 centimètres. Les sources qui permettent de tels effets sont celles que l'on trouve chez les kinésithérapeutes *(ultrasons, micro et ondes courtes)*.

## LES EFFETS PHYSIOLOGIQUES DE LA CHALEUR

L'élévation de la température des tissus du corporel entraîne :

- un soulagement de la douleur ;
- une vasodilatation des vaisseaux périphériques essentiellement et un drainage des toxines favorisant ainsi une action anti-inflammatoire ;
- une augmentation du métabolisme des cellules ;
- une augmentation de l'extensibilité des tissus fibreux, un soulagement des spasmes et un relâchement des tensions qui alimentent la douleur.

## PRINCIPAL EFFET SUR LA LÉSION

Appliquée au bon moment, la chaleur favorise une accélération du mécanisme de guérison car elle aide à réparer les tissus notamment grâce à la vasodilatation qui permet un apport sanguin supplémentaire rendant ainsi disponible une plus grande quantité d'oxygène, d'éléments nutritifs, d'anticorps et de cellules macrophages au niveau de la lésion *(grosses cellules qui absorbent les cellules mortes)*.

## LES EFFETS NUISIBLES DE LA CHALEUR

L'utilisation inconsidérée de la chaleur peut aussi provoquer :

- une augmentation du phénomène inflammatoire et du saignement dans la phase aiguë de la lésion *(les deux premiers jours)* ;
- un raidissement de l'articulation *(ankylose articulaire)* en raison de l'augmentation de l'activité métabolique des cellules de la membrane synoviale et du tissu conjonctif ;
- la dégradation de certains tissus comme les cartilages qui tolèrent très mal une élévation de leur température de base ;
- l'apparition d'un œdème : en effet la vasodilatation veineuse peut contribuer à perturber la circulation du sang, surtout si la chaleur est appliquée sur une jambe ou un bras pendant ;
- des brûlures qui varient selon les tissus et la vascularisation de ceux-ci *(moins le tissu est vascularisé, plus l'évacuation de chaleur est difficile et donc plus rapide est l'élévation de la température).*

## COMMENT UTILISER LA CHALEUR ?

Au final, l'utilisation de la chaleur doit se faire dans un certain confort en appliquant la source chaude sur la zone à soigner sans pression. Il est nécessaire de s'assurer de la préservation de la sensibilité cutanée et de respecter le principe de non douleur *(45° maximum)* tout en contrôlant l'état de la peau de temps en temps.

La chaleur est plutôt recommandée sur les lésions musculaires dans un second temps, après la phase aiguë de la lésion, c'est-à-dire au bout de trois ou quatre jours.

Les effets bénéfiques de la chaleur s'expliquent aussi par des facteurs psychologiques. Le sentiment de bien-être qu'elle procure a des effets indéniables.

*TM*

# Pour conclure ce chapitre

**Les médecines douces et autres pratiques paramédicales proposent des solutions temporaires à divers problèmes de santé, mais elles ne peuvent pas se substituer à la médecine allopathique. C'est notamment le cas lorsque les déséquilibres ordinaires ont fait place à des pathologies plus lourdes.**

**Cependant, elles peuvent aussi constituer des approches complémentaires pour le malade ou des solutions d'accompagnement efficace pour le sportif.**

*RZ*

Chapitre 16

# PSYCHOLOGIE, PÉDAGOGIE ET COMMUNICATION

La préparation physique n'est pas qu'une question de physiologie ou de prévention des traumatismes. En effet, le sportif est avant tout une personne qui a une histoire de vie personnelle et dont la personnalité est particulière.

La pédagogie requiert d'adapter le message à l'auditoire en fonction de ses caractéristiques spécifiques : une question de communication.

*RZ*

**L'abandon de l'activité par certains sportifs surprend encore de nombreux entraîneurs. La charge d'entraînement, notamment en préparation physique, est souvent incriminée.**

# L'ABANDON DE L'ACTIVITÉ SPORTIVE

- *Comment expliquer ce phénomène pour mieux anticiper ?*
- *Quelle forme de pédagogie adopter pour prévenir l'abandon ?*

## VOLONTÉ, MOTIVATION, DÉSIR

Ces trois concepts sont employés par les entraîneurs pour caractériser *« l'investissement physique »* des pratiquants et justifier la nature des relations pédagogiques.

Les psychologues ont *« réglé son compte »* à l'idée binaire et catégorique, donc réductrice, de présence ou d'absence de *volonté* chez l'individu. En effet, cette idée masque les phénomènes de *désengagement*(178) et en empêche toute compréhension.

L'apparition du concept de *motivation*, en management, a ouvert des perspectives de stimulation des personnes et a permis l'élaboration de stratégies plus ou moins efficaces. Recourant à de telles stratégies, certains se targuent de maintenir, malgré elles, des personnes dans une activité pendant un certain temps... Mais tôt ou tard, ces personnes finissent légitimement par s'orienter vers l'objet de leur *désir* : une autre activité.

La reprise du concept de *désir* peut permettre d'éclairer les comportements d'*abandon de l'activité*. Pour éviter l'abandon, la prise en compte préalable des désirs permet d'orienter chaque personne vers des activités qui lui permettront d'exceller sur le long terme.

La culpabilité et autres jugements de valeurs, utilisés comme de puissants outils de manipulation, n'ont ainsi pas leur place dans des relations pédagogiques saines.

***(178) On pense ici au désengagement du sportif. Mais ce concept masque aussi le désengagement de l'entraîneur qui attribue l'échec au manque de volonté du sportif !***

## PÉDAGOGIE D'INSPIRATION BÉHAVIORISTE (179)

*Le chien de Pavlov, le rat de Skinner et les autres...*

Parce qu'évoquées de façon sommaire en formation, les théories béhavioristes sont le plus souvent mal interprétées. La transposition du laboratoire au terrain de sport ne peut pas être immédiate.

Malheureusement, certains ne conçoivent l'apprentissage que comme une somme de conditionnements *«ancrés»* par des renforcements positifs *(récompense)* ou négatifs *(sanction)*. Cette conception convient mieux au dressage animalier qu'à l'éducation humaine.

Pour s'en affranchir, l'entraîneur peut donner à l'athlète des moyens de s'auto-évaluer *(critères, grilles, abaques)* et d'améliorer sa pratique. Le sportif s'achemine alors vers un des principaux objectifs de l'éducation : l'accès à l'autonomie.

## PÉDAGOGIE D'INSPIRATION COGNITIVISTE (180)

Le concept de représentation y est central, comme objet de signification :

- *«Apprendre, c'est transformer son système de représentation mentale»*, c'est-à-dire la façon de voir les choses *(objets et phénomènes)*.
- Les représentations symboliques *(graphismes, schémas, métaphores)* sont employées comme de puissants *«leviers didactiques»* pour illustrer et expliquer.

## PÉDAGOGIE D'INSPIRATION CLINIQUE (181)

L'empathie est souvent considérée comme une forme de compréhension de l'autre... étrangement réservée à certains ! Mais, les *phénomènes de projection*

(179) *Psychologie béhavioriste :* **elle étudie les comportements en cherchant à les mettre en relation avec leurs conditions d'apparition.**

(180) *Psychologie cognitiviste :* **elle étudie les processus mis en jeu dans le traitement de l'information.**

(181) *La psychologie clinique* **est d'inspiration psychanalytique. Elle porte une attention particulière à la « réalité psychique des sujets ».**

*(de sens, d'intention, de valeurs)*, mis au jour par les psychologues, montrent que l'empathie consiste le plus souvent en une simple transposition de sentiments justifiée a posteriori par un discours *«logique»*. Or, le discours, même *«logique»*, est souvent sans aucun rapport avec le réel : ***«Je ne comprends jamais l'autre en attribuant à son comportement : le sens, les valeurs, l'intention, le raisonnement... fondés sur ma propre logique»***. C'est une démarche spéculative donc périlleuse.

Pour comprendre l'autre, il faut d'abord l'écouter, donc se taire et ne pas anticiper ses réponses (***«Je sais ce que tu vas me dire !»***). La reformulation proposée (***«Tu veux dire que... ?»***) et plus encore celle demandée (***«Qu'est-ce que tu veux dire par ... ?»***), sont des outils qui permettent de vérifier que ce qui a été entendu est bien ce que l'autre a voulu dire.

Les théories générales et les modèles de la psychologie expérimentale trouvent leur limite pour expliquer les comportements du sujet dans leur singularité. Comme alternative, la psychologie clinique cherche à mettre au jour ce que vivent les personnes ***«aux prises avec des difficultés tant dans le rapport à eux-mêmes que dans leur ajustement à leur milieu de vie»*** Morvan (1995).

À l'entraînement, l'approche d'inspiration clinique consiste à chercher à mettre au jour la façon dont le sportif vit et ressent ses entraînements, en tenant compte de ses particularités *(psychologiques, morphologiques)*.

## LE NON-DIT DES ÉMOTIONS

***«Le non-dit, c'est ce qui est intime,***
***ce que l'on ressent comme intransmissible...»***.

Il s'agit par exemple des émotions du sportif qui émergent au cours ou après l'entraînement ou la compétition : haine, rancune, frustration, mais aussi soulagement, plénitude, joie. Le non-dit peut aussi concerner ***la relation entraîneur-sportif***.

Le non-dit s'exprime de façon non-verbale sous différentes formes : colères, fous rires, comportements irrationnels, rites...

Chercher à transgresser le non-dit en forçant l'autre à verbaliser est souvent dévastateur : il dépossède le non-dit de ses fonctions de sauvegarde identitaire, sans pour autant réduire les angoisses.

L'entraîneur doit savoir décoder le non-dit sans l'investiguer.

## CONCLUSION

**L'étude des pratiques pédagogiques d'experts montre leur aspect composite : ces pratiques mobilisent des méthodes d'inspirations diverses donc de façon non-exclusive.**

**L'écoute peut être employée comme outil de prévention de l'abandon de l'activité. Il s'agit de chercher à identifier les attentes du sportif puis de chercher à aménager les conditions de sa pratique de sorte de répondre au mieux à ses attentes.**

*RZ*

**La préparation physique n'est pas toujours bien vécue, tant du point de vue de la charge d'entraînement que de la *relation entraîneur-sportif*[182].**

• *Quelles caractéristiques donner aux relations entraîneur-sportif pour faire émerger l'excellence en préservant l'intégrité mentale ?*

# RELATION ENTRAÎNEUR-SPORTIF EN PRÉPARATION PHYSIQUE : POUR LE MEILLEUR OU POUR LE PIRE !

## IMPORTANCE DE LA PRISE EN MAIN

Cette rencontre entre l'entraîneur et le sportif permet d'ajuster leur relation. La qualité de la prise en main conditionne pour partie la suite de cette relation :

- trop rigide, elle focalise l'attention sur les statuts et les rôles plus que sur les tâches et les enjeux ;
- trop laxiste, elle laisse penser que tout est possible y compris les comportements excessifs.

Chaque saison sportive et chaque séance commencent par une prise en main. Chaque nouvel exercice doit être amorcé par une re-prise en main.

## STIMULANTE

Il s'agit, pour un même effet recherché par l'entraîneur, de diversifier les exercices en faisant varier les situations, les tâches que le sportif doit réaliser et les buts qu'il doit atteindre.

L'aménagement de l'environnement et les consignes verbales sont des outils pédagogiques à utiliser sans modération. La démonstration sera utilisée de façon plus *modérée*[183]. Le niveau de difficulté des tâches devra être suffisamment élevé pour poser un nouveau problème au sportif, mais pas trop élevé pour que le sportif puisse finir par réussir : les psychologues parlent de *difficulté optimale* ou de *« délicieuse incertitude »*...

***(182) La notion de relation entraîneur-sportif est plus large que celle de relation pédagogique.***

***(183) Bien que l'imitation soit l'une des principales formes d'apprentissage, la démonstration pose des problèmes, par exemple :***
***- ce qui doit être repris n'est pas toujours visuel (proprioception...) voire abstrait ;***
***- en proposant des solutions toutes faites, la démonstration tend à inhiber la créativité ;***
***- il n'est pas toujours possible de démontrer (niveau de pratique, âge...).***

## RASSURANTE

Informer, c'est réduire l'incertitude, donc abaisser l'anxiété. Pour rassurer le sportif, l'entraîneur doit l'informer, par un discours optimiste, sur les tâches à réaliser puis son activité. Ceci vise à :

- induire, chez le sportif, des *expectations*[184] positives avant de réaliser une tâche ;
- informer le sportif, après plusieurs essais ou répétitions, des variables qui ont été bien contrôlées et celles qui doivent être mieux contrôlées.

Le sportif rassuré peut alors mieux se concentrer sur les tâches.

## VALORISANTE

Les remarques désobligeantes voire humiliantes et autres jeux de mise en boite sont des formes de *« dressage humain »*, mais certainement pas d'éducation à l'autonomie. On obtient des résultats meilleurs et durables avec des feed-back positifs mais réalistes, ponctués par l'évocation non-dramatique de quelques points à améliorer ainsi que des pistes ou des moyens *(techniques, matériels ou intellectuels)* pour les améliorer.

Ceci est possible à condition de ne pas être confronté à des personnes qui cherchent à nuire à l'autre.

## COLLABORATIVE

Les exemples de management, connus de certains milieux, inspirent encore de nombreux entraîneurs et sportifs qui ne conçoivent plus la relation pédagogique que sous la *« forme »* domination-soumission. Cette conception *« préhistorique »* des relations humaines ferme les perspectives d'évolution et d'épanouissement : personne n'en sort grandi. On ne peut plus s'étonner alors que certains abandonnent leur pratique sportive pour rechercher un environnement plus épanouissant.

***(184) Expectation : représentation mentale des possibilités de réussir.***

Les relations de collaboration et de coopération sont des alternatives aux relations de domination. Ceci n'est possible qu'à condition de partager les responsabilités, donc de repenser ce concept et de le présenter en soulignant les deux idées suivantes :

**1.** *être responsable, ce n'est pas d'abord être considéré comme une cible à démolir en cas d'échec ;*

**2.** *être responsable, c'est prendre en charge un problème, c'est-à-dire mobiliser des compétences pour trouver et mettre en œuvre des solutions, y compris collectivement*.

Accepter le *partage des responsabilités* dépend autant de l'entraîneur que du sportif. C'est un *travail sur soi* qui consiste à reconnaître les compétences de l'autre, donc à ne pas chercher à contrôler son activité voire à se substituer à lui.

## CONCLUSION

**Cette caractérisation « idéalisée » de la relation pédagogique ne doit pas occulter :**

- **le déséquilibre de la relation entraîneur-sportif (détention du savoir et du pouvoir, des droits et des devoirs) ;**
- **la part de responsabilité du sportif.**

**En effet, face aux comportements exécrables[185] de certains, il serait naïf voire périlleux de n'expérimenter que des solutions fondées sur un pseudo-problème de compréhension…**

**Cependant, « Pour communiquer, il faut être au moins deux ». Ce qui apparaît comme une évidence doit être repensé : les réactions de chacun sont le produit de l'interaction avec l'autre. Chaque interlocuteur est donc responsable de la qualité de ses relations avec l'autre. Les réactions immédiates sont souvent les plus adoptées mais rarement les plus adaptées. Dans la précipitation (communication du « tac au tac »), on oublie qu'il existe une infinité de réactions possibles ; les meilleures étant le plus souvent différées car pensées, construites et mieux contrôlées.**

*RZ*

***(185) Il y a des personnalités «pathogènes» ; c'est-à-dire qui cherchent à nuire à l'autre sous couvert de l'institution ou de déclarations de bonnes intentions. Penser d'emblée à l'entraîneur, c'est oublier le sportif.***

# PLACE ET RÔLE DU DISCOURS EN PRÉPARATION PHYSIQUE

**Le discours fait partie des outils pédagogiques utilisés par les entraîneurs. Cependant, mal employé, il peut desservir les pratiquants et leurs performances.**

- *Quels sont les rôles du discours en préparation physique ?*
- *Quelle place accorder au discours ?*
- *Comment faire du discours un outil pédagogique efficace ?*

## RÔLES ET LIMITES DU DISCOURS

Pour s'entraîner efficacement, sans perdre de temps et sans se blesser, les pratiquants ont besoin que leur entraîneur leur divulgue toutes les informations *nécessaires et suffisantes.*

Pour conduire les entraînements et guider l'apprentissage, les entraîneurs utilisent des explications, des descriptions, des consignes verbales et des encouragements. Leur discours est fondé sur leurs connaissances techniques, historiques et scientifiques. Ce discours vise à transformer les représentations mentales des pratiquants, c'est-à-dire leur façon de voir les choses (techniques, difficultés...).

Mais les pratiquants n'ont pas besoin de connaître immédiatement, systématiquement ou de façon détaillée :
- tous les processus sous-jacents *(physiologiques, biomécaniques...)* ;
- toutes les évolutions techniques et leurs variations.

Il s'agit là de préoccupations d'entraîneurs, dont les buts, les attentes et les logiques diffèrent de ceux des pratiquants.

Cependant, le besoin d'information des pratiquants croît avec leur niveau d'implication dans l'activité. Il faut alors répondre de façon ponctuelle à ce besoin d'information, sans ***« saturer »*** son auditoire, car :

***trop de discours « tue » l'activité physique !***

## PLACE ET CARACTÉRISTIQUES DU DISCOURS

En début de séance, la prise en main du groupe permet de divulguer en une seule fois des informations qui concernent l'ensemble des participants. Ceci implique de capter l'attention de chacun.

Chaque nouvel exercice doit être précédé par une nouvelle prise en main. Mais, pour ne pas faire baisser l'intensité de l'entraînement, il faut :

- montrer ou décrire et expliquer le nouvel exercice, d'abord une seule fois, en employant un vocabulaire simple et compréhensible de tous[186]. Il est inutile de se répéter, de multiplier les exemples ni même de recourir à des explications scientifiques ou fondées sur la genèse de l'activité ;
- introduire les nouvelles consignes une à une, si possible sans interrompre l'activité physique des pratiquants, en particulier lorsque ces consignes ne concernent qu'une minorité ;
- éviter les mots redondants *(ok ? d'accord ? compris ?)*.

En effet, une des principales dérives consiste à interrompre systématiquement le travail de tout le groupe. Une autre dérive consiste à consacrer plus de temps aux explications qu'à la pratique.

## CONCLUSION

**Les séances de préparation physique doivent d'abord et surtout être l'occasion de pratiquer des activités physiques. Lorsque le discours amène à interrompre la pratique de façon récurrente ou prolongée, c'est :**

- **soit lors de phases de récupération programmées, pour introduire des explications, des consignes ou un nouvel exercice ;**
- **soit au détriment de l'apprentissage, de l'entraînement donc de la performance.**

*RZ*

*(186) Le discours doit être adapté à l'auditoire (enfants, adultes, débutants, spécialistes), tant sur le fond que sur la forme. Les descriptions, les explications et les consignes verbales doivent être claires.*

# STRESS, CE MAL QUI VOUS VEUT DU BIEN

**Le stress est une réaction utile favorisant un acte précis vis-à-vis d'une situation afin :**

- **de la maîtriser,**
- **de s'y adapter,**
- **ou d'y échapper.**

Ainsi l'émotivité, par le biais du cortex cérébral, véhicule un certain nombre d'ajustements cardio-vasculaires dont le rôle est de faire face aux exigences de situations inhabituelles.

On constate par exemple une augmentation sensible de la fréquence cardiaque par anticipation avant le départ chez les sprinters. Cette augmentation serait même calibrée en fonction de la durée de l'épreuve et ceci d'autant plus que le sujet est entraîné.

Il est possible d'interpréter ces ajustements comme une réaction intelligente et inconsciente de l'individu afin de lutter contre l'inertie de fonctionnement des systèmes producteurs d'énergie. Les réserves de l'organisme seraient de cette façon plus rapidement mobilisées.

De même, le stress va élever le niveau de vigilance du sportif. Cela va lui permettre d'avoir un seuil d'excitabilité neuromusculaire plus faible, et donc d'être plus *« réactif »*. Le métabolisme de base sera dans ces conditions plus important et donc plus consommateur d'énergie. On comprend que le stress sera utile dans la courte période qui précède l'effort, mais plus nuisible sur le long terme.

Il est cependant très difficile de déterminer quelle est la bonne dose de stress, tant ce phénomène est soumis à la diversité et à la complexité des individus et des situations. Chacun doit donc apprendre à se connaître dans ce domaine pour essayer de définir son seuil optimal, celui qui permet de se transcender. Ceci sera particulièrement profitable à ceux qui se reconnaîtront dans l'un des deux extrêmes. D'un côté celui qui n'est pas suffisamment mobilisé dans l'action, de l'autre celui qui a tendance à perdre une partie de ses moyens.

*TM*

**En sport plus qu'ailleurs, les individus développent et cultivent ce que les psychologues appellent l'*estime de soi*. Celle-ci peut être négative, positive voire très positive. Lorsque l'estime de soi est négative, le sportif se déclare incompétent et son attitude tend à alimenter l'image qu'il veut renvoyer.**

## « JE SUIS BON, JE SUIS MAUVAIS » : UN PEU DE PSYCHOLOGIE

Dans le cas d'un ego surdimensionné, le sujet se considère très compétent. Il lui faut donc, en cas d'échec, trouver des causes extrinsèques qui n'ébranlent pas des certitudes qui sont parfois affichées ostensiblement.

Ces stratégies, nous les connaissons bien : c'est celui qui avait mal à la jambe, qui ne trouvait pas ses marques, qui n'avait pas eu le temps de s'échauffer, celui qui se plaint de ses partenaires, des conditions extérieures, bref celui qui est toujours en mesure de justifier une mauvaise performance sans se remettre personnellement en question. J-P Famose parle de ***« stratégie de la jambe de bois »*** pour qualifier cette démarche.

En tant qu'entraîneur, notre souci est donc de savoir quelle attitude adopter face à ces comportements. Dans son livre ***« Apprentissage moteur et difficulté de la tâche »***, ce même auteur insiste sur les notions de ***but de résultat*** et de ***but d'apprentissage***.

Le premier serait davantage centré sur la hiérarchisation et la comparaison avec autrui alors que le second serait plutôt centré sur lui-même. Ceci serait particulièrement sensible à partir de la puberté.

Dès lors, le travail de l'entraîneur consisterait plutôt à proposer à l'athlète des buts réalistes, conformes aux possibilités du moment, tout en dissociant but à court terme et but à long terme. Il semble également très formateur d'amener les individus à analyser sereinement leurs réussites comme leurs échecs.

*TM*

# S'ENTRAÎNER : UN CONTRAT AVEC SOI-MÊME

*S'entraîner, c'est s'engager dans un projet de transformation qui doit nous conduire à mieux connaître notre corps mais aussi à l'écouter avec une plus grande acuité. En simplifiant, on pourrait dire que l'entraînement vise à provoquer des déséquilibres au sein de l'organisme pour qu'en réponse celui-ci s'adapte et devienne plus fort. Dans un premier temps c'est difficile et quelques-uns peuvent s'interroger sur ce plaisir masochiste qui consiste à se faire mal pour faire du bien à son corps. Puis au bout d'un moment, l'effort fait du bien, on se sent vraiment mieux, serein voire euphorique. On attend le prochain entraînement avec impatience, on est presque en manque dès qu'on rate une séance. C'est qu'à partir d'un moment, la dépense physique stimule des sécrétions hormonales proche de la morphine (endorphine) qui nous rendent accro. Pour profiter longtemps de cet état équilibrant, un certain nombre de petites précautions de bon sens sont à respecter, telle une philosophie qui encadrerait la pratique de chacun.*

En sport comme dans bien d'autres domaines, l'important est de durer. Il est anormal que l'entraînement use prématurément les sportifs qui, pour diverses raisons, n'ont pas su ou pu lever le pied lorsque leur corps le leur demandait. En effet, votre corps vous renvoie en permanence une pléiade de signaux. Sachez les interpréter et les écouter, n'acceptez pas de vous entraîner sur des traumatismes récurrents.

Ne négligez pas les échauffements qui préparent votre corps et ses structures porteuses à mieux supporter les contraintes ; par exemple les mises en pressions successives et progressives des articulations permettent aux cartilages de durcir et ainsi de mieux jouer leur rôle protecteur.

Portez un soin particulier aux gainages qui protègent votre dos et qui participent à l'efficacité des relations entre le bas et le haut du corps.

L'efficacité de l'entraînement n'est pas simplement dépendante de ce que vous faites et du temps que vous passez sur le stade. S'entraîner, c'est aussi se donner les moyens d'assimiler et de récupérer entre deux séances. Les moyens les plus élémentaires s'appellent hydratation, alimentation et sommeil. Mais sachez aussi que juste après un effort, il se met en place ce que l'on appelle des fenêtres métaboliques qui font que l'organisme est dans de très bonnes dispositions pour assimiler rapidement ce dont il a besoin. Il est donc judicieux de prendre une petite collation juste après l'entraînement, même si le glucose que l'on a alors dans le sang coupe notre appétit.

Enfin, les performances que vous réaliserez en compétition ne feront que situer votre état de forme du moment dans un système où la comparaison est par nature profondément inégale. Certains sont plus doués que d'autres, tout le monde ne peut pas consacrer le même temps à sa préparation, il y a aussi le poids des différences culturelles qui nous échappent, sans parler des motivations qui nous guident.. Bref ce qui compte le plus c'est de se situer par rapport à soi-même. Comme dirait Albert JACQUART ***« La réussite essentielle des êtres humains est de savoir lutter contre soi avec l'aide des autres »***.

*TM*

# DÉPENSE ÉNERGÉTIQUE ET FONCTIONNEMENT COGNITIF

*Quelle est l'influence de l'effort physique sur les performances cognitives : perception et traitement de l'information, décision et action ?*

**Cette question est fondamentale, notamment pour les sports collectifs, les activités duelles et toutes celles qui se déroulent dans un environnement instable *(ex. : kayak en eau vive).***

Plus largement encore, dès qu'il est question d'acquisitions techniques, il peut être intéressant de connaître les effets de différents niveaux d'activation physique par rapport à l'efficacité de l'apprentissage. L'étude de ces phénomènes n'est pas simple car elle met en perspective deux champs disciplinaires : la physiologie de l'exercice et la psychologie cognitive. Jusqu'alors les travaux sur le sujet proposaient des résultats contradictoires.

Pour certains l'effort physique a plutôt tendance à détériorer les performances cognitives, alors que pour d'autres, c'est l'inverse.

Plus récemment des thèses sur ce sujet nous proposent des conclusions plus fines et plus nuancées. Ainsi en 1999, René Arcelin met en évidence qu'au-delà de 5 minutes l'effort physique diminue le temps de réaction, mais que les choix sont effectués plus vite lorsque l'organisme est en état d'activation sous maximale. En 2001, Maya Collardeau valide l'hypothèse selon laquelle un exercice physique situé entre 40% et 80% de $\dot{V}O_2$ max engendre une élévation du niveau d'activation du système nerveux central qui ainsi exerce une influence bénéfique sur l'efficacité des processus de traitement de l'information *(particulièrement pour les tâches décisionnelles).*

Au-dessus de 80% de $\dot{V}O_2$ max cependant, la fatigue détériore la performance motrice. Ces travaux apportent donc des éléments pour l'amélioration de la performance dans les activités où les réponses cognitives du sujet doivent être efficaces, malgré une dépense énergétique importante. Ils mettent en lumière les bienfaits d'une activation optimale avant les apprentissages techniques. Ils nous confortent aussi quant à l'importance du niveau de condition physique *(aptitude aérobie particulièrement)* et d'un apport glucidique au cours de l'exercice par rapport à l'amélioration de cette performance cognitive.

*TM*

## CONCLUSION

**Il n'est pas toujours facile, même lorsque l'on a été sportif, de s'imaginer à la place du pratiquant. C'est pourtant indispensable pour comprendre ce que vit le sportif confronté aux tâches et à la charge d'entraînement qui lui sont imposées.**
**Au-delà de la projection de sens et de sensation, la communication reste le meilleur moyen de comprendre le sportif et les difficultés qu'il rencontre. L'écoute est sans doute l'outil le plus important de l'entraîneur.**

*RZ*

# Pour conclure

Après la lecture d'un tel ouvrage[187], vous avez certainement trouvé des réponses à des questions que vous vous posiez ou qui vous ont été posées. Et pourtant, un sentiment étrange vous envahit. Au fur et à mesure des éclairages que nous vous avons proposés, de nouvelles interrogations se font jour. Vous doutez, vous vous remettez en cause. Pire encore, vous vous rendez compte que les connaissances scientifiques évoluent, se transforment et que ce qui pouvait apparaître comme une vérité n'est que la vérité du moment. En réalité, les choses changent parce que le monde change. De nouveaux outils apparaissent, d'autres deviennent obsolètes. Si les objectifs restent les mêmes, le public qui s'est transformé vous invite aussi à repenser vos procédures.

Si vous êtes dans cet état d'esprit, alors nous avons atteint un de nos objectifs : amener chacun d'entre vous vers une démarche d'ouverture, de curiosité. Vous interpeller également sur ce nécessaire état de veille technologique et scientifique qui doit vous animer.

L'entraîneur est un généraliste dont l'action se nourrit de connaissances multiples issues de champs différents mais finalement complémentaires. La mise en œuvre de cette complémentarité est à la fois complexe et passionnante. Orchestrée plus ou moins implicitement par l'entraîneur, elle est un élément déterminant pour mener à bien un projet de transformation. Mais cette transformation ne s'applique t'elle pas autant au sportif qu'à celui qui entraîne ?

*TM*

*(187) Retrouvez nos prochaines lettres sur les sites :*
*http://www.univ-paris12.fr/staps.sspp*
*http://www.cg94.fr*

# BIBLIOGRAPHIE

- Ackland, L. & Paton, T. (2001). *La méthode Pilates en 10 étapes*. Trédaniel Éditeur.
- AFREK[188] (1998). *Prise en charge kinésithérapique du lombalgique*. Conférence de Consensus du 13 novembre 1998, Paris.
- Amoretti, R. (2007). *Mort subite du sportif.* Cours de DU de biologie et médecine du sport. Faculté de médecine de la Pitié Salpétrière. Paris.
- Apfelbaum, M., Forrat, C. & Nillus, P. (1995). *Diététique et nutrition.* Masson éditeur.
- Arcelin, René (1999). *Interactions entre la sollicitation des processus physiologiques lors d'un exercice aérobie et le fonctionnement cognitif*. Thèse STAPS, Université de Poitiers (sous la dir. du Pr. J. Brisswalter).
- Artigou, J-Y. & Coll. (2004). Cœur – Cardiologie. *Encyclopedia Universalis*. Mérignac.
- Asfar, L. (1999). Musculation artificielle chez les jeunes - Méfaits des substances performantes et stimulantes. *La revue du Liban. 3677*. En ligne.
- Aubert, F. (1979). De la méthode Méziѐres à la course à pied. *Bulletin de liaison de l'EIS. Fontainebleau, 1979.* 46-47
- Baillet, J. (2006). Tension artérielle. *Encyclopedia Universalis*. Mérignac.
- Baillet, J. (1998). Régulation de la glycémie. *Encyclopedia Universalis*. Mérignac.
- Bargues, L. & Coll. (2007). *Coup de chaleur d'exercice.* Hôpital d'Instruction des Armées du Val de Grâce. Paris. En ligne.
- Basquin, R. (1977). *Mécanique.* Delagrave éditeur.
- Bernier, J-J., Freslon, J-L. & Gillot, C. (2004). Appareil digestif. *Encyclopedia Universalis*. Mérignac.
- Billiat, V. (2007). *Physiologie et méthodologie de l'entraînement. De la théorie à la pratique.* DeBoeck Université.
- Binder, M. (2004). Prévention des lésions cartilagineuses chez l'enfant sportif. *In Sport et cartilage. Première journée scientifique de la clinique du sport.* Med-Line Editions.
- Blanchard-Laville, C. (1999). L'approche clinique d'inspiration psychanalytique : enjeux théoriques et méthodologiques. *Revue Française de Pédagogie : 127*, 9-22.
- Bonfils, S . & Halpern, B. (2004). Histamine et antihistaminiques de synthèse. *Encyclopedia Universalis*. Mérignac.
- Bosquet, L. (1996). L'entraînement par électrostimulation : une revue. *Science et motricité 29-30* : 12-21.
- Bouthier, D., Griffet, J. & Coll. (1992). *Représentation et action en activités physiques et sportives.* CEDAPS/UFR-STAPS d'Orsay.


***(188) AFREK : Association Française pour la Recherche et l'Évaluation en Kinésithérapie.***

- Boutin, J-L. & al. (2005). *Les bruits articulaires*. En ligne.
- Brénière, Y. (1992). *La biomécanique du geste sportif. La Recherche*. 245. 888-891.
- Brizon, J. & Castaing, J. (1953). *Muscles du membre supérieur.* Edition Maloine.
- Bruandet, J-M. (1996). La scoliose. In *Déficiences motrices et handicaps.* Paris : Association des paralysés de France.
- Canto, S. (2006). www.karatefrascati.it. Site internet dédié à la pratique du karaté wado-ryu.
- Carpentier, J-P. & Saby, R. (2007). *Le coup de chaleur du sportif.* En ligne.
- Cazorla, G. (1989). Les bases de l'entraînement. *Manuel de l'éducateur sportif.* Edition Vigot.
- Centre Canadien d'Hygiène et de Sécurité au Travail. (1997). *Qu'est-ce que la bursite ?* En ligne.
- Collectif d'auteurs. (2008). Rhumes de hanche. *Wikipedia.* En ligne.
- Collardeau, M. (2001). *Effet d'un exercice sous-maximal prolongé sur la performance cognitive*. Thèse STAPS, Université de Toulon et du Var (sous la dir. du Pr. J. Brisswalter).
- Cometti, G. (2004). *Musculation et sports collectifs. Football, volley, basket et tennis.* UFR-STAPS Dijon.
- Cornu, C. (2002). Le cross training : de la compétition à l'entretien physique. *Sport, santé et préparation physique. Rev. 3* : 6-7.
- Davenne, D. (2000). Alternance activité-repos, sommeil et récupération. *Sport de haut niveau et récupération. Les cahiers de l'INSEP : 27 :* 99-112.
- De Bisschop, G. & al. (2003). *Syndrome de compression des loges des membres inférieurs en activité sportive.* En ligne.
- Déchamp, C. (2004). Pollinoses. *L'air et la santé (s/dir Charpin, D.)*. Ed. Flammarion.
- de Gasquet, B. (2003). *Abdominaux : arrêtez le massacre*. Robert Jauze éditeur.
- de Mondenard, J-P. (1987). *Poids et sport. Précis de nutrition et diététique.* Collection Ardix médical.
- de Mondenard, J-P. (1992). Les *commandements nutritionnels du sportifs... pour marcher à plein régime*. Collection Ardix médical.
- De Thé, G., Fideman, W-H & Tubiana, M. (2004). Cancer. *Encyclopedia Universalis*. Mérignac.
- Deyris, I., & Hayem, G. (1997). *L'épaule douloureuse.* SFTG Paris Nord. En ligne.
- Dubier, J-L. & Inchauspe, I. (2005). *Le stress.* Editions du Milan
- Duchâteau, J. (1997). Spécificité : aspects théoriques. *L'entraînement de la force : Spécificité et planification. Les cahiers de l'INSEP. 21* : 85-124.
- Duchâteau, J. (2005). Intérêt de la méthode par contraste de charges. pour le développement de la force explosive. *Actes du 2ème colloque médico-sportif de Liège.*
- Durand, M. (1987). *L'enfant et le sport.* PUF.

- Durey, A. (1997). *Physique pour les sciences du sport.* Masson éditeur.
- Esnault, M. (1988). Stretching et préparation musculaire à l'effort. *Ann. Kiné. 15* : 1-2.
- Famose, J-P. (1990). *Apprentissage moteur et difficulté de la tâche.* INSEP.
- Famose, J-P. (1994). Comment favoriser l'acquisition des habiletés motrices ? *Memento de l'éducateur sportif 1er Degré*. INSEP.
- Flurin, R. (2001). *Hygiène respiratoire. Conseils pour la santé.* En ligne.
- Folland, J.-P., Irish, C.-S., Roberts, J.-C., Tarr, J.-E. & Jones, D.-A. (2002). Fatigue is not a necessary stimulus for strength gains during resistance training; *Br J Sports Med.36*:370–37.
- Fontaine, G. (2007). *Le défibrillateur grand public va-t-il sauver des vies humaines ?* En ligne.
- Fowles J.R. & al. (2000). Reduced strength after passive stretch of the human plantarflexors, *Journal of Applied Physiol*ogy. 89, 3 : 1179-1188.
- Freidenreich , C. (2007). *Uncovering the preventive power of exercice.* Alberta Cancer Board and Foundation. En ligne.
- Garnier, J. (2004) Balistique. *Encyclopedia Universalis*. Mérignac.
- Gastaut, H. (2004). Epilepsie. *Encyclopedia Universalis*. Mérignac.
- Gauthier, A. & coll. (1999). Fluctuation journalière de la contractilité musculaire : effets d'une privation de sommeil. *Actes du huitième congrès de l'ACAPS.* Macolin.
- Gerbeaux, M. & Berthoin, S. (1999). *Aptitude et pratique aérobies chez l'enfant et l'adolescent.* Editions PUF.
- Geoffroy, C. (2003). *Guide des étirements du sportif*. Vigot éditeur.
- Gervais, A. (1998). Tabac sans fumée = Danger. *Info-tabac ; 22.*
- Gillot, C. (2004). Genou. *Encyclopedia Universalis*. Mérignac.
- Gillot, C. Coll. (2004). *Bruits du coeur. Encyclopedia Universalis*. Mérignac.
- Gillot, C. & Peltier, A-P. (2004). Articulations. *Encyclopedia Universalis*. Mérignac.
- Gosselin, P. & al. (1986). Santé environnementale au Québec. Bases théoriques et pratiques. Les Publications du Québec.
- Guichard, R. (2002). *Fracture de la clavicule.* En ligne.
- Guillet, R. & Genéty, J. (1973). *Abrégé de médecine du sport*. Masson éditeur.
- Guillet, E. Sarrazin, P. & Cury, F. (2001). Comprendre l'abandon sportif en handball féminin à partir du modèle tridimensionnel des buts d'accomplissement: Une étude longitudinale sur une saison sportive. *IXe Congrès International de l'ACAPS* - 1, 3 Novembre 2001 - Valence.
- Guissard, N., & Reiles F. (2005). Effects of static stretching and contract relax methods on the force production and jump performance.*Comput Methods Biomech Biomed Engin*. Sep ; Supp 1 : 127-128.
- Griffith, S.-B. (1963). *Sun Tzu. The Art of War*. Oxford University Press.

- Halatas, G. A. (2005). *Le déséquilibre naturel du système musculaire.* Cours de la faculté de Lyon 1.
- Hélal, H. & Stéphan, H. (1993). L'endurance. *In Mémento de l'éducateur sportif 2ème degré.* Paris : INSEP. 161-168.
- Hélal, H. (s/la dir) (1998). *Sport de haut niveau et récupération : Entretiens de l'INSEP.* Publication INSEP.
- Hirigoyen, M-F. (1999). *Le harcèlement moral. La violence perverse au quotidien*. Edition Syros.
- Houdas, Y. & Deklinder, G. (1997). La régulation thermique chez l'enfant et l'adolescent. In *L'enfant et le sport. Introduction à un traité de médecine du sport chez l'enfant* De Boeck Université.
- INRDP (1975). *L'accès des élèves à l'autonomie.* Brochure n° 2376.
- Jeunemaître, X, Julien, J. & Michel, J-B. (2004). Hypertension artérielle. *Encyclopedia Universalis*. Mérignac.
- Kapandji, A-I. (1994). *Physiologie articulaire. Tome 1, schémas commentés de mécanique humaine, le membre supérieur.* Edition Maloine.
- Kapandji, A-I. (1994). *Physiologie articulaire. Tome 2, schémas commentés de mécanique humaine, le membre inférieur*. Edition Maloine.
- Kapandji, A-I. (1994). *Physiologie articulaire. Tome 3, schémas commentés de mécanique humaine, tronc et rachis*. Edition Maloine
- Kinsley, D. (2003). *Too much water during exercise can kill*. En ligne : http://www.abc.net.au
- Lagrue, G. & al. (2003). Cannabis, tabac et dopage. *In Revue Sport, santé et préparation physique. 6 : 6-7*.
- Laredo, J-D. (1995). *Syndrome algodystrophique.* Université Rennes 1. En ligne.
- Lavergne, D. (2004). Lombalgie. *Encyclopedia Universalis*. Mérignac.
- Leboulanger, J. (1975). *Les vitamines : Biochimie - Mode d'action - Intérêt thérapeutique*. Editions Roche.
- Lehmann, A. (2004). *Le SNUS et le sport*. Edit2 par la Swiss Olympic Association.
- Lemaître, J. (2004). Résistance des matériaux. *Encyclopedia Universalis*. Mérignac.
- Le Ny, J-F. (2006). Apprentissage. *Encyclopedia Universalis*. Mérignac.
- Lerat, J-L. (2005). *Sémiologie, traumatologie - Membre supérieur.* Cours de la faculté de Lyon 1. En ligne.
- Lerat, J-L. (2005). *Traumatologie du rachis*. Cours de la faculté de Lyon 1. En ligne.
- Mac Ardle, WD., Katch, V. & Katch, F. (1987). *Physiologie de l'activité physique.* Editions Vigot.
- Mézières F. (1972). *Cahiers de la méthode naturelle*. *44, 49* : 51-53.

- Millet G., Candau R. & Rouillon J.-D. (1995). Relations entre entraînement, indices d'anxiété et de fatigue, performances et plusieurs témoins biologiques chez des triathlètes de niveau international. Actes du Congrès ACAPS - 30, 31 Octobre & 1 Novembre 1995 - Guadeloupe.
- Millet G-P, Tronche C, Fuster N, Vayer A, Candau R & Varray A, (2001). Rendement mécanique externe, économie et puissance maximale en cyclisme: Comparaison entre les positions assise et 'en danseuse'. *IXème Congrès International de l'ACAPS*. 1, 3 Novembre 2001 - Valence.
- Mirouze, J. & Renard, E. (2004). Diabète. *Encyclopedia Universalis*. Mérignac.
- Monod, H. (2004). Fatigue. *Encyclopedia Universalis*. Mérignac.
- Morandi, A. (2004). La prevenzione nel karate. *New Events Karate. 2* : 23-26.
- Morth, S. (2002). L'électrostimulation, qu'en est-il ? *Revue EPS 41* : 297.
- Morvan, J.-S. (1995). Psychologie clinique et recherche : Quelles questions pour quels objets ? *In Dialogues sur l'éducation.* Université René Descartes Paris V.
- Moyse, H & Coll. (2006). Médicaments. *Encyclopedia Universalis*. Mérignac.
- Olievenstein, C. (1987). *Le non-dit des émotions.* Editions Odile Jacob.
- Organisation Mondiale de la Santé (1997). *Obesity : preventing and managing the global epidemic.* Report on a W.H.O. Consultation on Obesity. Genève.
- Passelergue P., Robert A. & Lac G. (1995). Réactions du cortisol salivaire au cours d'une compétition de lutte et de la récupération post-compétitive. In *Actes du Congrès ACAPS - 30, 31 Octobre & 1 Novembre 1995* - Guadeloupe.
- Passouant, P. (1977). Le sommeil de l'homme et ses anomalies. Specia éditeur.
- Payot-Podevin, C. (2005). *Les pathologies féminines liées au sport.* Thèse de doctorat de médecine. Université Claude Bernard - Lyon Utiliise1. En ligne.
- Pierard, E. (2003). *Pied d'athlète*. En ligne.
- Pilardeau, P. (1995). *Biochimie et nutrition des APS*. 2 Tomes. Masson éditeur.
- Portero, P. (2002). Le stretching : des connaissances actuelles à son bon usage. *Sport, Santé, Préparation Physique. Rev. 3* : 8-9.
- Portero, P. & Gomes, D. (2007). Nutrition lipidique, santé et sport. *Sport, santé et préparation physique. Rev. 19* : 4-7.
- Pradet, M. (1996). *La préparation physique*. Collection entraînement INSEP.
- Préfaut, C. (1995). Limitations respiratoires chez l'athlète extrême de type endurant, rôle de l'âge. *Actes du Congrès ACAPS* - 30, 31 Octobre & 1 Novembre 1995 - Guadeloupe.
- Prévost, P. (2002). Optimisation des séries pour améliorer la force maximale. En ligne.
- Prévost, P. (2003). Les étirements : mythes et réalité. Données récentes relatives aux effets réels et à l'utilisation optimale des étirements. *Gym'Technic. 45*.

- Pons, A. (2004). Palynologie. *Encyclopedia Universalis*. Mérignac.
- Rappaport, R. (2004). Croissance humaine. *Encyclopedia Universalis.* Mérignac.
- Ratel, S. & Coll. (2003). Intérêts des exercices brefs,intenses et répétés à l'école. *Revue EPS. 302* : 62.
- Riché, D. (1995). *Guide nutritionnel des sports d'endurance.* Vigot éditeur.
- Robinson, L. & Brien, C. (2006). *La méthode Pilates*. Editions Marabout.
- Rolland, E., Catonné, Y. & Saillant, G. (2004). La cheville du footballeur. *In Sport et cartilage. 1ère journée scientifique de la clinique du sport.* Med-Line Eds.
- Seve, C., Saury, J. & Leblanc, S. (2004). Planification et improvisation en entraînement. Revue EPS. 309.
- Service rédactionnel. (2004). Rhume. *Encyclopedia Universalis*. Mérignac.
- Simonin, R. (2004) Spasmophilie. *Encyclopedia Universalis*. Mérignac.
- Sinding, C. (2006). Découverte de la cortisone. *Encyclopedia Universalis*. Mérignac.
- Thiriet, P. (1993). *Schémas commentés d'anatomie à l'usage des éducateurs sportifs*. Dossier EPS n°9. Edition *Revue EPS*.
- Torris, G. (2004). Maigreur. In *Encyclopedia Universalis*. Mérignac.
- Trémolières, J., Serville, Y. & Jacquot. R. (1961). *Manuel élémentaire d'alimentation humaine*. Les éditions sociales françaises. 2 Tomes.
- Vallier, J-M. (1997). Aspect métabolique de l'endurance de force. *Les cahiers de l'INSEP. 21 :* 261-267.
- Vigarello, G. (1988). *Une histoire culturelle du sport... Techniques d'hier et d'aujourd'hui.* Revue EPS/ Robert Laffont éditeurs.
- Volkov, V-M. (2000). Les processus de récupération en sport. *Sport de haut-niveau et récupération. Les Cahiers de l'INSEP. 27*.
- Volondat, M. (2005). Enfant, sport et dos. *Sport, santé et préparation physique. Rev. 11* : 8-9.
- Watzlawick, P., Weakland, J. & Fish, R. (1981). *Changements paradoxes et psychothérapie*. Editions du seuil.
- Weineck, J. (1996). *Biologie du sport.* Vigot éditeur.
- Widlöcher, D. (2004). Anxiété. *Encyclopedia Universalis*. Mérignac.
- Willmore, J.-H. & Costill, D.-L. (2006). *Physiologie du sport et de l'exercice.* De Boeck éditeur.
- Zinski, E. (2000). *Mon enfant a un souffle au cœur, il ne peut pas faire de sport !* En ligne.